Meadows Das Netz der Kraft

W0061528

Kenneth Meadows

Das Netz der Kraft

Praktische Anleitungen
zum Schamanismus
in heutiger Zeit

Aus dem Amerikanischen von
Susanne Kahn-Ackermann

IRISIANA

IRISIANA
Eine Buchreihe herausgegeben von
Margit und Rüdiger Dahlke

Die Originalausgabe erschien unter dem Titel
Shamanic Experience
bei Element Inc.
© 1991 Kenneth Meadows

Die Deutsche Bibliothek – CIP-Einheitsaufnahme
Meadows, Kenneth:
Das Netz der Kraft: praktische Anleitungen zum
Schamanismus in heutiger Zeit / Kenneth Meadows. Aus dem
Amerikan. von Susanne Kahn-Ackermann. – München:
Hugendubel, 1993
(Irisiana)
Einheitssacht.: Shamanic experience ⟨dt.⟩
ISBN 3-88034-674-7

© der deutschsprachigen Ausgabe
Heinrich Hugendubel Verlag, München 1993
Alle Rechte vorbehalten

Umschlaggestaltung: Zembsch' Werkstatt, München
unter Verwendung der Illustration von Martin Rieser
Produktion: Tillmann Roeder, München
Satz: Uhl + Massopust, Aalen
Druck und Bindung: Spiegel Buch, Ulm-Jungingen
Printed in Germany

ISBN 3-88034-674-7

Inhalt

Danksagung

Dieses Buch wäre ohne die Inspiration und Führung meines Hauptmentors, Medizinhäuptling Silver Bear, und die Hilfe und den Rat, den ich von erfahrenen und angehenden Schamanen und Schamaninnen in England, Amerika, Europa und Skandinavien erhielt, nicht zustande gekommen. Mein besonderer Dank gilt Tony Haggerstone und Alawn Tickhill in Großbritannien Jonathan Horwitz, Lehr- und Forschungsbeauftragter des Skandinavischen Zentrums für Schamanische Studien in Kopenhagen; Pia Skugland und ihren Kollegen in Schweden; der Foundation for Shamanic Studies (mit Hauptsitz in den Vereinigten Staaten) und Leo Rutherford, Direktor des Eagle's Wing Centre for Contemporary Shamanism in London, für bestimmte empirische Erfahrungen, die sie mir ermöglichten. Und ohne die Geduld, das Verständnis und den konstruktiven Rat meiner Frau Beryl, die mit mir nicht nur die Abenteuer des Lebens teilt, sondern auch die Wunder schamanischer Erfahrung und die Lehren ihrer Mentorin Bright Shining Star, hätte ich dieses Buch nicht vollenden können.

DER AUFTRAG DES MYSTIKERS UND MEDIZINHÄUPLINGS »SILVER BEAR« AN »FLYING HORSE«.

Durchwanderst du die Dunkelheit
Mit einer Lampe ohne Licht,
So ist das ohne Nutzen.
Zögerlich wird dann jeder Schritt
Ins Unbekannte sein.
Kann dich stolpern lassen auf dem Weg.
Und das geringste Hindernis
Mag zum Aufgeben dich bewegen,
Zum Abbruch deiner Reise, vielleicht
Um einen andern Weg zu gehn.
Mach dir also eine Lampe,
Entzündet am indianischen Feuer.
Ein klar und hell scheinendes Licht,
Den Weg zu beleuchten und markieren,
Den du gekommen bist,
Und den Weg vor dir, damit er nicht ängstige
Die andern, die nach dir kommen,
Sie in Zuversicht ihn gehen können
Im Licht der Fackel, die du hinterlassen hast.
Denn die, die diesen Weg gehen,
Sollten nicht im Dunkeln tappen müssen,
Wenn ihnen doch ein Licht enthüllen könnte,
Daß dies ein Weg der Schönheit ist,
Und daß auch ihre Schritte
Ein Tanz in Schönheit werden könnten.
Denn dies ist der Weg der Schönheit,
Der in Schönheit alle, die es möchten,
Umtanzen läßt das eigne Herdesfeuer.
Was sie zur Weg-Erhellung brauchen
Ist eine Lampe mit hellem Schein.
So mach sie, diese Lampe
Entzündet an der dir gegebnen Fackel.
Die acht-strahlige Fackel,
Die Flamme im Innern,
Die die acht Richtungen erhellt
Und die acht Dimensionen.
Mach sie.
Sei eine Sonne, Großvater.
(Dieses Buch ist Bestandteil dieser »Lampe«.)

1.

Das sich eröffnende Neuland

In einem Zeitalter, da unser Planet, die Erde, geographisch weitgehend erforscht ist, strebt die Menschheit zur Befriedigung ihres angeborenen Abenteuerdrangs und auf der Suche nach neuen spannenden Entdeckungen in die unerforschten Regionen außerhalb der Sphäre unseres Planeten und stößt in den sogenannten Weltraum vor. Doch es existiert noch ein anderes, bislang vernachlässigtes Neuland, ein anderes Grenzland, von dem die meisten noch nichts gehört oder es ignorieren, in dem aber doch schon so manche ihre Erfahrungen gesammelt haben. Es bietet Herausforderungen, die um nichts geringer sind als die, mit denen sich die Astronauten bei ihren Weltraumflügen konfrontiert sehen, aber hier sind keine Investitionen riesiger Geldsummen nötig, es erfordert kein hartes Training, das den Körper bis an die Grenzen seiner physischen Belastbarkeit treibt, und es steht auch nicht nur einigen wenigen Auserwählten offen. Es ist allen zugänglich, und seine Erkundung bietet, was die Persönlichkeitsentfaltung und den persönlichen Nutzen angeht, reichlichen Lohn.

Wir sprechen vom nichtphysischen Reich der Schamanen und Schamaninnen*. Für sie ist der Raum kein durchsichtiges »Nichts«, keine ungeheure Weite der »Leere«, für die er allgemein gehalten wird. Der Raum ist »etwas« und weist, genau wie die physische Materie, ganz bestimmte Eigenschaften und Merkmale auf. Zudem existiert er nicht nur im Umfeld der Dinge und zwischen den Dingen, sondern auch *innerhalb* der Dinge. Denn wie die Wissenschaft herausgefunden hat, ist die physische Materie trotz ihres Anscheins von Festigkeit ganz und gar nicht »fest«, sondern setzt sich aus Atomen zusammen, die ihrerseits weitgehend aus Raum bestehen. Und dieser »Raum im Inneren« kann erforscht und erlebt

---

* Obwohl im folgenden häufig vom Schamanen in männlicher Form gesprochen wird, soll doch klar verstanden werden, daß ein Schamane eine Frau oder ein Mann sein kann, und wir uns in diesem Buch auf beide Geschlechter beziehen.

werden. Er ist das Reich der Schamanen, die nicht Erforscher eines weit entfernten Planeten irgendwo im Weltraum sind, sondern nichtphysischer innerer Welten – des Inneren Raums.

Diese Erforschungen lassen sie wahrnehmen, was andere nicht zu sehen vermögen – eine Erweiterung und Ausdehnung des Bewußtseins, die der Erfahrung Realitäten jenseits der physischen Erscheinungswelt des Alltagslebens eröffnet. Und diese Erfahrung läßt sie entdecken, daß auch die Zeit nicht das ist, was sie zu sein scheint. Sie ist, entgegen allgemeiner Überzeugung, nicht unveränderlich, sondern kann, wie ein Gummiband, gedehnt oder zusammengezogen werden. In dieser neuen Dimension erfahren die Schamanen ein Bewußtsein, ein Gewahrsein, das die Beschränkungen des Physischen überwindet und über die Logik des verstandesmäßigen Denkens hinausgeht (denn es transzendiert auch den Intellekt). Aber definieren wir doch erst einmal, was ein Schamane ist, bevor wir uns seiner Welt zuwenden.

Anthropologen und Ethnologen gelangten zur Schlußfolgerung, daß Schamanen beiderlei Geschlechts schon lange vor der uns überlieferten Geschichte eine große Rolle in allen menschlichen Angelegenheiten spielten. Ethnologen meinen, daß sie ihren Ursprung in den Völkern Zentral- und Nordasiens haben, deren spirituelles Leben um ihren Schamanen kreiste – eine Person, die, so glaubte man, ihrer aller Leben durch ihren Kontakt mit den »verborgenen« Kräften der Natur beeinflussen konnte.

Der angesehene amerikanische Anthropologe Michael Harner schreibt in seinem Klassiker *The Way of the Shaman (Der Weg des Schamanen)*, daß das Wort »Schamane« der Sprache der Tungusen Sibiriens entlehnt ist. In seiner Bedeutung läßt es sich übersetzen mit »mit Hitze und Feuer arbeiten, etwas erhitzen oder verbrennen«. Auf den Menschen bezogen bezeichnet es »eine Person, die Energie umwandelt«, denn Feuer ist nicht nur eine Energie, sondern auch eine umwandelnde Kraft. Und da man davon ausging, daß der Schamane oder die Schamanin zur größten aller Transformationen fähig sei, nämlich die von der physischen zur spirituellen Dimension, ist dies eine sehr passende Beschreibung.

In einigen Lexika wird der Schamane als »weise Person« oder »eine Person, die weiß«, definiert, was aber eine ziemlich unzulängliche Beschreibung darstellt. Genauer gesagt, bedeutet dieses Wort

»eine Person, die die *Ekstase* kennt«, denn das ist es, was Schamanen auszeichnet – die ekstatische Erfahrung. Sie erhalten Information, Führung, Hilfe, Rat, Heilkraft und Befähigung durch die Verbindung mit einer inneren Macht und Kraft, die allen Dingen innewohnt. Es ist die Erfahrung einer anderen Wirklichkeit, einer Wirklichkeit jenseits der Gesetze von Physik und Chemie, einer Wirklichkeit *des Geistes**, aus der sich die Realität der Materie herleitet und speist.

Schamanen wissen, daß alles belebt ist und das Leben auf vielfältige Weise erfahren werden kann. Die menschliche Existenz ist nur eine von unzähligen Möglichkeiten. Sie nehmen auch die anderen Existenzformen des Lebens wahr – Tier, Vogel, Fisch, Insekt, Baum –, erfahren das Leben als das, was es ist, und aus ihrer eigenen, besonderen Perspektive. Und deshalb behandeln sie alles mit Respekt und lernen, *den inneren Geist des Lebens* in allen Dingen zu erkennen. Auf diese Weise verstehen sie auch allmählich sich selbst und die wechselseitige Abhängigkeit und das Zusammenwirken aller Dinge.

Schamanen wissen, daß der Mensch sehr privilegiert ist, denn er hat die Macht, die Dinge nach seinem Willen zu formen oder zu verändern. Nehmen wir das Beispiel eines Diamanten, der sich über Tausende von Jahren tief in der Erde herausbildet. Er kann sich nicht nach eigenem Willen fortbewegen und muß, ewig verborgen, bleiben, wo er ist. Der Mensch aber kann sich dazu entschließen, in der Erde zu graben, kann den Diamanten finden und ihn ans Licht bringen. Er kann ihn säubern, schleifen und polieren und ihm so zu neuen Erfahrungen verhelfen, zu denen er allein nie gekommen wäre. Und vielleicht wird unser Diamant in einen Ring gefaßt und an den Finger einer Frau gesteckt, wo er dann sein Leben in enger Verbindung mit einem menschlichen Wesen erfahren kann, so eng, daß er sogar dessen Schwingungen in sich aufnimmt. Und wie revanchiert sich der Diamant für den ihm geschenkten Erfahrungsreichtum? Er schenkt seine strahlende Schönheit allen, die seiner

---

* In dieser Übersetzung wird *der Geist* im Sinne von *spirit* stets kursiv geschrieben, im Gegensatz zu Geist oder geistiges Bewußtsein im Sinne von *mind*.

ansichtig werden. Er schenkt der Trägerin mit seinen natürlichen Qualitäten und seinem unzerstörbaren Wert Zuversicht und Freude.

Schamanen lernen, jeden Aspekt des Lebens in diesem Licht zu sehen; sie lernen, daß alles mit allem zusammenhängt und sich wechselseitig unterstützt, und das bringt sie in Harmonie mit allen Dingen. All das kann nur zu einer Einsicht führen, nämlich der, daß wir Kinder der Erde sind, daß unser Überleben von der Erde abhängt, daß die Erde selbst ein lebendiges Wesen ist – ein Organismus im größeren Organismus des Universums.

Mit wachsendem Verstehen begreifen Schamanen, daß die Essenz allen Lebens unsichtbar ist – sie gehört sowohl der physischen wie auch einer anderen Realität an. Wie der Mensch einem Diamanten zu neuen Erfahrung verhelfen und so den Geist der Harmonie zwischen dem Edelstein und menschlichem Leben herstellen kann, wird das Streben, *den Geist des Lebens* in allen Dingen zu erkennen, durch eben diesen Geist belohnt, der sich den Schamanen zu erkennen gibt. In der Folge werden sie sich anderer als der gewöhnlichen Realitäten bewußt und erlangen ein Wissen, das ihnen ein sehr tiefes und echtes Verständnis von der Alltagswelt verleiht. Der Geist allen Lebens öffnet ihnen Türen zur Erfahrung dieser anderen Wirklichkeiten und Perspektiven und zeigt, wie sie diese zum Nutzen der eigenen Person und anderer Menschen einsetzen können.

Der Begriff des »Schamanen« wurde auch als »Person, die zwischen den Welten wandert« definiert, ebenfalls eine sinnvolle Interpretation, weil damit zu verstehen gegeben wird, daß sie mit verschiedenartigen Wirklichkeiten Umgang hat, mit unterschiedlichen »Welten« in Koexistenz mit unserer gewohnten physischen Welt. Tatsächlich durchdringen diese Welten einander, bleiben jedoch dem physischen Auge und anderen physischen Sinnen verborgen, weil sie in anderen Dimensionen existieren. In diese anderen »Welten« gelangt man nicht, indem man unendlich lange in Raumschiffen durch den Weltraum düst, sondern durch eine Projizierung in die Dimensionen des Inneren Raums, wo Zeit nur eine geringe oder gar keine Bedeutung hat.

So wie die physische Welt unterschiedliche »Reiche« beherbergt – das Reich der Minerale, der Pflanzen, der Tiere und Menschen –, existieren auch diese anderen »Welten« auf unterschiedlichen Ebenen oder Wellenlängen. Schamanen sind imstande, die Grenzen ihres Wahrnehmungsvermögens zu erweitern, indem sie ihr Bewußtsein mit Hilfe von Techniken der Geist- oder Seelenreisen in diese inneren Welten versetzen. Durch Geistreisen in die »untere« Region oder Unterwelt der unterbewußten Realität sind sie in der Lage, bestimmte Arbeiten zu verrichten, und durch Seelenreisen in die »obere« Region oder Oberwelt der überbewußten Realitäten erhalten sie Inspiration und Kenntnisse. Getragen werden sie auf diesen Reisen von der Lebens-Kraft oder Vitalkraft, und sie können mit anderen Lebensformen, denen sie begegnen, kommunizieren, so wie sie sich auch mit anderen Lebensformen der physischen Welt – mit Tieren, Bäumen, Felsen und Steinen – unterhalten können. Wie? Indem sie Kontakt mit der Lebens-Kraft – der ihnen innewohnenden Intelligenz – und deren »*Geist*« herstellen. Ein solcher Kontakt ist möglich, weil *der menschliche Geist* und *der Geist aller lebender Dinge* Manifestationen derselben Lebens-Kraft sind und somit alles miteinander verbunden ist. So benutzen zum Beispiel ein Baum und ein Schamane dieselbe Lebens-Kraft, organisieren sie aber jeweils unterschiedlich, um den Gesetzen ihres eigenen Wesens zu folgen.

So hat alles seine Rolle im holistischen Plan der Dinge und seinen Platz in Relation zu allem, was existiert. Der Schamane oder die Schamanin erkennen, daß sich nichtmenschliche Lebensformen von Natur aus sowohl ihres Platzes als auch ihres Sinns »bewußt« sind und in instinktiver und automatischer Weise innerhalb der ihnen vom kosmischen Gesetz auferlegten Grenzen agieren. Menschen hingegen fühlen sich nicht in dieser Weise beschränkt und handeln nach freiem Willen, was bedeutet, daß sie ihren Platz und Sinn erst entdecken müssen.

Der »Schamanismus« ist inzwischen unter Leuten, die sich für Mystik, für das sogenannte New Age-Denken und lebensförderliche Systeme interessieren, sehr in Mode gekommen. Es wäre irreführend, ihn mit dem »Okkulten«, mit einer Naturreligion oder einem esoterischen Kult gleichzusetzen. Schamanismus ist mehr als all das. Der Definition nach beinhaltet er das Studium und die Anwendung schamanischer Prinzipien und Techniken. Er befaßt sich mit der wechselseitigen Beziehung zwischen der eigenen

Lebens-Kraft und dem Geist aller anderen Dinge – seien sie nun menschlicher, tierischer, pflanzlicher, mineralischer oder himmlischer Natur; das eigene *innere* Wesen strebt nach der Begegnung mit dem »Innern« in allem anderen.

Der Schamanismus stellt eine Verbindung zwischen dem Individuum und der Natur und mit anderen Existenzebenen her, wobei er nicht manipulieren, kontrollieren oder ausbeuten möchte, sondern bestrebt ist, die freiwillige Kooperation und aktive Unterstützung aller Lebensformen im wechselseitigen Bemühen um Selbstentfaltung und Wachstum anzuregen, und das heißt spirituelle Evolution. Er ist somit seinem Wesen nach ausgesprochen individualistisch.

Er hat nichts mit dem sogenannten Übernatürlichen zu tun, da er im Kern eine naturgemäße und holistische Aktivität ist. Er geht von der Erkenntnis aus, daß alles für sich genommen ein Energiesystem innerhalb eines umfassenderen Energiesystems und somit mit allen anderen Energiesystemen verbunden ist, und Respekt verdient, weil alles seinen Teil zum großen kosmischen Plan der Dinge beiträgt. Der Schamanismus ist keine »neue« Religion und auch keine Wiederbelebung einer »alten«. Er ist kein Glaubenssystem, er verkündet keine Doktrin. Er ist nicht auf einen Glauben gegründet, sondern auf die Ansammlung von praktischem Erfahrungswissen – das heißt von einem Wissen, das sich die Person individuell aneignet. Der Unterschied zwischen einer einem religiösen Glauben anhängenden Person und einem Schamanen ist der, daß erstere eine Vorstellung von der absoluten Wahrheit vertritt, die sich auf dem Glauben an das Wort oder die Autorität eines anderen gründet und von der vorgegebenen, mündlichen oder schriftlichen Interpretation dieses Wortes abhängig ist. Der Schamane gründet seine Vorstellung von der Wahrheit auf die persönliche Erfahrung. Die religiös gläubige Person glaubt zum Beispiel, daß jenseits der normalen physischen Existenz andere Reiche existieren, ein Glaube, von dem die Hoffnung auf ein künftiges Leben abhängt. Ein Schamane weiß, daß solche Reiche existieren, weil er selbst in einem veränderten Bewußtseinszustand mit ihnen Erfahrungen gemacht hat.

Für den Schamanismus sind weder Gläubigkeit noch ein ausgeprägter intellektueller Verstand Vorbedingung. Hier *tun* Sie ganz einfach etwas, um es *kennenzulernen*, um es zu *wissen*. Wissen wird durch das *Tun* erworben. Er gibt keine Glaubenssätze, die Sie akzeptieren müssen, bevor Sie Fortschritte erzielen können; es gibt kein Dogma, kein Credo, an das Sie sich binden müssen; keine heiligen Schriften, die verehrt und buchstäblich oder allegorisch gedeutet und ausgelegt werden müssen; keine Hierarchie, die Hingabe verlangt; keine Schwüre und Gelübde, die geleistet werden müssen. Nur die innere Quelle der Macht und Kraft, die erweckt werden muß, und einige notwendige Richtlinien weisen den Weg.

Wie kommt es, daß in den technologisch fortgeschrittenen und hochgebildeten Ländern über den Schamanismus so wenig bekannt ist? Zum einen wurde sein Wissensschatz in den Jahrhunderten religiöser Intoleranz und Bigotterie unterdrückt. Zum andern wurde er »vergessen«, ging im Laufe der politischen, industriellen und sozialen Veränderungen verloren – ein Wandel, der unsere Vorfahren »verstädterte« und von ihren schamanischen Wurzeln abschnitt. Heute haben die meisten von uns, die in einer Industriegesellschaft leben, nur noch wenig Austausch mit der Natur und gar keinen Kontakt mehr mit dem Lebenspuls des Planeten Erde selbst. Die Folgen dieser Ignoranz zeigen sich jetzt nur allzu deutlich. Das ökologische Gefüge ist schwer beschädigt, und ganze Tier- und Pflanzenarten werden oder sind schon ausgerottet. Der Planet selbst ist bedroht und damit natürlich auch das Überleben der Menschheit.

Viele unserer drängendsten Umweltprobleme sind die Folge davon, daß so viele Menschen aus dem Gleichgewicht geraten sind. Die Erde selbst leidet nun unter der Ignoranz der Menschheit und ihrem rücksichtslos ausbeuterischen Verhalten. Das Gleichgewicht kann nur durch einen wiedergewonnenen Respekt für die Natur, die Erde und all ihre menschlichen und nichtmenschlichen Bewohner hergestellt werden. Von daher war das alte schamanische Wissen für die Nöte und Belange des normalen Menschen nie bedeutsamer als heute.

Wie können wir wieder eine Verbindung mit dem »verlorenen« oder »vergessenen« schamanischen Wissen herstellen? Wie kann es wiedererlangt werden? Ein gangbarer Weg wäre der, daß wir uns mit der Spiritualität der indianischen Völker und ihrer Hauptmethodologie – dem Medizinrad – vertraut machen, vor allem deshalb, weil die indianischen Völker historisch gesehen ihren schamanischen Wurzeln näher sind als wir den unseren. Ihre Tradition schamanischer Weisheit blieb über Tausende von Jahren im Kern unverändert, tief verwurzelt in der Erde und in Einklang mit der Natur, im Gegensatz zu einigen mystischen Traditionen anderer Kulturen, die unter dem Einfluß der monotheistischen Weltreligionen einige Veränderungen durchmachten. Das Medizinrad ist auch ein äußerst hilfreicher Wegweiser im holistischen und multidimensionalen System des Kosmos.

Für den indianischen Menschen bedeutete »Medizin« stets mehr als nur eine Substanz zur Linderung von Schmerzen und Heilung des physischen Körpers. Der Begriff »Medizin« implizierte das Wissen und die Kraft, die jeder Lebensform zu Harmonie und Ausgewogenheit verhalf. Wissen wurde hier nicht nur einfach als Information verstanden, sondern als das, was inneres Wissen bringt – innere Wahrheit. Kraft wurde verstanden als das mit Energie aufgeladene Vermögen, eine bestimmte Aufgabe zu vollbringen. Das Medizinrad kann also definiert werden als »ein Kreis des Wissens, der zur Vollbringung einer Arbeit befähigt, die zu Harmonie und Ausgewogenheit führt«.

Die Person, die sich des durch das Medizinrad zugänglich gewordenen Wissens bedient, kann dadurch nicht nur ihre Richtung im irdischen Leben, sondern auch in anderen Dimensionen der Existenz finden. Das Medizinrad ist also nicht nur sozusagen eine schamanische Landkarte, sondern auch ein Hilfsmittel zum Verständnis physischer, mentaler und spiritueller Realitäten. Die Schamanen Großbritanniens und Nordeuropas bedienten sich eines ähnlichen kreisförmigen Mandalas, dessen Bedeutung aber durch die Überlagerung von Konzeptionen einer Übernatürlichkeit, eine Folge der gedanklichen Einflüsse fremder Religionen, verdunkelt wurde.

Der Schamanismus ist das naturhafteste aller philosophischen und metaphysischen Systeme, weil er innerhalb naturgegebener und kosmischer Gesetze operiert und Teil der Natur mit ihren jahreszeitlichen und zyklischen Energiemustern ist. So könnte er heute als ein Weg effizienten Lebens beschrieben werden, da die Anwendung seiner Prinzipien und Techniken das Leben sowohl befördern wie auch bereichern kann. Und da er die Beobachtung dessen beinhaltet, was jenseits oder innerhalb der äußerlichen Erscheinungsformen existiert, kann er auch als eine neue Wissenschaft *des Geistes* gelten, die die Menschheit aus Quellen des Wissens und der Weisheit schöpfen läßt, die den Intellekt übersteigen.

Obgleich der Schamanismus weder eine Religion noch ein Kult ist und auch keine Dogmen oder feste »Regeln« kennt, geht er doch von einigen wichtigen Prinzipien aus:

Erstens: Göttlichkeit, der Große Geist, »Gott« oder wie immer wir diese Höchste Quelle und den Kosmos benennen wollen – alles, was existiert, je existiert hat und existieren wird –, ist ein und dasselbe. Energie und Materie sind eins.

Zweitens: Alles, was existiert, ist mit allem anderen verbunden. Dies ist nicht ganz dasselbe wie der Glaube an das Einssein aller Dinge. Vielmehr handelt es sich um die Erkenntnis, daß alles innerhalb eines großen universalen Energienetzes miteinander verknüpft ist, und diese Einsicht, dieses Verständnis ist es, das die Verbindung mit, das Reisen durch und die Kenntnis von allen Dingen möglich macht.

Drittens: Alles ist lebendig. Alles pulsiert in Schwingungen: Tiere, Bäume, Pflanzen – auch Felsen. Alles ist Bestandteil des Lebens aller und alles anderen, und alles hat doch sein eigenes Leben oder seine eigene Ausdrucksform des Gedankens des Großen Geistes, der Höchsten Intelligenz, die es zur Existenz gebracht hat. Ein jedes ist andersartig organisiert als das menschliche Leben, dient einem spezifischen Zweck, zu dem es erschaffen wurde. Und ein jedes hat ein vom Menschen sehr verschiedenes Bewußtsein, aber es ist dennoch ein »Bewußtsein«. Mit der Einsicht in dieses Prinzip wandelt sich die Haltung gegenüber der Erde und der Umwelt.

Viertens: Es existieren innere Zonen der Realität, die das, was wir im Äußeren erfahren, beeinflussen und regulieren. Und in diesen inneren Sphären finden sich Helfer, Führer und Lehrer mit der Macht und Kraft, eine Veränderung in der äußeren Realität zu bewirken.

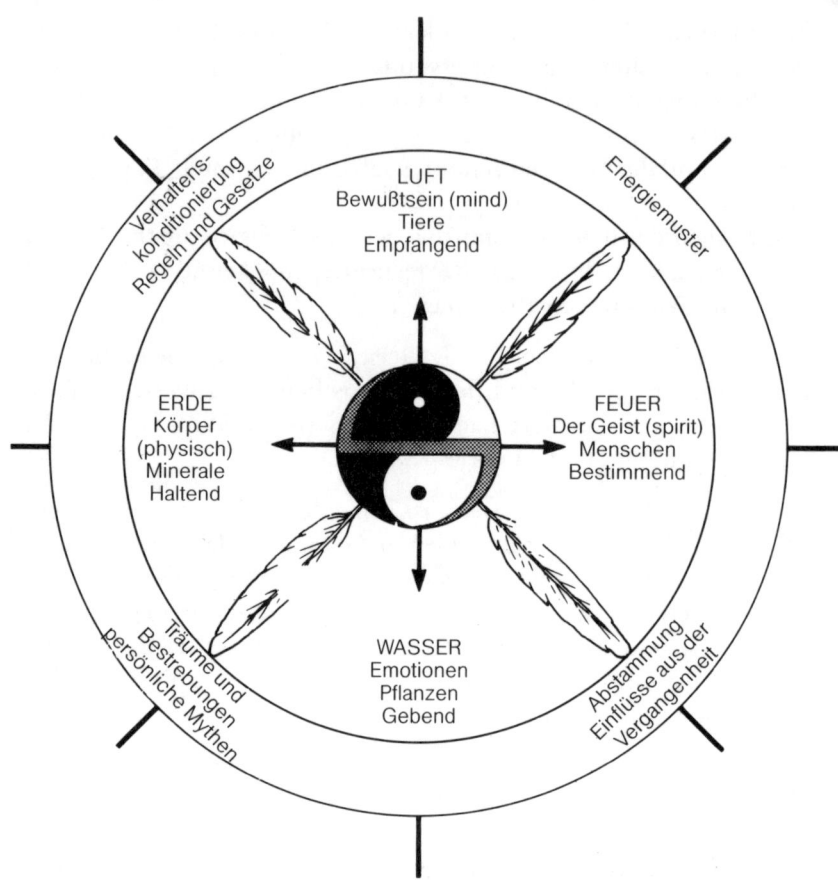

Abb. 1 Die Adaption eines Medizinrads als schamanische Landkarte, um im Leben die Richtung zu finden und die physischen, mentalen und spirituellen Wirklichkeiten zu verstehen.

Diejenigen von uns, die in einer modernen Gesellschaft aufgewachsen sind und von einer materialistisch orientierten Wissenschaft und monotheistischen Religion beeinflußt wurden, akzeptieren von ihrer Konditionierung her die Annahme, daß wir in einer dreidimensionalen Welt leben. Unsere Realitätserfahrung gründet sich auf das, was durch die fünf physischen Sinne wahrgenommen, was durch Beobachtung »bewiesen« oder demonstriert, oder was durch ein Denken in Querbezügen, von uns Logik genannt, gefolgert werden kann.

In dieser vorprogrammierten Denkweise muß alles einen Anfang und ein Ende und muß jede Wirkung eine Ursache haben. Trotz ihrer religiösen Untertöne ist die westliche Kultur materialistisch orientiert. Sie geht davon aus, daß der Mensch in einer unfreundlichen Umwelt lebt, die kontrolliert und unterworfen werden muß, und daß sich auch die Erde selbst, weit ab von irgendwelchen, möglicherweise noch anderswo existierenden intelligenten Leben, in einem feindlichen Universum befindet. Ihre Gottheit ist männlich, existiert entweder außerhalb oder getrennt von ihrer Schöpfung oder inkarniert sich in menschlicher Form.

Die Schamanen gehen hingegen von einer völlig anderen Perspektive aus.

o Der Mensch steht nicht allein, sondern in wechselseitiger Beziehung mit allen anderen Lebensformen, mit denen er die Welt dieses Planeten teilt.

o Nichts existiert isoliert, alles ist miteinander verknüpft.

o Hinter allen existierenden Dingen steht eine Höchste Intelligenz, die indianische Schamanen den Großen Geist nannten – und er existiert nicht nur außerhalb, sondern auch im Innern der Schöpfung.

o Die Schöpfung ist Teil des Bewußtseins des Großen Geistes, und wir als menschliche Wesen sind ein Gedankenausdruck innerhalb des Bewußtseins des Großen Geistes.

o Der Große Geist hat sich in seinem Ausdruck durch heilige Gesetze Grenzen gesetzt, und damit sich selbst. All dies entwickelte sich gemäß dem Gesetz seines eigenen Wesens.

o Alle Macht kommt aus dem Innern.

Daraus ergibt sich ganz klar, daß Sie, wenn Sie mit dem Schamanismus Erfahrungen machen wollen, unbedingt konventionelle Glaubensvorstellungen beiseite lassen und eine offene Geisteshaltung einnehmen müssen. Es bedeutet nicht, daß Sie einen religiösen Glauben oder eine philosophische Überzeugung ganz und gar aufgeben müssen. Die vorgefaßten Meinungen sollen nur für eine Weile beiseite gelassen werden, damit Sie sich in empfänglicher

Weise den schamanischen Prinzipien annähern und die Dinge aus schamanischer Sicht erleben können.

Durch ein solches Verständnis vom Schamanismus können Sie dann:

o Einsichten in die Kräfte und Energien gewinnen, die jenseits des Wahrnehmungsbereichs der physischen Sinne existieren, und lernen, mit ihnen zu arbeiten.

o Sich Ihrer eigenen nichtphysischen Dimensionen und der aller Wesen gewahr werden, gleich ob sie nun dem Reich der Menschen, der Tiere, der Pflanzen oder Minerale angehören.

o Einen inneren Blick entwickeln, der Sie die inneren Existenz-ebenen verstehen läßt und Sie befähigt, auf das Einfluß zu nehmen, was aus dem Reich des Unmanifestierten zur Manife-station gelangt.

o Einsichten in die Charaktere der Menschen gewinnen und durch die schamanischen Kenntnisse von der Erd-Medizin ein Verständnis von der konkreten Struktur des Persönlichkeits-aufbaus entwickeln.

o Praktische Fähigkeiten in der Beurteilung einer Persönlichkeit, in der zukunftsweisenden Beratung, der Weissagung und im Fernheilen entwickeln.

o Ihr Bewußtsein in andere Existenzebenen verlagern.

o Sich von unerwünschten Einschränkungen und Begrenzungen befreien.

o Persönliche Tore zu größerer Macht und Meisterschaft über Ihr Leben entdecken.

o Lernen, wie Sie mit Ihre Weiterentwicklung behindernden Schwierigkeiten fertigwerden und Hindernissen aus dem Wege gehen, die vielleicht nur schwer zu überwinden wären.

o Ihre Lebensperspektive erweitern.

o Die heilenden Energien des Universums in sich aufnehmen und effizienter, empfänglicher und sensibler werden.

o Die Sprache des Unterbewußten und des »verborgenen« Selbst erlernen und mit der Natur entstammenden Bildern und Symbolen arbeiten.

o Ein inneres Gehör entwickeln, so daß Sie die Stimmen der Natur vernehmen können.

o Ihre verborgenen Potentiale entdecken und Ihre Kreativität entfalten.

o Ihre Imaginationsgabe aktivieren und Ihre Träume und Bestrebungen praktisch verwirklichen.

o Die Verantwortung für und Kontrolle über Ihr eigenes Leben übernehmen und aufhören, ein Opfer der Umstände zu sein.

o Ihre persönlichen Beziehungen verbessern.

o Zur Harmonie mit der Erde und ihrer Energie gelangen und sich in Übereinstimmung mit den kosmischen Kräften des Universums bringen.

Traditionellerweise wurde der Schamane eines Stammes nach langer Lehrzeit und durch sehr strenge und oft brutale Prüfungen initiiert. Er oder sie wurden entweder von einem Schamanen oder einer Schamanin mit entsprechender Erfahrung ausgesucht, oder die Rolle wurde durch den Vater, die Mutter, den Großvater oder die Großmutter weitervererbt. Es kam aber auch vor, daß sich jemand auf Grund einer Nahtoderfahrung, eines mystischen Erlebnisses oder innerer Überzeugung selbst zum Schamanen erkor. Doch im nun heraufziehenden Neuen Zeitalter kann der Schamanismus nicht mehr die Domäne einiger weniger Auserwählter bleiben, er wird allen zugänglich sein.

Dieses Buch soll daher kein Trainingshandbuch für Schamanenlehrlinge sein, sondern eine praktische Anleitung zu schamanischen Techniken, die zur Lösung von persönlichen Problemen, zum Ausräumen von Schwierigkeiten, zur Beseitigung von Hindernissen auf dem Wege der persönlichen Weiterentwicklung, zur Entfaltung größerer Effizienz und Kreativität und zu einem reicheren, harmonischeren und erfüllenderen Leben von jedermann überall angewandt werden können.

Wenngleich es weitgehend durch Stammessitten, kulturelle Traditionen und rassische Herkunft bedingte unterschiedliche schamanische Ansätze zum Verständnis des Kosmos gibt, so existieren doch auch erkennbare Übereinstimmungen. Bei meinem Versuch, eine schamanische Perspektive vom Leben zu präsentieren, die für uns, die wir in einer modernen, urbanen Gesellschaft leben, relevant ist, ließ ich mich von Konzepten im Geist des wandernden Schamanen leiten. Der wandernde Schamane war einer, der seine eigenen stammesbedingten und manchmal auch rassischen Grenzen überschritt, der die Wahrheit suchte, wo sie zu finden war, der das, was er lernte, verwob mit dem schon Bekannten, und all jenen Verstehen übermittelte, die Ohren hatten, zu hören, und Augen zu sehen.

2.

Das feine Stimmen der Sinne

Die Kräfte zur schamanischen Arbeit sind sowohl in Ihnen wie auch im Äußeren zu finden und leicht zugänglich, um sich durch Sie zu kanalisieren. Zu Ihren inneren Hilfsmitteln gehören Ihre kreative Gedankenkraft und Imagination und die Antriebskraft Ihrer Geist-Energie. Sie verleihen Vitalität, Stärke und Entschlußkraft, ein persönliches Potential, das, ob es nun ruht oder vernachlässigt worden ist, erweckt werden kann. Und es bildet die Quelle Ihrer Weisheit, aus der Sie Führung und Inspiration beziehen können. Diese inneren Hilfsmittel oder Ressourcen sind Ihre Macht und Kraft oder das, was die indianischen Schamanen als »Medizin« bezeichneten.

Die äußeren Kräfte sind nichts anderes als die Kräfte des Universums innerhalb eines gigantischen Energienetzwerks, in dem alles, was existiert, sein Leben hat, über die Lebens-Kraft wechselseitig miteinander verbunden ist und sich gegenseitig unterstützt.

Denn *der Geist* ist die Lebens-Kraft. Er ist die unsichtbare Essenz in allem Manifestierten. Er ist die Kraft, die alles Lebendige durchströmt und ihm die Energie schenkt, sich in seiner jeweiligen Identität und Individualität auszudrücken. Und obgleich *der Geist* alle Lebensformen durchströmt, bleibt er weitgehend »unerkannt«, weil er sich hinter der augenscheinlich physischen »Erscheinung« der Dinge verbirgt. Die moderne Wissenschaft verfügt über keine Erkenntnisse hinsichtlich der wahren Natur *des Geistes*, da er, anders als die Materie, weder gesehen noch gemessen werden kann. Er ist so wenig greifbar, daß er auch nicht vom logischen Verstand seziert werden kann, er transzendiert den Intellekt. *Der Geist* ist »nichts« und ist doch paradoxerweise in allem, und alles ist in ihm. Das Bild der modernen Wissenschaft von der Natur des Menschen und des Lebens ist unzulänglich und unvollständig, weil sie dazu neigt, sich ausschließlich mit dem Physischen zu befassen und das Spirituelle zu ignorieren, das sie in die Domäne der Theologie abschob, wo es dann den »Glauben« und den Glauben an das

Übernatürliche zur Grundlage hatte. *Der Geist* und ein Leben in ihm war den Schamanen hingegen schon bekannt, bevor noch irgendeine institutionalisierte Religion oder vom Menschen ersonnene Philosophie bestimmte, was geglaubt und erfahren werden darf und was nicht, und verfügte, daß das Wissen nur von einer privilegierten Priesterschaft zu erhalten sei. *Der Geist*, wenn die Schleier denn einmal gehoben sind, eröffnet einen ganz neuen Erfahrungsbereich. Das Leben ist nicht länger ein völliges Rätsel bestehend aus Schicksal und Zufall, sondern bekommt einen echten Sinn, einen Zweck und ein Ziel.

Wir alle sind einer Gehirnwäsche unterzogen worden – wurden konditioniert von der Gesellschaft, der Kultur, der materialistisch gesinnten Wissenschaft und ihrer Technologie – und haben daher Mühe, über unsere Nasenspitze hinaus zu sehen. Wir wurden zum Glauben gebracht, daß die Erde eine riesige Kugel unbelebter, unbeseelter Materie sei, nur ein im Weltraum kreisender Haufen aus Fels und steinigem Geröll. Minerale und Erze in seinem Innern sind da, um sie herauszuholen, Bäume sind nichts weiter als Holz, das zu Papier verarbeitet werden kann, Tiere sind Fleisch und Knochen und da, um sie zu jagen, fabrikmäßig als Nahrungsmittel zu züchten oder um mit ihnen Experimente anzustellen.

Schamanen hatten da immer eine andere Sichtweise. Für sie hat alles, was existiert, einen Sinn und ist erfüllt mit Kraft – pulsiert vor Leben –, und die Quelle dieser Kraft ist spiritueller, nicht materieller Natur. Aus persönlicher Erfahrung wissen sie, daß sie sich durch *den Geist* in ihrem Inneren mit dieser Kraft verbinden können. Und die Realität dieser Kommunikation ist es, die sie so tiefen Respekt für alle Dinge empfinden und das Wirken der Natur und des Universums verstehen läßt.

Nichts ist so, wie es äußerlich erscheint. Was solide, physische Realität zu sein scheint, ist in Wirklichkeit ein komplexes System pulsierender Energien. Was unsere Augen wahrnehmen, sind tanzende Energiemuster, Energiemuster, die wir als Gegenstände oder andere lebendige Geschöpfe erkennen.

Wir sind mit dem, was wir sehen, verbunden durch pulsierende Wellen der Lichtenergie, die auf der Netzhaut des Auges elektrische Impulse auslösen, welche dann zum Gehirn geschickt werden, um als optische Bilder interpretiert zu werden. Dies ist nur eine

Weise, in der wir über Energiestränge, ähnlich den Fäden eines Spinnennetzes, mit anderen Dingen verknüpft sind. Alles Existierende besteht aus in bestimmten Mustern angeordneten Energien. Wir können sie mit komplexen Radiowellen, die sich aus vielen verschiedenen Frequenzen zusammensetzen, vergleichen. Unsere normalen physischen Sinne befähigen uns, uns auf einige dieser Frequenzen einzustellen; sie öffnen uns »Fenster«, durch die wir bestimmte Energiemuster spüren oder wahrnehmen können. Die Quellen, die in einer schnelleren oder langsameren Frequenz schwingen, als unser Sinnesinstrumentarium sie zu registrieren vermag, liegen außerhalb unserer physischen Reichweite. Wir können sie nicht sehen, hören, riechen, berühren, schmecken oder fühlen, und meinen daher, daß sie nicht existieren.

Schamanen können sich jedoch auf einige dieser »verborgenen« Energiefrequenzen einstellen und für Dinge sensibel sein, die die meisten Menschen nicht ausfindig zu machen vermögen. Dies kann hauptsächlich auf zweierlei Wegen erreicht werden. Erstens machen sie umfassenderen Gebrauch von ihren physischen Sinnen und werden so bestimmter Energieschwingungen gewahr, die außerhalb der normalen Reichweite liegen. Zweitens aktivieren und trainieren sie »innere« Rezeptoren, die bei den meisten Menschen unaktiviert bleiben, Rezeptoren, die es ihnen ermöglichen, andere »Welten« zu erreichen – andere Dimensionen der Realität oder spirituelle Frequenzbänder – und damit auch mit deren Gesetzen und den dort existierenden Wesen in Berührung zu kommen. In Kapitel Sieben werde ich Techniken beschreiben, mit deren Hilfe auch Sie Erfahrungen mit diesen spirituellen Realitäten machen können.

Sie müssen, um Schamanismus praktizieren zu können, nicht unbedingt »medial« begabt sein, aber Sie erweitern dabei doch die Reichweite Ihrer Sinne und entwickeln Fähigkeiten, die manche Leute als »medial« bezeichnen würden.

Und wie erweitern Sie das Wahrnehmungsvermögen Ihrer Sinne und kommen zu etwas, das allgemein als außersinnliche Wahrnehmung bezeichnet wird? Erstens, indem Sie mit Ihren »normalen« physischen Sinnen arbeiten. Die meisten von uns, die wir in einer Industriegesellschaft aufwuchsen, machen einen so armseligen Gebrauch von diesen, daß wir relativ gesprochen halb blind, halb taub und so reduziert in unserm Fühlen sind, daß man uns noch nicht einmal als halb lebendig bezeichnen kann. Wir sehen genug, um nicht dauernd gegen irgendwelche Gegenstände zu rennen, oder hören genug, um uns nicht von einem Lastwagen überrollen zu lassen, und beschränken uns in unserem Fühlen auf das Nächstliegende. Bei einem Test unserer Beobachtungsgabe würden die meisten von uns ziemlich schlecht abschneiden. Oft werde ich nach Übungen gefragt, die beispielsweise zu einer Erweiterung des Gesichtsfeldes führen können. Ganz sicher gibt es da zeitaufwendige Augenübungen, aber uns steht auch ein effizienterer Weg zur Verfügung, der unserem gesamten Energiesystem zugute kommt, und der beinhaltet ganz einfach, daß wir uns auf die Welt der Natur einlassen. Und damit sind wir bei unserer ersten praktischen Übung angelangt.

*

Übung 1
Lassen Sie Ihr Auge schweifen

Für diese Übung müssen Sie einen Spaziergang oder vielleicht sogar eine kleine Reise unternehmen, denn Sie sollen die Bequemlichkeit und die Enge Ihres Heims verlassen und sich in die freie Natur begeben. Wenn Sie in einer Stadt leben, mag das bedeuten, daß Sie das Auto nehmen oder sich öffentlicher Verkehrsmittel bedienen müssen. Es gehört jedoch als notwendiger Bestandteil zu Ihrem schamanischen Training, daß Sie aus Ihren vier Wänden und dem Betondschungel der Zivilisation herauskommen, aus dem Verkehrslärm und der hektischen Geschäftigkeit der Menschen, um sich eine Weile in die Natur zu versenken. Sie müssen einen Ort in der offenen Landschaft finden, wo Sie Ihr Auge ungehindert »schweifen lassen« und das Sie umgebende Panorama genau betrachten können. Lassen Sie sich mit dieser Erfahrung Zeit. Erlauben Sie Ihren Sinnen, dies alles zu genießen. Richten Sie Ihren Blick auf irgendeinen interessanten Punkt am Horizont und dann auf etwas ganz in Ihrer Nähe. Ihre Augen sollen sich an diesem ungehinderten Erkunden freuen können.

Gehen Sie dann über die Wiesen oder in den Wald. Lassen Sie Ihre Augen nach Blumen oder Früchten suchen, nach Nüssen oder Pilzen – was die jeweilige Jahreszeit bietet. Legen Sie häufig eine Pause ein, stehen Sie still, beobachten Sie nur, lauschen Sie, schenken Sie Ihren Sinnen das Entzücken über ihre Freiheit. Lassen Sie sich dann nieder und lauschen Sie der Natur. Versuchen Sie, auch die leisesten Geräusche wahrzunehmen, stellen Sie fest, aus welcher Richtung sie kommen, klinken Sie sich in sie ein. Öffen Sie Ihre Sinne weit, dehnen Sie sie aus, und »fühlen« Sie die Erde, genießen Sie ihre Gerüche, ihren »Geschmack«, den Hauch ihrer »Berührung«.

Sie werden merken, daß es sich hier um weit mehr handelt als nur um eine Übung für die Sinne. Sie wird Sie sowohl geistig wie körperlich entspannen und wie ein Elixier Ihr ganzes Energiesystem beleben. Und wie ein gutes Elixier sollte sie regelmäßig »eingenommen« werden.

✳

Ein Anzeichen für eine Erweiterung des erfaßten Frequenzbereichs der Sinne ist häufig die Fähigkeit, die Aura zu sehen oder zu spüren. Das Wort »Aura« leitet sich von einem griechischen Wort ab, das Windhauch oder leichte Brise bedeutet. Die Aura ist ein aus Bioplasma bestehendes Energiefeld, das jede Lebensform umgibt und sich, wie ein Windhauch, in ständiger Bewegung und Wandlung befindet. Normalerweise wird sie nicht gesehen, da ihre Frequenzen jenseits der Grenzen normalen Sehvermögens angesiedelt sind. Die Aura eines Menschen setzt sich aus einem komplexen Geflecht hauchzarter Energiefäden zusammen, die wie die Fasern oder Härchen einer Feder angeordnet sind und den physischen Körper wie mit einem Kokon umgeben. In ihrer Gesamtform ist die Aura einem riesigen, senkrecht stehendem Ei nicht unähnlich.

Wir können den Frequenzbereich unseres Sehvermögens manchmal dadurch erweitern, daß wir die Dinge auf eine ganz bestimmte Weise ansehen, und zwar auf den Raum zwischen den Dingen schauen, statt den Blick direkt auf eine Person oder einen Gegenstand zu richten. Das heißt, Sie richten den Blick zunächst ganz einfach fest auf eine Person, entspannen ihn dann und hören auf zu fokussieren – so als ob Sie durch die Person hindurchschauten statt auf sie. Sie können das üben, indem Sie sich selbst im Spiegel betrachten. Stellen Sie sich bei gedämpftem Licht vor einen Spiegel, und zwar so lange, daß Ihr aktives Bewußtsein »abschalten« kann. Konzentrieren Sie sich nicht auf Ihr Spiegelbild. Achten Sie nur darauf, was Sie am Rande Ihres Blickfeldes wahrnehmen.

---

*

ÜBUNG 2

DIE AURA SEHEN

Organisieren Sie sich ein Stück blaßblauen Karton oder ein anderes steifes Material. Nehmen Sie den Karton in die eine Hand und halten Sie die andere Hand mit gespreizten Fingern zwischen sich und den Karton. Sie sollte 30 bis 40 Zentimeter von Ihrem Körper und 8 bis 10 Zentimeter vom Karton entfernt sein. Wenn Sie nun gleichsam durch Ihre Hand hindurch auf den Karton blicken, sollten Sie einen feinen bläulichen Schimmer wahrnehmen, der von Ihren Fingern und Ihrer Hand ausgeht. Er kann auch wie feiner bläulicher Rauch aussehen, der aber eine klare Umrißlinie bildet. Das ist der Energiekörper, der in etwa die Form des physischen Körpers annimmt und zum Teil die Aura bildet.

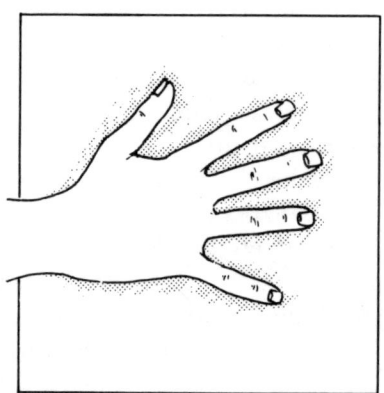

Abb. 2
Die Aura sehen

Bitten Sie einen Freund, eine Freundin oder einen Partner, sich in einiger Entfernung von Ihnen aufzustellen. Der Hintergrund sollte neutral sein. Richten Sie nun Ihren Blick fest auf die ganze Person, entspannen Sie dann die Augen und lassen Sie sie unfokussiert, so als blickten Sie durch die Person hindurch. Vielleicht müssen Sie diese Technik ein paarmal üben, bevor Sie einen schemenhaften Schleier oder Schimmer wahrnehmen, der die Person umgibt. Das ist die Aura. Wenn Sie versuchen, Ihren Blick direkt auf diesen Auraschein zu richten, wird er wahrscheinlich verschwinden. Sie müssen also lernen, das was Sie sehen, zu analysieren, während Ihre Augen den unfokussierten Blick beibehalten. Ändert sich die Größe oder Form, während Sie schauen? Was ist die vorherrschende Farbe? Können Sie noch andere Farben erkennen? Wird dieses Nebelhafte klarer? Schreiben Sie dann Ihre Eindrücke sofort nieder, während sie Ihnen noch frisch im Gedächtnis sind. Es ist ratsam, ein Protokoll über Ihr schamanisches Training zu führen, und dies hier wäre ein guter Anfang.

Bitten Sie Ihren Gefährten oder Ihre Gefährtin, die gleiche Übung mit Ihnen durchzuführen. Üben Sie diese Methode des Sehens oder Fühlens in den nächsten Tagen regelmäßig und machen Sie sich jedesmal Notizen über Ihre Erfahrungen. Sie werden allmählich mit zunehmend sich besser entwickelnden Fähigkeiten die Aura immer genauer wahrnehmen.

---

*

Die Aura kann an sonnigen Tagen, wenn viel Energie in der Luft ist, leichter gespürt oder gesehen werden. Gehen Sie sicher, daß Sie entspannt und ruhig sind. Das Geheimnis besteht darin, daß Sie sich nicht allzu sehr bemühen!

Schamanen bedienen sich nicht nur eines erweiterten Gesichtssinns, sondern stimmen auch den Hör- und den Tastsinn feiner. Wir müssen also die Aura nicht nur sehen, sondern auch fühlen können, und die meisten Leute finden das einfacher. Hier folgt nun eine Reihe von Experimenten zur Entwicklung eines Gefühls für die Aura, die Sie allein oder zu zweit durchführen können.

Übung 3

Die menschliche Aura fühlen

Halten Sie die linke Hand in senkrechter Position vor Ihren Körper und die rechte Hand in waagrechter Position, so daß deren Fingerspitzen 3 oder 4 Zentimeter von der linken Hand entfernt sind. Bewegen Sie nun die rechte Hand sehr langsam im Bereich der linken Handfläche auf und ab. Die Finger bewegen sich so durch den Teil der Aura, der dem Körper am nächsten ist. Die Aura wird die Empfindung eines leichten Kitzelns oder eines Windhauches auf der Handfläche auslösen. Sie können noch andere, feinere Schichten der Aura spüren, wenn Sie Ihre Hände von den Schläfen langsam wegbewegen. Sie werden ganz eindeutige Veränderungen der Schwingungsebenen feststellen.

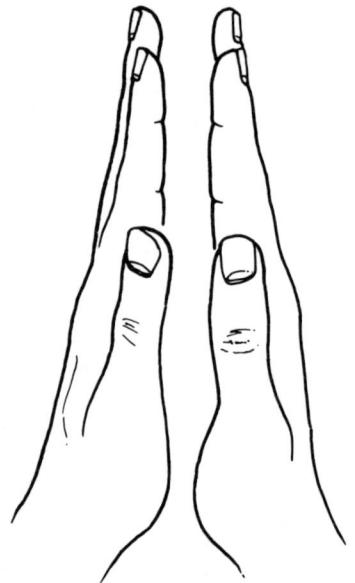

Abb. 3
Die Aura fühlen

Eine andere Methode ist die, daß Sie sich hinsetzen und die Hände in gegenüberliegender Position, locker und nahe beieinander halten, ohne daß sie sich berühren. Wenn Sie ein Gefühl haben, als streiche etwas über Ihre Körperbehaarung, dann ist das Ihre Auraenergie.

Haben Sie eine Person, mit der Sie zusammenarbeiten, dann probieren Sie eine dritte Methode aus:

Bitten Sie sie, sich in 50 Zentimeter Abstand vor einem Spiegel aufzustellen, die Augen zu schließen und Ihnen zu sagen, wenn sie das Gefühl hat, daß Ihre Hand ihr Haar berührt. Stellen Sie sich dann hinter sie und halten Sie Ihre Hände, mit den Handflächen nach unten und leicht gewölbt, etwa 30 Zentimeter über ihren Kopf. Senken Sie dann sehr langsam die Hände, bis Sie das Gefühl haben, auf einen sanften Widerstand zu stoßen, so ähnlich, als berührten Sie elastisches, weiches Haar. Sehr wahrscheinlich werden Ihr Partner oder Ihre Partnerin in diesem Moment sagen, daß Sie nun den Kopf berühren, obwohl Sie die Hände noch über dem Kopf halten. Der Widerstand, den Sie spüren, bezeichnet die Auraoberfläche, und Ihr Partner wird eine Empfindung haben, als ob Sie sein Haar oder seine Haut berührten. Lassen Sie Ihre Hände, wo sie sind, und bitten Sie Ihren Partner, die Augen zu öffnen. Sie werden vielleicht von diesem kleinen Experiment überrascht sein.

∗

Bei diesen einfachen Übungen liegt ein Schlüssel zum Erfolg darin, daß Sie sich entspannen können. Die Entspannung ist ein ganz wesentliches Element bei der schamanischen Arbeit. Schamanen bauen so Spannungen ab und verlangsamen ihren Herzschlag. Und da damit das physische Kontrollsystem weniger beansprucht ist, kann die freigewordene Energie zur Erweiterung des Bewußtseins und des Sehens eingesetzt werden. Die Entspannung verlangsamt den Gedankenfluß im Gehirn, was eine wesentliche Vorbedingung dafür ist, daß die Gehirnströme auf die niedrigere Alpha-Wellenlänge umschalten können. Im Alpha-Zustand verlagert sich die Aktivität von der linken Gehirnhälfte, die das logische und analytische Denken steuert, auf die rechte Gehirnhälfte, der das intuitive, holistische und kreative Bewußtsein zugeordnet ist.

Die Entspannung der schamanischen Art ist eine Technik des Loslassens. Für die meisten von uns, die in einer modernen Hochleistungsgesellschaft leben, beinhaltet dies mehr als die physische Entspannung der Muskeln, denn der Streß, unter dem wir leiden, ist weniger die Folge physischer Überbeanspruchung als vielmehr die eines emotionalen und mentalen Drucks. Und sie beinhaltet auch mehr als ein Beiseiteschieben der Arbeitssorgen, der Schwierigkeiten im Liebesleben, der Familienprobleme und der widrigen Angelegenheiten des Alltags, sie verlangt ein Loslassen. Denn diese Alltagsprobleme haben sich bereits physisch niedergeschlagen – in der Verspannung von Lippen und Augen, in Verdauungsproblemen, in verschiedenen Schmerzen und Leiden –, und die Muskeln im Körper können sich nur dann richtig entspannen, wenn wir uns von diesen emotionalen und mentalen Blockaden freimachen.

Was den schamanischen Abenteurer angeht, so ist der wahre Zweck der Entspannung die *Bewußtseinserweiterung*. Möchten Sie Energien sehen, hören und fühlen, die bislang außerhalb Ihres Erfahrungsbereiches lagen? Wenn Sie diesen schamanischen Bewußtseinszustand erreichen wollen, dann müssen Sie entspannt sein, sich in einem Zustand ruhiger Aufnahmebereitschaft befinden, weit weg sein von der Hektik irdischer Betriebsamkeit, dort, wo keine Forderungen an Sie gestellt werden und Sie sich der inneren Kommunikation bewußt werden können. Der Schamane entspannt sich, um das *Bewußtsein*, die *Gewahrsamkeit* zu erhöhen. Das Licht des Bewußtseins ist es, das innerhalb eines Existenzbereichs die Information weiterträgt oder sie von einer Seinsebene zur anderen befördert. Bewußtsein ist vor allem eine Funktion *des Geistes*. Im passiven Zustand ist es empfänglich. Im aktiven Zustand befaßt es sich mit dem, was wir »Denken« nennen. Die Wahrnehmung nicht alltäglicher Wirklichkeiten geschieht durch das passive Bewußtsein – durch einfaches Beobachten, durch einfaches Gewahrsein.

Üben wir also die Technik der Entspannung, üben wir, einfach loszulassen.

---
*

ÜBUNG 4

LOSLASSEN

Sie müssen eine körperlich bequeme Haltung einnehmen, bevor Sie sich richtig entspannen können; die Körperhaltung ist wichtig. Sie brauchen nicht unbedingt im Lotussitz zu sitzen, es sei denn, Sie sind darin geübt. Sie können sich auf den Boden legen oder auf einen Stuhl mit gerader Lehne setzen. Die Rückenlage ist die beste, weil sie die bevorzugte Position für das schamanische Reisen ist, worauf wir in Kapitel Sieben eingehen werden. Legen Sie sich auf eine Decke oder einen Schlafsack und benutzen Sie ein Kissen oder etwas anderes als Kopfstütze, damit Sie nicht hinterher einen steifen Nacken haben. Wenn Sie lieber sitzen, dann wählen Sie besser keinen Sessel oder eine allzu bequeme Sitzgelegenheit. Ein Stuhl mit hoher Lehne ist am günstigsten, weil er die Lendenwirbel stützt und der Tendenz entgegenwirkt, während der Übung nach vorn zu sacken. Das Rückgrat sollte gerade sein, damit die Energien ungehindert und richtig fließen können. Wenn Sie sich für eine sitzende Haltung entscheiden, dann ziehen Sie die Schuhe aus und versichern Sie sich, daß Ihre Fußsohlen im festen Kontakt mit dem Boden sind.

Es empfiehlt sich, die Augen mit einem Kopftuch oder Taschentuch zu bedecken, um jegliche visuelle Ablenkungen zu vermeiden. Die Augenblenden, die manche Fluggesellschaften ihren Passagieren bei Nachtflügen anbieten, sind ideal.

Bei dieser Entspannungsübung geht es ganz einfach darum, daß Sie nacheinander, von den Beinen aufwärts bis zum Kopf, die Muskeln jeder Körperpartie anspannen und nach ein paar Sekunden entspannen. Dieses Anspannen und Entspannen sollte rhythmisch in Übereinstimmung mit dem Atem vonstatten gehen.

Holen Sie also tief Atem, wobei sich der Unterbauch nach vorn wölbt und zählen Sie dabei bis vier Sekunden: »Eins... zwei... drei... vier.« Halten Sie den Atem an, spannen Sie die Fußmuskeln an und zählen Sie bis vier Sekunden: »Halten... zwei... drei... vier.« Atmen Sie langsam aus und zählen Sie bis vier: »Aus... zwei... drei... vier« und entspannen

Sie dabei die Zehen und Fußmuskeln. Machen Sie eine Pause von vier Sekunden: »Pause . . . zwei . . . drei . . . vier« und genießen Sie das Gefühl der entspannten Füße.

Atmen Sie bis vier ein, halten Sie den Atem an, spannen Sie die Muskeln Ihrer Unterschenkel an, atmen Sie aus, entspannen Sie dabei Ihre Unterschenkel, machen Sie eine Pause von vier Sekunden und genießen Sie das Gefühl ihrer entspannten Unterschenkel.

Wiederholen Sie nun diesen Vorgang, wenden Sie sich Ihren Oberschenkeln, dem Unterleib, der Brust, den Armen, den Händen, den Schultern, dem Hals, dem Gesicht und der Kopfhaut zu. Achten Sie darauf, daß Sie den Unterleib und den Magen nicht zu stark anspannen, da dies zu vermehrten Spannungen und, so will es die Natur, zu einem Adrenalinausstoß führt. Atmen Sie, wenn Sie auch die Kopfhaut entspannt haben, wieder normal und genießen Sie das Gefühl von ganzheitlicher Körperlichkeit, ähnlich wie bei einem angenehm warmen Bad. Beenden Sie die Übung, indem Sie sich ordentlich strecken und recken, die Arme und Beine strecken, so weit es geht, und tief einatmen.

------------------------------------ * ------------------------------------

Diese Entspannung und rhythmisches Atmen kombinierende Übung hat wohltuende Nebenwirkungen, wenn Sie sie über längere Zeit hinweg regelmäßig machen. Sie werden sich ruhiger fühlen, mit Streßsituationen besser umgehen können; Sie werden geduldiger werden und sehr viel bewußter, und Sie werden merken, daß Sie sich besser konzentrieren können.

Nachdem wir gelernt haben, wie wir uns entspannen, werden wir nun entdecken, wie wir unser Wahrnehmungsvermögen erweitern können. Wir richten dazu unsere Aufmerksamkeit auf die Aura anderer lebendiger Dinge. Wir wollen mit einem Baum beginnen, weil Bäume zu den mächtigsten »Helfern« der Schamanen gehören.

Für die indianischen Schamanen waren Bäume »die stehenden Wesen«, und ein Baum wurde als ein Gedanke im Bewußtsein des Großen Geistes gesehen, der sich in seinem Ausdruck *an einem festen Ort* verwirklicht. Ein Baum bleibt, wo er ist, und bezieht seine Nahrung von der Sonne, vom Regen und Wind und aus dem mineralischen Reich des Bodens, in dem er wurzelt. Ein Baum bringt also nicht nur seine eigenen, spezifischen Eigenschaften zum Ausdruck, sondern trägt auch zur Prägung der Qualität des Ortes bei, an dem er steht.

Die Schamanen aller Kulturen haben den Wert der Bäume erkannt und geachtet, und das nicht nur wegen ihrer Schönheit und ihren ökologischen Nutzens als »Lunge« der Erde, sondern auch, weil sie »Lehrer« und »Hüter« der Menschheit sind. Bezeichnenderweise haben sich die nordischen und mitteleuropäischen Schamanen der lebendigen Gestalt des Baumes bedient, um Zugang zu den Realitäten der Anderwelt zu erhalten. Symbolisch gesehen verbindet der Baum die Erde mit dem Himmel.

In unserer nächsten Übung wollen wir Erfahrungen mit der Aura eines Baumes machen und seine Kraft in unser eigenes Energiesystem aufnehmen, um es zu ergänzen und zu stärken.

———————————————— ✻ ————————————————

ÜBUNG 5
VON EINEM BAUM KRAFT BEZIEHEN

Gehen Sie nach draußen und suchen Sie sich einen Baum in Ihrem Garten, in einem nahegelegenen Park, auf einer Wiese oder im Wald. Es muß ein Ort sein, wo Sie etwa eine halbe Stunde lang still und völlig ungestört sitzen können. Wählen Sie vorzugsweise eine Eiche, eine Weißbirke oder eine Esche, weil diese Bäume eine starke, kraftvolle Aura haben. Sollten Sie sich nicht ganz sicher sein, wie diese Bäume aussehen, dann können Sie in der öffentlichen Bibliothek Bücher finden, die Sie darüber aufklären.

Wenn Sie Ihren Baum gefunden haben, dann sprechen Sie innerlich oder laut mit ihm! Gegenwärtig sind Worte Ihr Kommunikationsmittel, verbinden Sie sie aber mit dem Gefühl und meinen Sie auch, was Sie sagen. Sagen Sie ihm, daß Sie seine Schönheit und Großartigkeit bewundern. Sagen Sie ihm, daß Sie sein Freund oder seine Freundin sind. Sagen Sie ihm, daß Sie gerne seine Aura spüren und wahrnehmen möchten, und bitten Sie ihn, sie Ihnen zu enthüllen. Kümmern Sie sich nicht darum, was andere Menschen denken könnten, denn es ist niemand bei Ihnen, und dies ist eine

Angelegenheit nur zwischen Ihnen und dem Baum. Und was ist denn übrigens so seltsam an der Kommunikation mit einem anderen lebendigen Wesen?

Sie werden wissen, ob es richtig ist, fortzufahren. Wenn Ihnen irgendwie unbehaglich zumute ist, dann gehen Sie zu einem anderen Baum und versuchen Sie es noch mal. Spüren Sie eine positive Reaktion, dann setzen Sie sich unter den Baum, lehnen Sie sich fest gegen den Stamm und e-n-t-s-p-a-n-n-e-n Sie sich. Praktizieren Sie, was Sie in Übung 4 über das Entspannen und rhythmische Atmen gelernt haben. Konzentrieren Sie sich dann, wenn Sie wieder normal atmen, darauf, die Aura des Baumes zu spüren und sich von ihr mit Energie aufladen zu lassen. Sie müssen sich nicht »stark bemühen«, es erfordert keine Anstrengung. Bitten Sie nur einfach den Baum noch einmal: »Bitte hilf mir, deine Aura zu spüren und an ihrer Energie teilzuhaben.« Meinen Sie das auch wirklich. Entspannen Sie sich. Sie werden das Gefühl, wenn es eintritt, erkennen – wie ein warmes Bad. Es ist ein behagliches, warmes, leuchtendes Gefühl, wenn sich Ihre Aura mit der des Baumes mischt. Vielleicht nehmen Sie sogar einen grünlichen, leicht dunstigen Schein um sich wahr. In diesem Fall hat sich Ihr »Sehvermögen« erweitert, und Sie können tatsächlich sehen, wie die Aura des Baumes in Ihre Aura hineinreicht.

Nehmen Sie sich für diese Übung Zeit. Versuchen Sie nicht, sie irgendwie zu beschleunigen, und werden Sie nicht ungeduldig, wenn nichts zu passieren scheint. Verbringen Sie mindestens eine halbe Stunde mit Ihrem Baum, und wenn Sie beim ersten Versuch keine positiven Reaktionen erhalten, dann versuchen Sie es wieder an einem anderen Tag. Seien Sie geduldig, beharrlich und rücksichtsvoll, und Sie werden eine Antwort bekommen.

Bedanken Sie sich beim Baum, bevor Sie den Ort verlassen. Bringen Sie ein bißchen Maismehl, zerriebenen Salbei oder eine Kräutermischung mit und streuen Sie es zum Dank um den Baum.

---

*

Da Sie einen Teil Ihrer schamanischen Arbeit in der freien Natur verbringen werden, lohnt es sich, wenn Sie sich einen kleinen Beutel zulegen, in dem Sie solche Spenden oder Gaben aufbewahren und bei sich tragen können. Dieser Austausch von Energie ist ein wichtiges Prinzip im Schamanismus: Man nimmt nie etwas, ohne auch zu geben. Schon viel zu lange hat der Mensch von der Natur genommen und ihr sehr wenig oder gar nichts zurückgegeben. Wenn Sie das Vertrauen und die Kooperation der Natur-Wesen gewinnen wollen, dann müssen Sie auch zeigen, daß Sie eine Einstellung des gegenseitigen Respekts vertreten und keine ausbeuterische Gesinnung haben. Eine solche Einstellung wird zu ihrer Zeit reichen Lohn bringen.

Schamanismus ist also eine Aktivität des ganzen Seins. Sie befaßt sich mit dem Austausch zwischen Ihrem Geist – der Essenz Ihres Wesens – und der Essenz in allem anderen. Mein wichtigster Mentor, Medizinhäuptling Silver Bear, erklärte mir das so:

---

*

»Nur durch *den Geist* kannst du in Kontakt mit den Lebens-Kräften von Felsen und Steinen, von Pflanzen und Tieren treten, die deine Verbündete sein werden; und mit den Vorfahren und erleuchteten Seelen und höheren kosmischen Wesen, die deine Helfer sein werden. Denn *der Geist* ist das Sein. Er ist *Sei-en*. Er ist das *Sei-en*, das im Prozeß des *Werdens* ist – zu dem wird, das größer ist als es gegenwärtig ist. Das, was in dir ist, kann so mit dem kommunizieren, was in allem anderem ist.

Die individuelle Lebens-Kraft im Inneren kann über sich selbst hinausreichen, sogar bis zu weit entfernten Sternen, aber dazu taucht sie erst in ihr eigenes Inneres. Denn im Inneren deines eigenen Energiesystems, im Zentrum deines Wesens und Seins, bist du eins sowohl mit dem Sichtbaren wie dem Unsichtbaren. Und deshalb mußt du ins Innere gehen, um zum Inneren dessen zu gelangen, was außen ist.«

3.

Der Kosmos der Schamanen

In vergangenen Zeiten, als die Schamanen und andere Männer ihres Stammes für die regelmäßige Nahrungsversorgung der Familien von ihren Fähigkeiten und ihrer Geschicklichkeit beim Jagen abhängig waren, sprach man vom Aufspüren und Heranpirschen, wenn es darum ging, die Jagdbeute ausfindig zu machen und zu fangen. Die Jäger mußten wissen, wo sich die Tiere aufhielten, mußten mit deren Wanderwegen, wahrscheinlichen Rastplätzen und Gewohnheiten vertraut sein, und sie mußten imstande sein, sich nahe genug an ihre Beute heranzuschleichen, um sie zu erlegen.

Heute brauchen wir nicht mehr auf die Jagd zu gehen, um uns zu ernähren. Das Fleisch wird uns, gefällig verpackt, in einer Weise angeboten, die kaum mehr Assoziationen mit dem Tod hervorruft. Vorausgesetzt, wir verfügen über das nötige Geld, brauchen wir es nur noch aus der Kühltruhe im Supermarkt zu nehmen, in den Einkaufswagen zu legen, damit zur Kasse zu rollen und es im Auto nach Hause zu transportieren. Die Kunst des Aufspürens und Heranpirschens müssen wir aber noch immer beherrschen, wenn unsere »Beute« die Aneignung schamanischer Fähigkeiten sein soll, eine Beute, die weitaus schwieriger zu fassen ist als das schlaueste Tier, dem wir nachstellen könnten.

Bevor die »Zivilisation« über den Indianer hereinbrach, verbrachte er viel Zeit auf der Jagd. Oft spürte er seiner Beute viele Stunden, ja sogar Tage nach, bis er entschied, daß er sich nun in der günstigsten und erfolgversprechendsten Ausgangsposition befand. Dann wählte er mit Bedacht aus seinem Köcher den für die Umstände geeignetsten Pfeil aus. Jeder dieser Pfeile war mit Hinblick auf seine spezielle Funktion äußerst sorgfältig hergestellt worden; jeder sollte sein Ziel rasch und lautlos erreichen.

Das Holz des Bogens war gut abgelagert und durch die Zeit gehärtet, reif wie das geistige Bewußtsein des Jägers, für das das Holz symbolisch stand. Die Sehne war straff gespannt wie seine Emotionen. Seine Hand stand für *den Geist*, der den Pfeil auf einen bestimmten Zielpunkt richtete. Auch der Köcher war mit liebender

Sorgfalt und Kunstfertigkeit hergestellt worden, denn er symbolisierte als Schutzbehälter seiner Hilfsmittel den Körper des Jägers. Der Pfeil repräsentierte seine Lebensweise und seinen Lebensweg als Folge seiner Entschlüsse und Entscheidungen – Aktivitäten des Willens und der Gedankenkraft.

Dies war das spirituelle Verständnis des Schamanen und Jägers von Bogen, Pfeil und Köcher. Und diese »Ausrüstung« müssen wir auf unserer Suche und bei der Verfolgung unserer »Beute« im Kopf behalten. Unsere Beute ist das, was wir zur Nährung und Bereicherung unseres persönlichen Lebens brauchen können, was unsere Träume und Bestrebungen zufriedenstellt und der Erfüllung unserer Potentiale dient.

Um die Schamanenkraft aufzuspüren – die Befähigung zu schamanischer Arbeit –, müssen wir wissen, an welchen Orten sie am wahrscheinlichsten zu finden ist. Wir müssen lernen, wie wir sie erkennen und uns ihr nähern können, ohne daß sie uns entflieht. Wir müssen wissen, wie wir sie festhalten, wenn wir sie erst einmal »gepackt« haben. Und wie der Schamane und Jäger wissen mußte, wie seine Beute, um sie verspeisen zu können, zuzubereiten und zu kochen war, müssen wir natürlich auch wissen, wie wir uns die schamanischen Fähigkeiten zu eigen machen und ihre Kräfte zum Wohle unseres Lebens und des Lebens derer, mit denen wir verbunden sind, nutzen können.

Wollte ein Jäger seine Beute zu Gesicht bekommen, dann mußte er sich äußerst ruhig und still verhalten, etwas, das auch für das Aufspüren der Schamanenkraft sehr wesentlich ist. Und in welcher Umgebung lassen sich deren Anzeichen vermutlich finden? Nun, vor allem sehr wahrscheinlich nicht da, wo sich menschliche Aktivität in großem Umfang abspielt. Auch Sie würden wohl kaum erwarten, noch auf sehr viel Wild zu stoßen, wenn Sie ein Transistorradio oder einen Kassettenrecorder in den Wald mitnehmen und auf volle Lautstärke drehen. Es muß also ein Ort sein, wo Sie sich für eine Weile in Stille, ohne Ablenkung und Störung, aufhalten können. In einem Haus oder in einer Wohnung wäre dies ein von den Aktivitäten anderer Personen unberührter Raum, ein Ort, wo mit Sicherheit keine plötzlichen Anforderungen an Ihre Aufmerksamkeit gestellt werden. Und sollte das heißen, daß Sie dazu eine halbe Stunde oder länger das Telefon abstellen müssen, dann gehört auch das dazu. Auch im Freien soll es ein ruhiger Ort sein und nicht etwa ein öffentlicher Park, in dem sich eine Menge Menschen tummeln. Ein Ort in natürlicher Umgebung, weit weg von Hektik und Geschäftigkeit, wo Sie sich der Natur nahe fühlen können. Solche Orte werden zu Ihren Kraftplätzen.

Ein Kraftplatz ist ein Ort, der eine wohltuende Energie auf die sich dort aufhaltende Person (oder Personen) ausstrahlt. Größere Kraftorte sind Stätten, die wegen ihres mächtigen Einflusses auf die Menschen, die sie sich zunutze machten, als heilig galten. Ein persönlicher Kraftplatz ist ein Nest der Erd-Energie, das sich in der Frequenz mit Ihrem persönlichen Energiefeld in Übereinstimmung befindet und es verstärkt. Ihr persönlicher Kraftplatz hebt also Ihre Schwingungsebene, klärt Ihr Bewußtsein und läßt Sie sich inspiriert und energiegeladen fühlen.

* * * * * * * * * *

Übung 6

Richten Sie Ihren persönlichen Kraftplatz ein

Im Haus: Jede Art schamanischer Tätigkeit erfordert, daß Sie irgendwo einen Platz haben, an dem Sie sich behaglich und wohl fühlen und vor Ablenkungen und möglichen Störungen sicher sein können. Vergessen Sie nicht, daß manche schamanischen Aktivitäten die Grenzen von Zeit und Raum transzendieren. Sie müssen also einen Platz finden, an dem Sie völlig ungestört und ganz entspannt sein können. Größe und Aussehen sind hier nicht bedeutsam. Wichtig ist Ihr innerer Bewußtseins-Raum, nicht der äußerliche, physische Bereich. Sollten Sie also über ein freies Zimmer verfügen, ein Dachkämmerchen, einen Kellerraum oder auch nur einen Arbeitsraum, den Sie so unterteilen können, daß er Ihnen diesen Bewußtseins-Raum und ungestörte Zeit für Ihre schamanischen Unternehmungen ermöglicht, dann ist alles bestens. Wenn nicht, dann tut es auch eine Nische im Schlafzimmer oder irgendwo anders, ein Plätzchen, das für eine Weile von anderen Familienmitgliedern verschont bleibt. Sie wandeln dann diesen

Bereich in Ihren persönlichen Kraftplatz um, indem Sie ganz einfach zu Beginn einer Sitzung die Energie im Raum für die schamanischen Tätigkeiten »einschalten« und am Ende der Sitzung »ausschalten«, um den Ort für die gewöhnlichen Alltagsaktivitäten wieder freizugeben. Ich werde später erklären, wie Sie das bewerkstelligen.

Suchen Sie sich jetzt Ihren Raum oder Platz. Arrangieren Sie es so, daß Sie sowohl einen Sitzplatz wie auch eine bequeme Schreibfläche zur Verfügung haben, wo Sie Ihre Notizen machen können. Sie sollten auch noch genug Platz haben, um eine Decke ausbreiten und sich auf den Boden legen zu können.

Draußen: Suchen Sie sich einen Platz in der freien Natur, wo Sie sich ungestört entspannen können. Eine kleine Lichtung zwischen Bäumen wäre ideal, aber wie der Ort nun genau aussieht, ist nicht wichtig. Sie müssen sich dort nur absolut wohl und eins mit der Umgebung fühlen können.

Wenn Sie auf dem Land leben, werden Sie wohl keine große Mühe damit haben, und vielleicht stehen Ihnen sogar mehrere Möglichkeiten zur Verfügung. In diesem Fall suchen Sie alle diese Orte auf und wählen den, der sich richtig anfühlt.

In der Stadt hingegen werden Ihre Möglichkeiten wahrscheinlich auf einen Park oder ähnliches begrenzt sein. Vermeiden Sie alle Orte, an denen im allgemeinen viel Trubel herrscht. Die meisten Städte verfügen über attraktive Parkgelände, wo sich doch irgendwo ein stiller Ort in der Nähe von Bäumen finden läßt, und wo Sie eine Weile lang ungestört sitzen und einen engen Kontakt mit der Natur aufbauen können.

---

*

Richten Sie sich nun diese beiden Kraftplätze ein.

Kommen wir jetzt auf unseren Jäger zurück. Er hatte auf die Zeiten zu achten, in denen die Beute am wahrscheinlichsten auftauchen würde – vielleicht im Morgengrauen oder in der Abenddämmerung – oder auf die Jahreszeit, in der das Wild am zahlreichsten auftrat. Dasselbe gilt für die Entdeckung der Schamanenkraft. Ihre Sinne können sich normalerweise zu bestimmten Zeiten des Tageszyklus, wenn die äußeren Aktivitäten nicht gerade ihren Höhepunkt erreichen, auf feine Energien leichter einstellen. Ich persönlich finde die frühen Morgenstunden, kurz vor der Morgendämmerung und kurz nach Sonnenaufgang, für die kreative und meditative Tätigkeit am produktivsten. Tatsächlich bewältige ich viel von meiner schriftstellerischen Arbeit zwischen fünf und acht Uhr morgens. Ähnlich ist die Zeit der Abenddämmerung, wenn das Zwielicht den Ausklang der äußeren Aktivitäten der Natur signalisiert und die Tagesarbeit hinter uns liegt, eine weitere potentiell geeignete Phase. Doch auch hier gilt: Am wichtigsten ist das, was für Sie taugt. Und die für Sie persönlich beste Zeit am Tag ist die, in der Sie sich am wenigsten unter Druck fühlen.

Was den Jahreszyklus angeht, so sind die Tage der acht jahreszeitlichen Feste der alten Völker der nördlichen Hemisphäre ebenfalls potentiell fruchtbare Zeiten für den Kontakt mit den unsichtbaren Kräften. In meinem Buch *Earth Medicine (Das Natur-Horoskop)* habe ich diese jahreszeitlichen Höhepunkte ausführlicher beschrieben, ich will hier aber doch wenigstens kurz darauf eingehen.

Die *Frühjahrs-Tagundnachtgleiche* um den 21. März, wenn Tag und Nacht gleich lang sind, war das alte Fest des *Erwachens*. Dies ist die Zeit, in der neues Leben aufsprießt aus dem, was vordem »tot« war.

Beltane (Anfang Mai), wenn die Energien der Natur ansteigen und aufblühen, war das alte *Fest der Erwartung*. Dies ist eine Zeit des gegenseitigen Austauschs, der Vereinigung und Harmonisierung.

Die *Sommersonnenwende* um den 21. Juni, wenn der Tag am längsten ist und die Kraft der Sonne ihren Gipfelpunkt erreicht, war das *Fest des Erreichens*. Von daher ist dies eine Zeit, um etwas zum Höhepunkt zu bringen.

Lammas (Anfang August), wenn die Natur die ersten Früchte ihrer Bemühungen hervorgebracht hat, war das alte *Fest der Mahnung*.

Die *Herbst-Tagundnachtgleiche* um den 22. September, wenn Tag und Nacht wiederum gleich lang sind, war das alte *Fest der Danksagung*. Hier wurde das Verteilen und die Wichtigkeit von Geben und Nehmen betont.

Samhain (Anfang November), wenn das Sichtbare und Unsichtbare, Traum und Realität sich mischen, war das alte *Fest des Gedenkens*. Es erinnert daran, daß das Sichtbare und Unsichtbare, Licht und Dunkelheit im Rad des Lebens gleichberechtigte Partner sind.

Die *Wintersonnenwende* um den 22. Dezember, wenn die Nacht am längsten ist, wenn die Samen des Potentiellen sich zu regen beginnen, war das Julfest, das alte *Fest der Wiedergeburt*. Hier wurde die Wiedergeburt des Lichts gefeiert und daran erinnert, daß da, wo Licht ist, auch Schatten ist, und daß Licht und Dunkelheit als Aspekte derselben Sache betrachtet werden müssen.

Imbolc schließlich um den 2. Februar war das *Fest der Erneuerung*, eine Gelegenheit zur Reinigung und Läuterung, um sich auf frische Neuanfänge vorzubereiten.

Totems, Symbole, Embleme, schamanisches Handwerkszeug und schamanische Landkarten wie zum Beispiel das Medizinrad sind Fährten oder magische Pfade, die uns zu unserer Beute führen können – dorthin, wo sich Schamanenkraft manifestiert. Haben wir sie ausfindig gemacht, dann müssen wir uns als nächstes an sie heranpirschen, um sie einfangen und nutzen zu können. Worum geht es bei diesem Heranpirschen?

Wenn sich der Jäger seiner Beute näherte, dann blieb er in Deckung, machte sich unsichtbar, um sie nicht zu verscheuchen. Und wie gelangte er zu solcher »Unsichtbarkeit?« Durch Tarnung – er wurde ganz einfach Teil der Umgebung. Wenn Sie die Schamenenkraft einfangen wollen, dann müssen Sie Teil dieses Kraftumfeldes werden; Sie müssen daran teilhaben, nicht mehr nur die Position des Beobachters einnehmen. Und deshalb möchte ich nochmals betonen: Schamanismus bedeutet aus der Erfahrung gewonnenes Wissen. Sie müssen *tun*, um zu wissen. Schamanismus ist mehr als nur eine Übung des Intellekts.

Wollte der Jäger mit seiner Umgebung verschmelzen, dann mußte er sich der Veränderungen um sich herum bewußt sein und sich an sie anpassen. Und wollte er sich an seine Beute heranpirschen, dann mußte er ihr Wesen, ihre Gepflogenheiten und auch ihre jeweilige Geschwindigkeit abschätzen. Ebenso müssen wir in unserem Wesen und in unseren Gewohnheiten eine Anpassung vornehmen und uns mit der Schwingungsfrequenz dieser Kraft in

Synchronizität bringen. Das ist der Grund für das schamanische Trommeln. Es verändert zeitweise die Schwingungsfrequenz unseres Wesens, befähigt unser Bewußtsein, sich auf den Fluß *der Geist-Energie* einzustellen, so daß wir uns ihrer auf allen Ebenen unseres Seins bewußt sein können. Das Trommeln führt das Bewußtsein aus der Dimension der Zeit heraus. Es versetzt es aus dem *Tonal*, der (durch das Maß der Zeit geprägten) Region materieller Existenz in das *Nagual* (die Region des der Lebens-Kraft inhärenten universellen Bewußtseinsstroms) und damit in einen Zustand der Zeitlosigkeit. Und ebenso sicher geleitet das Trommeln das Bewußtsein aus der Zeitlosigkeit zurück in die Zeit.

Das *Tonal* ist ein der aztekischen Sprache entstammender Begriff. Er bezieht sich auf die Existenz in der physischen Welt und materiellen Realität. Alles ist bedingt durch die Zeit – das heißt, es manifestiert sich in einer bestimmten Form nur für eine bemessene Zeit. Im Tonal gibt *der Geist* dem Leben Formen, beseelt sie. Solange die Form aufrechterhalten werden kann, ist Leben. Wird der Fluß aber unterbrochen oder zerbricht die Form, dann hat dieser strukturelle höhere Ausdruck von Lebens-Kraft in dieser Form, an diesem Ort und zu dieser Zeit ein Ende. Der Individualitätskern des Wesens, der diese Form der Lebens-Kraft erdacht und geschaffen hat, sie beseelt hat, kehrt dorthin zurück, von wo er gekommen ist – zum *Nagual. Der Geist* kann nicht sterben, oder aber »Gott« stirbt. Die Lebens-Kraft oder *das Gesetz* kommt uns direkt vom Großen Geist zu; unser Individualitätskern ist Teil des Großen Geistes, und er bedient sich *des Gesetzes* und der Lebens-Kraft, um sich in materieller Form Ausdruck zu verleihen. Das ist das Gesetz unseres Seins. Darum sind wir geschaffen worden.

Der Begriff des *Nagual* entstammt ebenfalls der aztekischen Sprache und bedeutet »verhüllt« oder »maskiert«. Er bezieht sich auf die Realität hinter der »Maske« der Materie – mit anderen Worten auf die nichtmaterielle Wirklichkeit. Im Nagual erfährt das einzelne Wesen Ewigkeit, die Zeitlosigkeit ist.

Das Heranpirschen hat uns also zu einer weiteren Erkenntnis gebracht. Es geht hier nicht nur um das Jagen und Einfangen der »Beute«, und darum, daß wir Gebrauch von ihr machen, als sei sie etwas von uns Unabhängiges. Wir müssen sie uns einverleiben und auch selbst durch sie verändert werden. Lassen Sie mich also zusammenfassen: Wollen Sie die Schamanenkraft »einfangen«, dann müssen Sie zur richtigen Zeit am richtigen Ort sein, Teil des Umfeldes dieser Kraft werden und sich dann in ihrem Fluß bewegen.

In alten Zeiten galt der Baum als ein Symbol für die Verbindung zwischen dem Physischen und Endlichen und dem Spirituellen und Ewigen. Die keltischen Druiden wurden von den römischen Besatzern des alten Britannien manchmal die »Kenner der Bäume« genannt, weil sie oft dabei beobachtet wurden, wie sie mit den Bäumen sprachen und ihre Götter in Hainen verehrten. Die Schamanen der mitteleuropäischen und skandinavischen Traditionen verglichen den Kosmos – die Gesamtheit alles Existierenden – mit einem lebendigen Baum, mit einem sich entwickelndem Organismus, der über eine ihm eigene Intelligenz und ein ihm eigenes Bewußtsein verfügt. Wir müssen also auf unserer Pirsch einen Blick auf die Symbolik des Weltenbaumes werfen. Die nordischen Schamanen nannten diesen Baum *Yggdrasil*. *Yggdrasil* bedeutet »Pferd des Yggr«, und *Yggr* ist ein anderer Name für *Odin*, eine Gottheit der nordischen Schamanen, die in der Mythologie als der »Allvater« oder »Schöpfergott« galt. Odins Pferd war ein mythisches Geschöpf, das in andere Existenzbereiche zu reisen vermochte. *Yggdrasil*, der Weltenbaum, war also ein Symbol für den Zugang zu den Anderwelten – zu anderen Seinszuständen.

Im Weltenbaum fanden sich verschiedene Ebenen der Existenz und des Bewußtseins, die oft als »Welten« bezeichnet wurden. Und diese »Welten« bargen wiederum verschiedene Zonen oder Realitätsbereiche in sich, die mit verschiedenen Aspekten des Geistes oder geistigen Bewußtseins in Beziehung gebracht werden können: mit dem normalen Wachbewußtsein, dem Unterbewußten und dem Unbewußten, und mit den höheren Bewußtseinszuständen, die wir das »Überbewußtsein« nennen können.

Mag es auch nötig sein, das geistige Bewußtsein zum Verständnis seiner Funktionen in dieser Weise aufzuteilen, so darf doch keinesfalls übersehen werden, daß es an sich eine Ganzheit darstellt. Wenn wir also vom Wachbewußtsein, dem Unterbewußten, dem Unbewußten und dem Überbewußtsein sprechen, dann sprechen wir von einem jeweiligen Aspekt des Bewußtseins. Im Weltenbaum war dieses holistische Prinzip versinnbildlicht.

Die manifestierte, materielle Welt des Wachbewußtseins befand sich in der »Mitte« und wurde durch den Stamm des Weltenbaumes dargestellt. Darüber existierte ein Zustand höheren Bewußtseins, symbolisiert durch sich in den Himmel reckende Zweige. Unterhalb des Stammes standen die sich in der Erde verzweigenden Wurzeln für die untere Region des Unterbewußten und die unbewußte Aktivität. Wasser stieg durch die Erde – das Unbewußte – empor und trat im Urdbrunnen zutage, ein Schicksalsborn, wo sich die Handlungen der Vergangenheit über das Medium der Zeit auf die Gegenwart auswirkten und Einfluß auf die Zukunft nahmen.

Der Weltenbaum wies eine horizontale und eine vertikale Ebene auf. Er war multidimensional und gab einen Hinweis darauf, daß sich die kosmische Ökologie in ihrer Struktur mit einer Schneeflocke vergleichen ließ, dargestellt im einfachen Symbol eines diagonalen Kreuzes, das in der Mitte von einer vertikalen Linie durchschnitten wird.

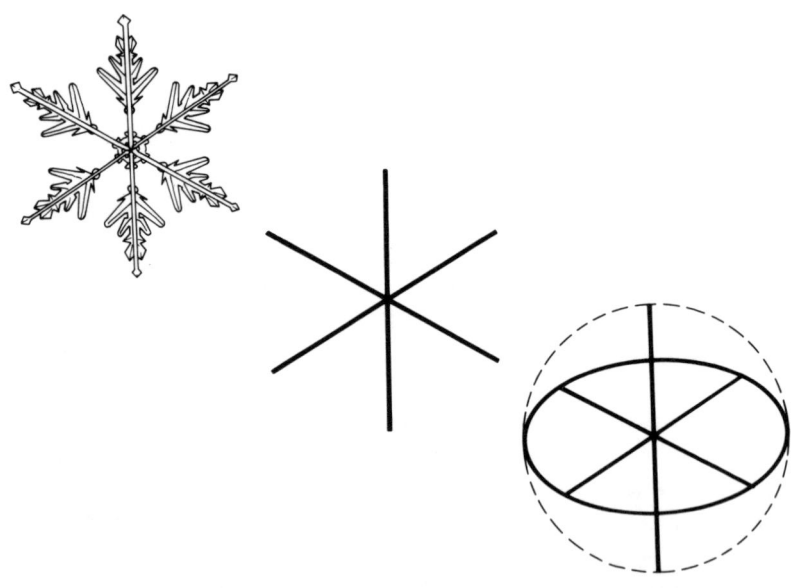

Abb. 4 Die Schneeflocke als Symbol multidimensionaler Realität

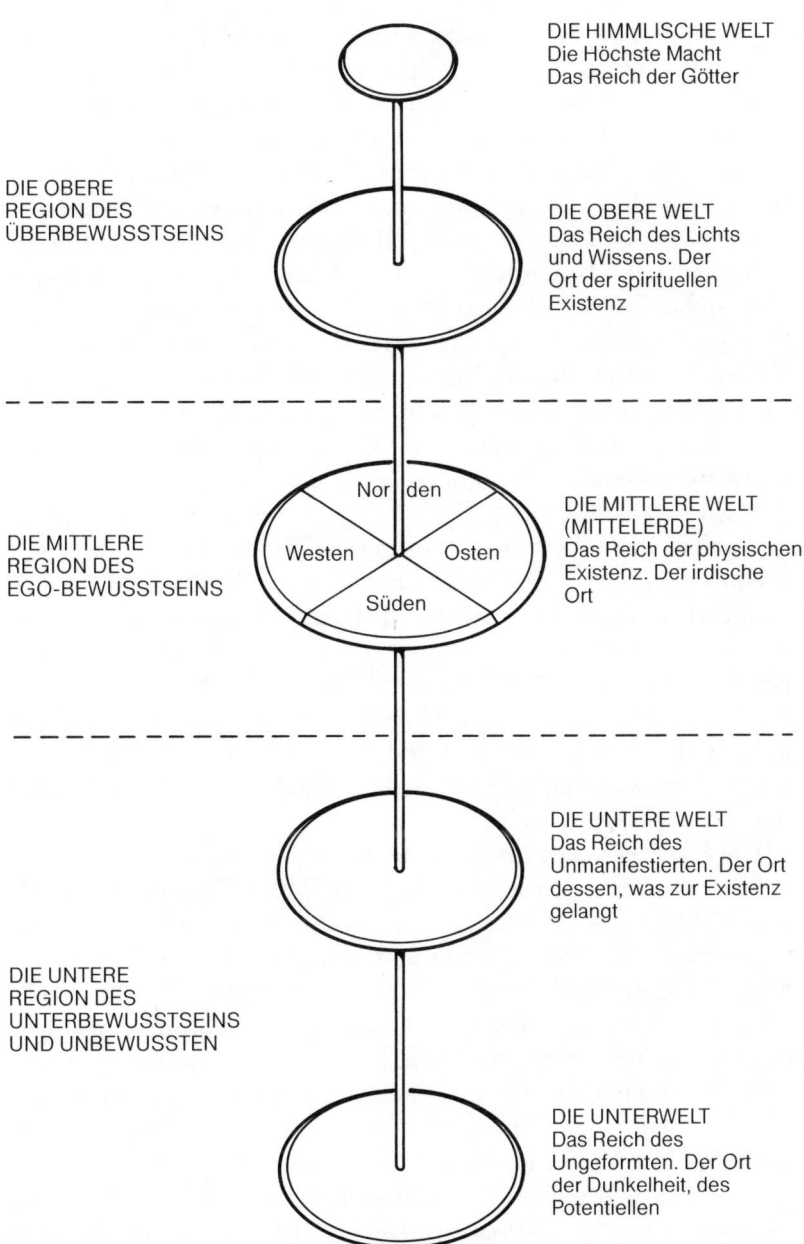

DIE HIMMLISCHE WELT
Die Höchste Macht
Das Reich der Götter

DIE OBERE
REGION DES
ÜBERBEWUSSTSEINS

DIE OBERE WELT
Das Reich des Lichts
und Wissens. Der
Ort der spirituellen
Existenz

Nor den
Westen   Osten
Süden

DIE MITTLERE
REGION DES
EGO-BEWUSSTSEINS

DIE MITTLERE WELT
(MITTELERDE)
Das Reich der physischen
Existenz. Der irdische
Ort

DIE UNTERE WELT
Das Reich des
Unmanifestierten. Der Ort
dessen, was zur Existenz
gelangt

DIE UNTERE
REGION DES
UNTERBEWUSSTSEINS
UND UNBEWUSSTEN

DIE UNTERWELT
Das Reich des
Ungeformten. Der Ort
der Dunkelheit, des
Potentiellen

Abb. 5 Die Ebenen des Weltenbaumes Yggdrasil

Im Symbol der Schneeflocke wurde die multidimensionale Realität des von einem Kreis umschlossenen Kreuzes hervorgehoben. Ein zweidimensionales Bild, das auf eine zentrale Achse oder Spindel verweist, sowie auf ein »oben« und »unten« und vier Richtungen: links, rechts, vorn und hinten. Oder: oben der Himmel, unten die Erde, und Westen, Osten, Norden und Süden.

Licht und Dunkel kam in der alten nordischen Tradition ebenfalls eine tiefe Bedeutung zu. Das Licht oben war durch das kosmische Feuer gekennzeichnet – Licht in seiner höchsten Schwingung – und das Dunkel unten durch das kosmische Eis, das als »Verfestigung« der dunklen Energie begriffen wurde. Durch die Vereinigung der polaren Kräfte von Feuer und Eis, Licht und Dunkel, Yang und Yin, Gott und Göttin wurde das manifestierte Universum »in der Mitte« hervorgebracht.

Nach schamanischer Auffassung waren alle polarisierten Kräfte im Universum Gegensatzpaare innerhalb einer Einheit. War der Schamane mit dem Ausdruck nur einer dieser Kräfte konfrontiert, so vergaß er nie, daß sie grundsätzlich einer Einheit zugehörte. Tag und Nacht zum Beispiel wurden nicht als separate Phänomene betrachtet, sondern als unterschiedliche Ausdrucksformen derselben Sache. Materie war eine Manifestation in »verfestigter« Form des unsichtbaren Geistes. Der Tod war nicht das Ende des Lebens, sondern ein Aspekt des Lebens – das Aufgeben einer Existenzform und der Übergang in eine andere.

Die Manifestierung im Reich der physischen Realität beinhaltete außerdem zwei wesentliche und austauschbare Prinzipien: Energie und Materie. Die Energie barg das kosmische Muster in sich, aus dem heraus die Materie zu ihrer Form gebracht wurde, und die Materie kehrte letztlich zur Urenergie zurück, aus der sie gemacht war. So wurde das Universum als ein bewußtes, lebendiges, organisches und sich entwickelndes Wesen verstanden, das, wie alles andere auch, den Gesetzen seiner eigenen Existenz unterworfen war – ein Organismus, der sowohl Gesetzen gehorcht als sie auch durchsetzt. Die Menschheit und andere Lebensformen wurden als Teil dieses »Ganzen« verstanden.

Der Kosmos der Schamanen entstand, im Gegensatz zur Aussage in anderen Schöpfungsmythen, nicht aus dem Nichts. Vielmehr wurde er als die Manifestation eines aus einem Urstoff hervorgegangenen, geordneten Universums begriffen, der, wenngleich im Zustand des Chaos, bereits »da« war. Die in der nordischen Mythologie erzählte Geschichte vom Riesen *Ymir,* der von den Göttern erschlagen und in neuer Form zusammengesetzt wurde, übermittelt in allegorischer Form das Wissen, daß sich ein geordnetes und entwickelndes Universum aus dem lebendigen Stoff des Kosmos gebildet hat. Es hatte das Muster einer Schneeflocke und war wie ein Baum strukturiert. Der Stamm oder die Mittelachse verband im »Zentrum« die »mittlere Region« oder »Mittelerde« der physischen Realität mit den Anderwelten. »Oben« (in der oberen Region) befanden sich die Kräfte und Mächte des Wissens, der Erleuchtung und des Schöpferischen und die Wohnstätte der »Götter« oder höher entwickelten Wesen. »Unten« (in der unteren Region) befanden sich die Bereiche der Entstehung und Formung, der »Schwangerschaft« und die Reiche der weniger entwickelten Elementarwesen.

Die vertikale Achse verband sich mit dem Seinsbewußtsein und kennzeichnete die Unterteilung zwischen Licht und Dunkel – zwischen bewußter, unterbewußter und unbewußter Tätigkeit. Die horizontale Ebene bezog sich auf die Energie und zeigte die Unterteilung zwischen den sich ausdehnenden, elektrischen Energien des kosmischen Feuers und den sich zusammenziehenden, magnetischen Energien des kosmischen Eises.

Diese Anderwelten waren von der Mittelerde nicht so sehr durch räumliche Entfernung oder Zeit getrennt, als vielmehr durch ihre Schwingungsfrequenzen. Sie durchdrangen und umgaben das Physische und Materielle und besetzten denselben »Raum«, allerdings in anderen »Dimensionen«. Der Weltenbaum beinhaltete somit ein multidimensionales Universum und war das Symbol der wesentlichen Einheit alles Lebens und aller Ebenen.

Manchen schamanischen Traditionen der nordischen Völker zufolge beherbergten die oberen, mittleren und unteren »Welten« insgesamt neun Existenzbereiche, die sich im Weltenbaum lokalisieren ließen.

An der Spitze der vertikalen Achse befand sich das »himmlische« Reich, manchmal Asgard genannt, wo sich die himmlischen Wesen aufhielten. Darunter lag der »Ort der Erleuchtung« – das Reich des hohen geistigen Bewußtseins, der Wohnort des Gedankens und der

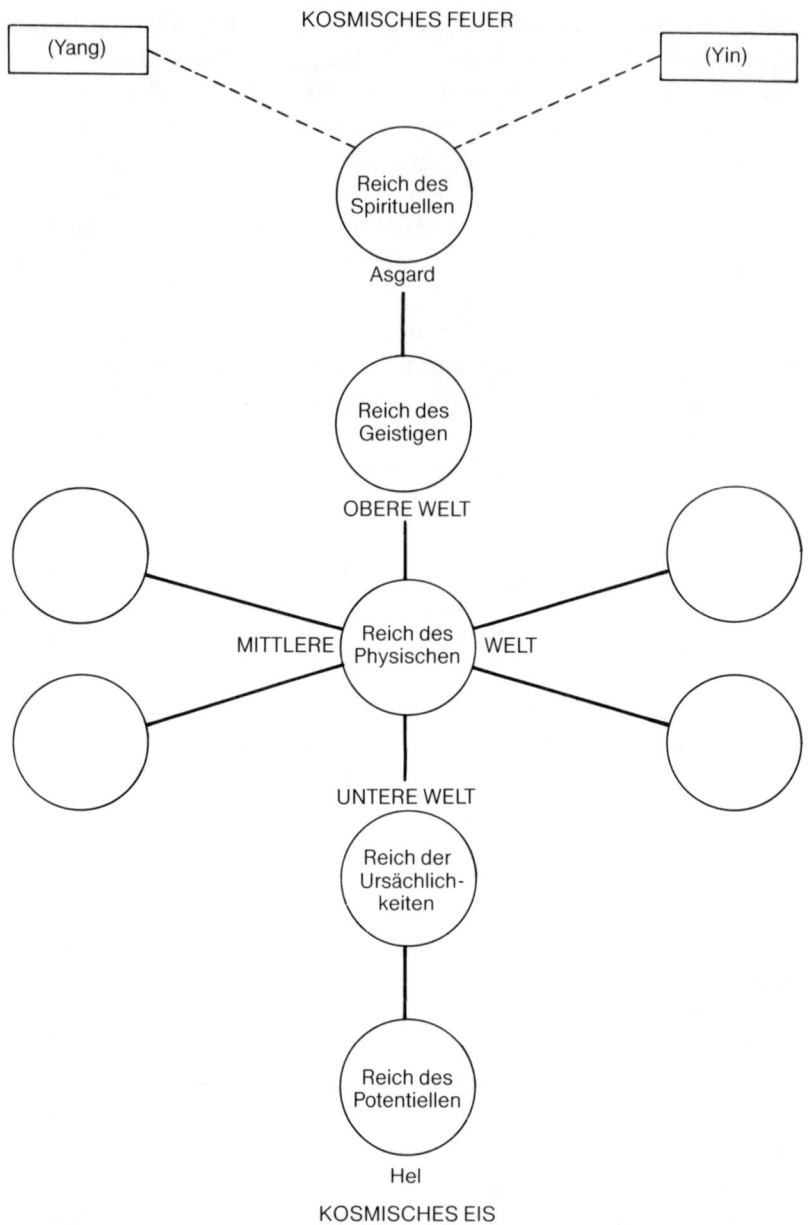

KOSMISCHES FEUER

(Yang)

(Yin)

Reich des
Spirituellen

Asgard

Reich des
Geistigen

OBERE WELT

MITTLERE   Reich des
Physischen   WELT

UNTERE WELT

Reich der
Ursächlich-
keiten

Reich des
Potentiellen

Hel

KOSMISCHES EIS

Abb. 6. Die neun Reiche oder Existenzebenen im Weltenbaum (Yggdrasil)

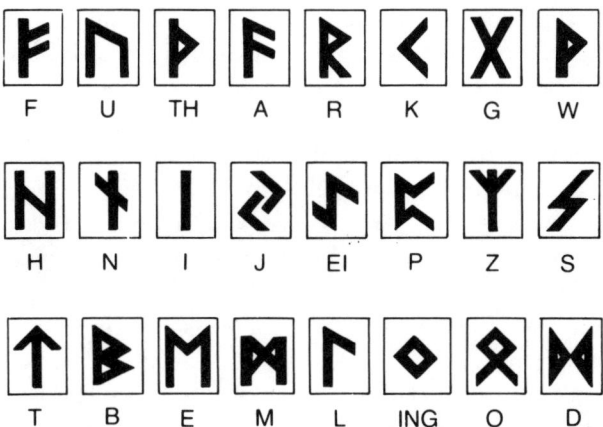

Abb. 7 Die vierundzwanzig Runen des ältesten Runen-Alphabets *futhark* mit seinen phonetischen Lauten.

fruchtbare Geburtsort der Ideen. In der Mitte fand sich das durch die Zeit bedingte Reich der materiellen Manifestation, das Heim des Persönlichkeits-Selbst und des Ego-Bewußtseins. Darunter war ein unterirdisches Reich der unterbewußten Aktivität angesiedelt, wo Gedankenmuster Gestalt annahmen. Am unteren Ende der Achse befand sich das Reich der Trägheit – der Ort des Potentiellen. Es wurde manchmal *Hel* genannt, ein germanisches Wort, das »bedekken« bedeutet, weil es die tiefsten Bereiche des Unbewußten bedeckt. Es wies keine der Eigenschaften auf, wie sie sich mit der feurigen *Hölle* der Mythen späterer Religionen verbanden.

Auf der horizontalen Ebene fanden sich andere Seins- und Erfahrungsaspekte, die ebenfalls Bestandteil des »verborgenen« schamanischen Wissensschatzes waren.

Die schamanischen Runenmeister und -meisterinnen der alten nordischen Völker bedienten sich, um an »verborgenes« Wissen zu gelangen, jener spitz geformten, symbolischen Zeichen, die sich leicht in Holz schnitzen oder in Stein ritzen ließen. Im Gegensatz zur heute verbreiteten Ansicht (die sich auf die Einbildungskraft einiger Anthropologen stützt) waren die Runen nicht einfach ein Geheimcode, dessen Schriftzeichen an Stelle der Buchstaben des herkömmlichen Alphabets verwendet wurden. Sehr wahrscheinlich konnte die Mehrheit dieser Runenmeister ihre eigene Sprache nicht lesen und schreiben, und auch nicht das Latein, das unter dem Einfluß der Römer zur Sprache der Gelehrten wurde. Die Runen repräsentierten vielmehr Muster der Manifestierung und Gesetze der Formgebung, Formen, in denen die Energien ihren Ausdruck finden konnten. Sie waren – und sind – Symbole einer kosmischen Sprache, die auf allen Existenzebenen Gültigkeit besitzen.

Das als *futhark* bekannte Runen-»Alphabet«, das älteste der bekannten Systeme und so benannt nach seinen ersten sechs Buchstaben, weist vierundzwanzig Runen auf. Ebenso existieren nur vierundzwanzig mögliche »Pfade« zwischen den neun Reichen im Weltenbaum *Yggdrasil*. So konnten die Runen den Schamanen quasi auch als »Reiseerlaubnis« dienen, die ihnen die Erkundung des Inneren Raums ermöglichte, ein »Reisepaß« in jene anderen Existenzbereiche im kosmischen Netz.

Die Schamanen der Britischen Inseln und Nordeuropas waren sich somit bewußt, daß der Kosmos auf verschiedenen Existenzebenen agiert, und daß diese weitgehend mit den unterschiedlichen Aspekten des Bewußtseins korrespondieren. Diese Vorstellung war unter den Urvölkern weit verbreitet und ist auch an bestimmten Kunstgegenständen verschiedener Stämme abzulesen, wie etwa den Totempfählen der indianischen Stämme im Westen Nordamerikas und der Maoris auf Neuseeland, oder an den sehr spezifisch geschnitzten Kristallstäben, derer sich einige indianische Schamanen bedienten.

Diese Kunstgegenstände zeigen oft drei aufeinanderstehende »Hauptgeister«, die ihrerseits von einer tierähnlichen Gestalt gestützt werden. Beim Totempfahl trägt die oberste Figur Flügel, was darauf verweist, daß sie in weite Fernen reisen kann. Diese Figuren konnten der Symbolisierung der Aspekte eines menschlichen Wesens dienen, der Symbolisierung prinzipieller Gewahrseinsebenen und der bewußten, unterbewußten, überbewußten und auch unbewußten Aspekte des Geistes.

Der modernen Psychologie waren bis Ende des neunzehnten Jahrhunderts diese verschiedenen Bewußtseinszustände nicht bekannt, Schamanen aber hatten sie schon jahrhundertelang als »Geister« personifiziert. Die Kahuna, die schamanischen Priester mit starken paranormalen Kräften auf Hawaii (das einst Teil eines mächtigen prähistorischen Kontinents namens Mu war, der bei

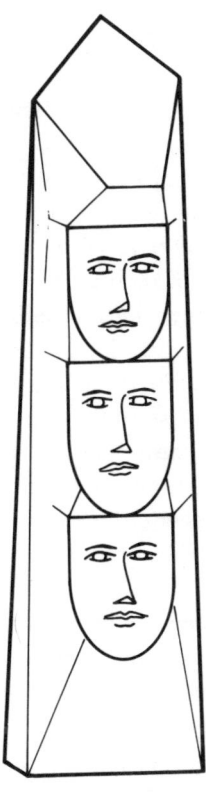

Abb. 8 Ein Totempfahl (links) mit drei Figuren oder »Selbsts«, die von einer vierten Sockelfigur gestützt werden, und (rechts) ein schamanischer Kristall-stab mit der Darstellung von drei »Geistern«.

einer ungeheuren ökologischen Katastrophe in den Tiefen des Pazifiks verschwand, eine Katastrophe hervorgerufen dadurch, daß die Erde in eine neue und etwas längere Umlaufbahn um die Sonne einschwenkte), verglichen das Unterbewußte mit einem »Geist« im menschlichen Wesen, der zwar nicht sprechen, aber doch Gefühle empfinden konnte, und still und heimlich dem Bewußtsein der Person diente, der es verbunden war.

Die inspirative und kreative Ebene geistiger Fähigkeit in einem höheren Bewußtseinszustand wurde als Domäne eines »höheren Geistes« – eines »Höheren« Selbst – betrachtet, das unsterblich ist und das Individuum zu spirituellen Bestrebungen und noblen Taten motiviert. Es führte und inspirierte das »menschliche« Selbst, denn es hatte gottgleiche Eigenschaften.

Die Kahuna begriffen diese verschiedenen »Geist«-Intelligenzen oder »Selbsts« als kooperierendes Team. Wir können sie als mehrere, in unterschiedlicher Weise agierende Aspekte des Gesamtselbst verstehen. Sie bringen, wie die Mitglieder eines Sportteams, ihre individuellen Fähigkeiten ein und agieren aus ihrer jeweiligen individuellen Position heraus, funktionieren aber doch als eine Einheit und auf verschiedenen Bewußtseinsebenen.

Max Freedom Long, ein amerikanischer Psychologe und Religionswissenschaftler, der einen großen Teil seines Lebens der Erforschung der Magier-Priester Hawaiis widmete und über seine Erkenntnisse viele Bücher schrieb, bezeichnete den Persönlichkeitsaspekt, der sich mit den bewußten Aktivitäten des Alltaglebens befaßt und sich des analytischen Verstandes bedient, als das »mittlere« Selbst. Auf einer anderen Ebene befindet sich das »niedere« Selbst, dem das Gedächtnis, einige Aktivitäten des Unterbewußten und alle Aktivitäten des Unbewußten obliegen. Über diesen Ebenen befindet sich das »höhere« Selbst, das auf der Ebene der höchsten Aspirationen des geistigen Bewußtseins agiert. Für die Kahuna waren diese »Selbsts« »persönliche« Intelligenzen oder Geister, die sich in ihren Funktionen überschnitten.

Manche Schamanen der nordischen Traditionen kannten aber auch eine mündliche Überlieferung, wonach es noch eine vierte, instinktiv und automatisch agierende Intelligenz gab, die den physischen Körper kontrollierte und aufrechterhielt und für seinen Schutz und sein Überleben verantwortlich war. Diese Intelligenz wirkte auf tiefen Ebenen des Unbewußten und wurde mit einem Tiergeist verglichen, weil ihre Handlungen weitgehend instinktiver Natur zu sein schienen. Da sie mit dem Tod eines menschlichen Wesens zu verschwinden schien, nahm sie einen anderen Stellenwert ein als die anderen »Geister«.

Medizinhäuptling *Silver Bear* erklärte mir, daß zwischen diesen vier Intelligenzen ganz bewußt eine Trennung vorgenommen wurde. Jede hat ihre eigene, spezielle Funktion und eigene Form mentaler Kraft, aber jede stellt nur einen Aspekt des Individuums dar.

Der Weltenbaum und das Medizinrad sind alte schamanische Landkarten, derer sich die Schamanen der unterschiedlichsten Kulturen bedienten, um die Aspekte ihrer Persönlichkeit zu verstehen und um in verschiedene Bewußtseinsebenen zu gelangen. Jede dieser Techniken war im Rahmen ihrer eigenen Kultur sehr wirkungsvoll, entstammte aber ursprünglich einem älteren universalen System der Prähistorie. Ich hoffe durch das Aufzeigen von Parallelen und die Integration der Prinzipien zu einem einzigen, harmonischen System im Geiste des wandernden Schamanen diesem ursprünglichen System nicht nur näher zu kommen, sondern auch den Menschen von heute einen klaren Weg zum Kosmos der Schamanen zu weisen und so eine Grundlage zu schaffen, von der aus der Innere Raum erkundet und die daraus resultierenden Vorteile ausgetauscht werden können.

Wandernde Schamanen, die die Grenzen ihrer eigenen Stammessitten überschritten, erkannten, daß keine einzelne Gruppe über die absolute Wahrheit verfügte, und reisten deshalb auf der Suche nach Wissen von Stamm zu Stamm und von Ort zu Ort, sammelten Erkenntnisse, verwoben das, was sie lernten, mit dem, was sie bereits wußten, und gaben ihre Weisheit weiter.

Sprechen wir nun über den Geist *(mind)*, ein schwer faßbares Phänomen, weil es immateriell ist. Im Lexikon wird er als Sitz des Bewußtseins, der Gedanken und Emotionen definiert. Wissenschaftler, Philosophen und Theologen sind sich nicht ganz einig darüber, was der Geist nun wirklich ist, wissen aber, daß er nicht mit dem Gehirn gleichzusetzen ist. Das Gehirn ist ein im Schädel befindliches physisches Organ, das Zentrum der Empfindungen, und kann als ein Biocomputer betrachtet werden, dessen sich der Geist bedient. Als physisches Organ kann das Gehirn lokalisiert und vermessen werden, was beim Geist als immateriellem und unbestimmbarem Phänomen nicht möglich ist. Wir verstehen also nicht ganz, was der Geist ist, wissen aber, daß er existiert.

Zum besseren Verständnis können wir seine Funktionsweise in vier Ebenen unterteilen, wobei er sich nicht in Abschnitte aufteilen läßt, da er keine Form besitzt. Unser Verstand muß sich aber, um ein abstraktes Konzept begreifen zu können, an etwas »Greifbares« halten können. Dies ist der Hauptgrund für eine solche Kategorisierung und auch für eine schamanische Landkarte.

Der uns vertraute Aspekt des Geistes ist das geistige Bewußtsein im Zustand des Wachbewußtseins oder der bewußte Geist *(Conscious Mind)*, da wir uns seiner bei unseren normalen Alltagsaktivitäten ständig bedienen. Er ist der Sitz des Intellekts; ihn setzen wir ein, wenn wir etwas »durchdenken«, um zu einer Schlußfolgerung zu gelangen, bevor wir handeln. Wir benutzen ihn, um die Sinneseindrücke aus der äußeren Umwelt zu deuten und ihnen einen Sinn zu geben. Er ist der Geist des »Selbst«, das wir der Welt zeigen – das egoistische »menschliche« Selbst, das »mittlere« Selbst, das in Worten spricht.

Das *Unterbewußte* ist der Aspekt des Geistes, der auf vom Wachbewußtsein oder bewußten Geist einprogrammierte Anweisungen zu reagieren scheint. Diese sind feste Überzeugungen, durch frühe Konditionierung und durch den Einfluß der Umwelt erworbene Einstellungen und Gewohnheiten, sowie Ängste, Phobien und Komplexe. Das Unterbewußte speichert sie zusammen mit bewußt erlebten Ereignissen im Gedächtnis. Es kann somit als »dienender« Geist betrachtet werden, da es in dieser Weise dem bewußten Geist dient. Ich nenne es gern, da seine Aktivitäten weitgehend im Innern verborgen bleiben, das »verborgene« Selbst; es kommuniziert über Bilder, Symbole und Gefühle.

Das *Unbewußte* arbeitet automatisch und unaufhörlich. Vom Moment der Empfängnis an ist es damit befaßt, den physischen Körper aufzubauen, zu erhalten und wiederherzustellen, erst nach den Anweisungen des genetischen Codes und später auf der Grundlage dessen, was vom Unterbewußten einsickert. Es ist der Geist dessen, was ich das »Körper«-Selbst nenne, da es auf der Grundebene des menschlichen Körpers agiert. Seine Sprache ist die der chemischen und elektrischen Impulse.

Das *Überbewußtsein* ist der höchste Aspekt des Geistes und verfügt über höhere geistige Kräfte. Es ist die Quelle allen Wissens, das Sie sich erwünschen oder je benötigen könnten. Es bringt über plötzliche Eingebungen oder Offenbarungen Wissen ins Bewußtsein. Es ist die Quelle der Inspiration und Kreativität, der Geist des »Höheren« Selbst, und seine Sprache ist die der Telepathie.

Diese vier Aspekte des Geistes stehen mit den Aspekten des Gesamtselbst in Zusammenhang und existieren gleichzeitig.

Das *menschliche Selbst* ist der Aspekt des Gesamtselbst, der sich durch die Persönlichkeit ausdrückt, der im praktischen Alltagsleben Entschlüsse faßt und Entscheidungen trifft. Dieser Aspekt praktiziert die Vernunft, analysiert und kategorisiert, fällt Urteile, vergleicht, nimmt Überzeugungen an und bildet sich Meinungen.

Die Domäne des *verborgenen Selbst* ist das Unterbewußte; seine Aktionen spielen sich also »unter der Oberfläche« ab. Es wird durch die ihm auferlegten Überzeugungen und Einstellungen konditioniert, da es als »dienendes« Selbst auf das reagiert, was es als »Autorität« erachtet. In der Kindheit erfolgt die Verhaltenskonditionierung weitgehend durch die Eltern und Lehrer, in der Jugendzeit durch die Personen, die zum Gegenstand der »Heldenverehrung« werden, und im Erwachsenenalter durch die jeweiligen »Götter«, denen das menschliche Selbst seine Zeit und Energie widmen möchte. Das »unterbewußte« Selbst verfügt über wenig Verstandeskraft, hat aber ein Gedächtnis. Es erlernt physische Fähigkeiten durch Wiederholung und die Stimme der Autorität, da es seinem Wesen nach vertrauensvoll ist und eine natürliche Bereitschaft zum Gehorsam zeigt. Es fühlt Emotionen, deren Quelle ja die unterbewußte Ebene ist. Emotionen sind durch Gedanken stimulierte Energieströme, die über den Eindruck ihrer Erfahrung zum Handeln führen können.

Das *Körper-Selbst* ist die biologische Intelligenz des Körpers, es sorgt für den Körper, schützt und verteidigt ihn. Aufgrund seiner animalischen Natur reagiert es auf Instinkte und Impulse. So reagiert es auf Angst – eine vom verborgenen Selbst ausgelöste Emotion, die zur Ausschüttung von Hormonen führt –, weil es vor allem mit dem physischen Überleben befaßt ist.

Das *Höhere Selbst* ist der am höchsten entwickelte Aspekt des menschlichen Wesens und vor allem auf ewige Werte ausgerichtet. Es wird manchmal die Seele oder *der Geist* genannt, obwohl die Seele vielleicht am besten als *das Licht* einer Wesenheit und *der Geist* als *das Leben* angesehen werden kann. Das Höhere Selbst überschaut unser Leben, es kann nicht nur in die Gegenwart, sondern auch in die Vergangenheit und die unmittelbare Zukunft blicken. Gedankliche Muster, die sich in der Gegenwart herausbilden und sich aus früheren Handlungen ergeben haben, werden in ihrem Manifestierungsprozeß gesehen. Die Antwort auf ein Gebet ist die Reaktion des Höheren Selbst, das in den gedanklichen Mustern und dem, was zur physischen Existenz gelangt, Veränderungen bewirkt.

Die Kahuna bedienten sich einer kodierten Sprache, durch die altes Wissen übermittelt und intakt gehalten wurde.

Die Worte im Hawaiianischen – eine polynesische Sprache, die der gesprochenen Sprache des prähistorischen Kontinents Mu am nächsten stehen mag – können auf verschiedene Grundworte und Verbindungen von Wurzelsilben und Vokalen zurückgeführt werden, die eine tiefere Bedeutung aufscheinen lassen. Auch die Mythen, Legenden, Volksmärchen und heiligen Schriften der verschiedensten Kulturen enthielten eine Bedeutung an der »Oberfläche« für das allgemeine Verständnis und eine innere »verborgene« Bedeutung, die denen, die sie zu entschlüsseln vermochten, ein tieferes Wissen enthüllte. Dazu müssen wir wissen, daß das, was in dieser Weise »verborgen« war, nicht unbedingt ein streng gehütetes Geheimnis zum Vorteil einiger weniger Auserwählter darstellte (wenngleich es durchaus Gründe gibt, bestimmte Kenntnisse vor Mißbrauch zu schützen). Dieses Wissen war nur deshalb schwer erkennbar, weil es zu seinem Verständnis eine bestimmte spirituelle Entwicklung voraussetzte.

Die Kahuna begriffen das menschliche Selbst als *A-uhane* oder *Uhane* – wobei *Au* Geist, Selbst oder das Ich bedeutet, und *hane* Rede oder sprechen. Das unterbewußte, verborgene Selbst war als *A-unihipili* bekannt – *nihi* bedeutet jung, verborgen oder schweigend; *pili* bedeutet anhaften, klammern. *A-unihipili* war also das verborgene, schweigende, kindliche Selbst, das sich an das *A-uhane* klammert. Das Höhere Selbst war als *Aumakua* bekannt – *makua* bedeutet älter oder elterlich. *Aumakua* war also das ältere (das heißt entwickeltere) elterliche Selbst. Anderen Schamanen war es als *Hokkshidah* bekannt.

Das Höhere Selbst ist dieser Auffassung nach schon sehr lange existent. Es hat einen männlichen und einen weiblichen Aspekt, und seine Beziehung zum menschlichen Selbst ähnelt der liebender Eltern zu ihrem Kind. Das Höhere Selbst hat den Lebensplan einer Person ausgearbeitet, damit sie an den erzieherischen Lebenserfah-

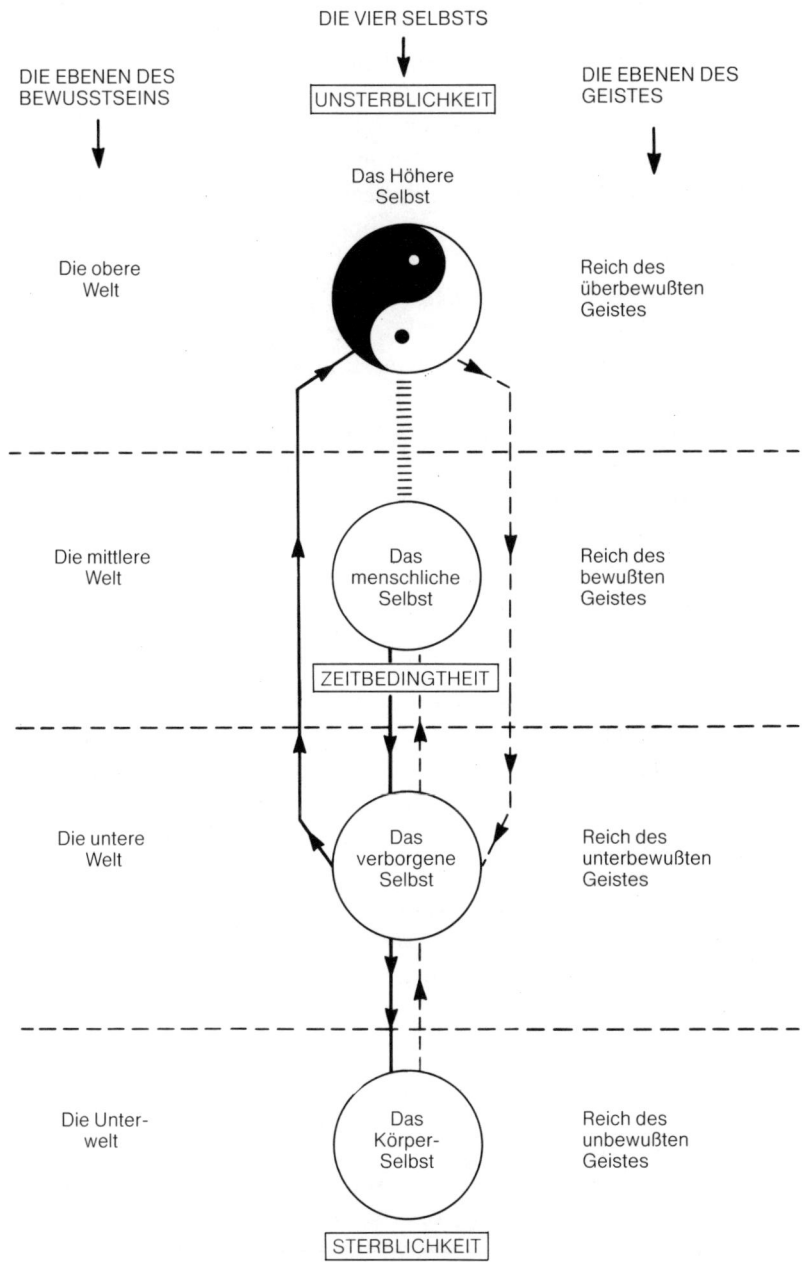

DIE VIER SELBSTS

DIE EBENEN DES
BEWUSSTSEINS

DIE EBENEN DES
GEISTES

UNSTERBLICHKEIT

Das Höhere
Selbst

Die obere
Welt

Reich des
überbewußten
Geistes

Die mittlere
Welt

Das
menschliche
Selbst

Reich des
bewußten
Geistes

ZEITBEDINGTHEIT

Die untere
Welt

Das
verborgene
Selbst

Reich des
unterbewußten
Geistes

Die Unter-
welt

Das
Körper-
Selbst

Reich des
unbewußten
Geistes

STERBLICHKEIT

Abb. 9 Die vier »Selbsts«

rungen auf dem Planeten Erde wachsen und gedeihen kann. Allen menschlichen Wesen ist ein Ziel gemeinsam: die »Entwicklung« hin zu etwas Größerem, als es gegenwärtig ist. Das Meistern der Herausforderungen menschlicher Erfahrung und die Ausrichtung des menschlichen Selbst auf das »höhere« Ziel des Höheren Selbst garantiert diese Entwicklung und verstärkt das Licht der Seele.

Die Aufforderung des »Erkenne dich selbst« an den Neophyten, der in das alte Wissen eingeweiht wurde, beinhaltet sehr viel mehr als die Kenntnis des menschlichen Selbst. Sie betont die Notwendigkeit, alle Aspekte des menschlichen Wesens zu verstehen, die verschiedenen »Selbsts« zu integrieren und zu einer harmonischen partnerschaftlichen Zusammenarbeit zu bringen, was dann die »Erfüllung« des wahren Lebensziels bewirkt – des Ziels der Seele, das Ziel, das der Grund für die Inkarnation zu einer bestimmten Zeit und an einem bestimmten Ort ist. So ist das auch heute, und dies ist einer der Kernpunkte des Schamanismus.

Das menschliche Selbst benutzt Worte, um sich zu verständigen. Worte sind ein Ausdruck der Energie unserer Gedanken und Ideen, die wir anderen menschlichen Wesen eben über das Wort vermitteln können. Das verborgene Selbst hingegen benutzt keine Worte, sondern kommuniziert ausschließlich über Bilder und Gefühle. Das Höhere Selbst bedient sich ebenfalls einer Bildersprache sowie intuitiver Eingebungen und plötzlicher Inspirationen. Das Körper-Selbst kommuniziert über elektrochemische Impulse. Bilder, intuitive Gefühle, Inspirationen und Impulse sind alles Energieformen, derer sich die verschiedenen Aspekte des Gesamtselbst und des Gesamtbewußtseins bedienen. Ebenso besteht alles, was existiert, aus Energieformen in sich ständig wandelnden Kombinationen. So machen die »Bilder«-Sprache und Impulse eine Kommunikation mit den Energiemustern anderer Lebensformen – mit anderen »Intelligenzen« oder »Geistern« – und auch zwischen den unterschiedlichen Existenzebenen auf der Erde und im Universum möglich. Wir alle verfügen dazu über eine entsprechende »Ausrüstung«. Sie bleibt aber latent, wenn wir von ihrer Existenz und ihrer Funktionsweise keine Kenntnis haben oder nicht wissen, wie wir sie überhaupt erkennen. Die schamanischen Fähigkeiten versetzen uns in die Lage, diese »Ausrüstung« zum Einsatz zu bringen.

Durch das Gewahrsein dieser »Selbsts«, der Aspekte des Geistes und der Sphären des Bewußtseins kann der männliche oder weibliche schamanische Abenteurer nicht nur den Kosmos erforschen und von einer Realitätsebene zur andern wechseln, er oder sie haben auch ihr persönliches Leben auf der »Mittelerde« physischer Existenz besser im Griff.

Unsere persönliche Umgebung auf dieser »Mittelerde« ist eine Manifestation der – individuellen wie kollektiven – Gedankenmuster und enthält Widerspiegelungen und Darstellungen unserer eigenen Gedanken, Überzeugungen, Einstellungen, Ängste und Komplexe. Der physische Körper ist ein materialisierter Gedanke des »elterlichen« Höheren Selbst, das ihn »modelliert« hat. Die persönliche Welt, die die Gesamtheit der Erfahrungen in sich birgt, wurde weitgehend von Gedanken, Ängsten, Phobien und Schranken des bewußten Geistes geformt. Sie wurden dem Unterbewußten eingeprägt, das von seiner Natur her dann nach Möglichkeiten sucht, sie in die Realität umzusetzen. Dies gilt auch auf kollektiver Ebene, die ja ebenfalls auf unsere persönliche Welt Einfluß nimmt. Mit anderen Worten, wir schaffen uns bis zu einem gewissen Grad unsere eigene Realität, als Individuum, als Familie, als Gemeinde, als Nation und als Rasse.

Wollen wir unsere äußere Welt tatsächlich verändern und zu einem besseren Ort machen, dann müssen wir uns zunächst im Innern ändern. Und wie können wir hier einen Anfang machen? Eine Mahnung indianischer Schamanen besagt, daß wir das Leben nie allzu ernst nehmen sollten, und daß das auslösende Moment für inneren Wandel ganz einfach ein Lächeln ist. Auch die taoistischen Meister lehrten und lehren, daß das Geheimnis im Lächeln liegt, wenn Sie eine harmonische Beziehung mit sich selbst herstellen möchten. Also lernen Sie zu lächeln! Es bewirkt mehr als nur ein Wohlgefühl: Ein Lächeln hat ungeheure Macht. Es transportiert eine Energie mit harmonischer Auswirkung – und diese Energie ist Liebesenergie.

Die Liebesenergie ist eine Macht und Kraft, die alles zur Existenz gebracht hat, und aus der sich alles herleitet. In ihr haben die Elemente von Feuer, Luft, Wasser und Erde ihren Ursprung. Die ganze Schöpfung wurde buchstäblich aus der Macht der Liebe geboren. Die Liebesenergie sollte nicht mit der sexuellen Energie verwechselt werden, wenngleich die sexuelle Energie ein positiver Ausdruck der Liebesenergie sein kann. Nach schamanischem Verständnis ist Liebe ein bedingungsloses Geben und Mit-Teilen der Lebens-Erfahrung – der Lebens-Kraft – und will nichts weiter als das harmonische Wachstum und die Weiterentwicklung dessen, worauf sie gerichtet ist. Im menschlichen Wesen erweckt die Liebesenergie Gefühle von Freude und Glück sowohl in der Person, die sie empfängt, als auch in der, die sie gibt, weil sie ein Sekret produziert, das nicht nur den physischen Körper, sondern das ganze Wesen nährt. Wenn Sie eine Person anlächeln, lächelt sie zurück – eine sofortige Reaktion auf ein warmes Gefühl im Innern, ausgelöst dadurch, daß Sie ihr Wohlergehen wünschen. Binnen eines Augenblicks wurde Liebesenergie ausgesandt und zurückgegeben, und die Atmosphäre hat sich verwandelt. Wenn Sie also lernen, sich selbst anzulächeln, dann können Sie in einer warmen, harmonisierenden Energie baden, die Ihr ganzes Wesen und Ihr ganzes Energiesystem durchdringt und durchströmt. Wie können Sie lernen, sich selbst anzulächeln? Indem Sie das innere Lächeln entwickeln. Versuchen Sie es mit folgender einfachen Übung, die, wenn sie regelmäßig gemacht wird, Ihre Einstellung zum Leben buchstäblich verwandeln kann.

*

ÜBUNG 7

DAS INNERE LÄCHELN

Setzen Sie sich bequem hin, den Rücken gerade, die Füße in festem Kontakt mit dem Boden. Schließen Sie die Augen, um sich nicht von außen ablenken zu lassen. Entspannen Sie den Mund und lassen Sie ihn lächeln. Sie werden jetzt dieses Lächeln nach innen richten, in sich selbst hinein – in Ihr verborgenes Selbst.

Lenken Sie nun dieses Lächeln in Ihre Augen. Hier geht es nicht darum, daß Sie sich Ihre Augen bildlich vorstellen, sondern darum, daß Sie Ihr Gewahrsein in Ihre Augen verlagern. Lenken Sie also die Aufmerksamkeit in Ihre Augen und stellen Sie sich vor, daß dieses Lächeln nun aus ihnen hervorscheint, um alles in seiner harmonisierenden Energie in sich aufzunehmen. Lenken Sie dann die Aufmerksamkeit auf Ihr Gesicht und Ihre Kinnlade. Stellen Sie sich vor, daß der warme Schein Ihres Lächelns alle Falten glättet und alle Spannungen aus Ihren Kiefernmuskeln entläßt. Richten Sie nun die Aufmerksamkeit auf den Hals, die Kehle und den Nacken und konzentrieren Sie Ihr Lächeln auf diesen Bereich. Lenken Sie dann Ihre Aufmerksamkeit und Ihr Lächeln in den Brustbereich und die Lungen. Lassen Sie Ihr Herz sich in Ihrem Lächeln sonnen und fühlen Sie, wie es mit jedem Herzschlag Liebesenergie in jede Zelle Ihres Wesens pumpt. Richten Sie Ihre Aufmerksamkeit dann auf den Bauchbereich. Lächeln Sie Ihre Leber und Ihre Nieren an. Lenken Sie jetzt die Aufmerksamkeit und Ihr Lächeln auf das Steißbein und von dort langsam das Rückgrat hinauf bis zum Kopf. Richten Sie danach Ihre Aufmerksamkeit auf den Nabel, wo sich dicht unter der Oberfläche ein zentrales Kontrollzentrum befindet. Dies ist der anfängliche Ort, wo Sie zu einer menschlichen Existenz verwoben wurden. Dies ist der Punkt, wo Sie mit dem kosmischen Netz und mit allem anderen, das existiert, verbunden sind. Also lächeln Sie in Ihren Nabel.

Ihr ganzes Wesen sollte sich nun wie durchleuchtet fühlen. Sie haben ein angenehmes Gefühl des Wohlbefindens. Sie fühlen sich nicht nur gesund, Sie haben auch das Gefühl, daß alles in Ordnung ist in der Welt. Dies ist die verwandelnde Kraft des inneren Lächelns!

Öffnen Sie die Augen, aber behalten Sie Ihr Lächeln bei.

Üben Sie dieses innere Lächeln als erstes am Morgen und als letztes vor dem Schlafengehen. Üben Sie es auch mehrmals am Tag. Sie können diese Übung fast überall machen – im Bus oder Zug, im Auto auf dem Weg zur und von der Arbeit, während der Essenpausen und in ruhigen Momenten. Und üben Sie es vor allem, bevor Sie sich einer problematischen, schwierigen oder traumatischen Situation stellen müssen. Ihr verborgenes Selbst wird positiv darauf reagieren.

ENERGIESPENDENDE KRÄFTE

Das Aufspüren und Heranpirschen hat uns gezeigt, daß wir zum Einfangen der Schamanenkraft einen geeigneten Ausgangspunkt brauchen, daß unser »Timing« stimmen muß, wir eine Landkarte benötigen, die uns hilft, den Weg zu finden, und eine leitende Intelligenz, um sie zu orten und zu nutzen. Wir haben auch schon ein wenig von der harmonisierenden Kraft mitbekommen. Nun müssen wir mehr von den energiespendenden Kräften verstehen, die die Grundessenz des Lebens sind.

Der Weltenbaum zeigt, daß die verschiedenen Realitätszonen durch eine zentrale Achse miteinander verbunden sind – durch den Stamm. Dieser ist nun mehr als nur eine stützende Säule; er ist ein Kanal, durch den der die Lebensenergien des Baumes enthaltende Saft fließt. Und da es sich um den Weltenbaum handelt, muß er von Kräften energetisiert werden, die die Essenz des Lebens an sich sind. Sie könnten mit dem Atem verglichen werden, denn es handelt sich um die Kräfte, die die Dinge am Leben erhalten.

Die Kahuna und einige Indianer nennen diese Lebens- oder Vitalkraft *Mana*. Die Taoisten des Ostens nennen sie *Chi* (auch *Qi* geschrieben) und die Zen-Mönche Japans *Ki*. Yogis und Mystiker des Westens übernahmen das Sanskritwort *Prana*, um die spirituelle Grundenergie zu bezeichnen, die wir unter anderem mit dem Atem in uns aufnehmen, und die Schamanen der nordischen Stämme nannten sie *Önd*. (Im Deutschen kennen wir auch das Wort *Od*.)

Diese Worte aus verschiedenen Sprachen haben alle eine ähnliche Bedeutung, nämlich »Atem« oder »Geist-Energie«. Damit ist eine unsichtbare, fließende Kraft gemeint, die mit dem Atem aufgenommen werden kann. Wir können sie mit einer lebenspendenden Flüssigkeit vergleichen, etwa mit einem sehr feinen Regen, der Samen aufsprießen und sie ihre Bestimmung erfüllen läßt. Oder wir können sie auch mit dem elektrischen Strom in seinen verschiedenen Spannungsstärken vergleichen. Je schneller der Körper, auf den die Energie gerichtet ist, vibriert, desto höher muß die Qualität dieser Vitalkraft sein, um ihn zu energetisieren.

Die für die schamanische Arbeit benötigte Vitalkraft ist im wesentlichen dieselbe wie die, die unser physischer und unser Energiekörper braucht. Der fundamentale Unterschied besteht darin, daß sie bewußt kontrolliert wird und ihr Vorrat willentlich erhöht werden kann, und zwar durch eine besondere Art des rhythmischen Atmens, der schamanische Atem genannt. Es aktiviert die Kraftzentren des Energiekörpers, die dann diese Vitalkraft auf alle Ebenen unseres Wesens verteilen. Das Zeichen für einen verstärkten Fluß dieser gleichsam elektrischen Energie im physischen Körper ist ein warmes, leicht kribbelndes oder kitzelndes Gefühl in den Handflächen und Fingerspitzen. Probieren Sie es selbst aus.

*

Übung 8
Der schamanische Atem

Begeben Sie sich zu Ihrem Kraftplatz in Ihrer Wohnung, an dem Sie für ein paar Minuten ungestört und entspannt sein können. Ziehen Sie die Schuhe aus, setzen Sie sich bequem hin, den Rücken gerade, die Füße in festem Kontakt mit dem Boden. Legen Sie die Handflächen locker übereinander, die rechte über die linke, und lassen Sie die Hände im Schoß ruhen.

Schließen Sie die Augen und atmen Sie langsam durch die Nase ein, wobei Sie den Unterbauch nach vorn wölben, damit die Luft auch in den tieferen Lungenbereich eindringen kann. Atmen Sie etwa drei Sekunden lang ein und stellen Sie sich vor, daß Sie dabei winzige Kugeln aus goldenem Licht in sich einsaugen. Halten Sie dann den Atem etwa drei Sekunden lang an. Strengen Sie sich in keiner Weise an; Sie sollen sich stets entspannt und locker fühlen. Während dieser Pause wird das kosmische Licht von den Kraftzentren oder Chakras absorbiert. Atmen Sie dann etwa vier Sekunden lang sacht durch den Mund aus und ziehen Sie dabei den Unterbauch ein.

Saugen Sie beim Einatmen das »Ma« des Wortes »Mana« ein, dehnen Sie es bis zur vollen Länge des Einatmens – *Mmmmmma-*

aaaahh. Pausieren Sie drei Sekunden lang, und lassen Sie dann, während die Luft aus Ihren Lungen strömt, das »na« vibrieren – *nnnnna-aaaaahh,* die ganzen vier Sekunden lang. Machen Sie dann eine Pause von vier Sekunden, bevor Sie den Vorgang wiederholen.

Das Wort »Mana« ist nicht nur einfach ein Name für die vitale Geist-Energie. Dieses Wort hat Macht. Es ist ein Wort, das sich auch in der hawaiianischen Sprache findet und eigentlich einer älteren Zivilisation entstammt. Es bedeutet Kraft verleihen, ermächtigen, befähigen. »Ma« ist der aktive Yang-Teil des Wortes, »na« das ruhige Yin-Element.

Diese Abfolge von *empfangen – halten – entlassen – pausieren* in einem Rhythmus von 3 – 3 – 4 – 4 ist ein Rhythmus der kreativen und formativen Kräfte des Universums. Aus schamanischer Sicht verweist die Drei auf »alles, was ist«, denn qualitativ geht sie aus der Vereinigung des Männlichen und Weiblichen hervor (1 + 2 = 3). Auch die Zahl vier ist eine heilige Zahl, in der sich eine in Paare aufgeteilte, im Gleichgewicht befindliche Dualität ausdrückt (2 × 2 = 4). Die Vier steht somit für die Kraft des Gleichgewichts, der Anpassung und Harmonie. Dieser Rhythmus des schamanischen Atems hat also eine tiefe Bedeutung.

Sie müssen vielleicht ein bißchen üben, bevor Sie diese Technik beherrschen, aber wenn Sie den Rhythmus gefunden haben, dann machen Sie diese Übung drei bis vier Minuten lang. Sie werden wahrscheinlich ein Gefühl der Wärme in den Handflächen verspüren, so als ob Sie einen kleinen unsichtbaren Ball in den Händen hielten, und Sie werden vielleicht ein Hochgefühl verspüren. Dies ist ein klares Zeichen dafür, daß Vitalenergie erzeugt wurde. Beenden Sie die Übung mit einem tiefen, langen Atemzug und strecken und recken Sie sich. Strecken Sie die Arme und Beine langsam aus, so wie nach dem morgendlichen Erwachen, und lassen Sie Ihren Atem allmählich wieder zu seinem normalen Rhythmus zurückfinden.

✳

Diese schamanische Atemtechnik und das ganz bewußte Aufnehmen von Vitalenergie gehört zu den Vorbereitungen für das schamanische Reisen, auf das ich in Kapitel 7 ausführlich eingehen werde. Wie die Elektrizität kann diese Vitalkraft ganz bewußt auf etwas gelenkt oder von einem Ort zum andern geschickt werden. Der Schamane setzt das rhythmische Atmen, die Visualisation und den Ton ein – Trommeln, Rasseln, Singsang, Singen und Worte der Kraft –, um den Vorrat an Vitalkraft zu erhöhen und ihre Qualität zu steigern oder zu regulieren.

Wir haben die Schamanenkraft nun nicht nur aufgespürt und uns an sie herangepirscht, wir haben sie auch eingefangen und in uns aufgenommen, und sind unsererseits von ihr absorbiert worden, denn in ihr leben wir, bewegen wir uns und haben wir unser Sein. In diesem Kapitel haben Sie Erfahrungen mit einem Wissen gemacht, das in all den Zeiten so einigen der gelehrtesten Männer der Welt entging, das aber schon viele Tausende Jahre Bestandteil des Grundwissens der Schamanen und Schamaninnen ist!

4.

Das schamanische Netz der Kraft

Wie wir sahen, unterscheidet sich die schamanische Sicht von Kosmos sehr von der materialistischen Anschauung, wonach alles in der Welt als voneinander getrennt und von allem anderem unabhängig begriffen wird. Die Schamanen leben in einem komplexen und grenzenlosen Netzwerk, in dem alles durch Energiestränge miteinander verbunden ist, so wie Arterie und Kapillare das Lebensblut in jede Zelle des Körpers tragen.

In diesem Netzwerk verfolgen wir alle unseren eigenen Weg und gestalten unsere Realität nicht nur durch das, was wir tun, sondern auch durch unsere Gedanken, die wiederum unsere Einstellungen prägen, und durch den Gebrauch, den wir von unseren Energien machen. Und da wir in diesem Netz mit allem und allen anderen durch Energieströme gleichsam wie mit feinen Fäden verbunden sind, haben wir eine Wirkung auf andere, beeinflussen wir andere – menschliche und nichtmenschliche – Wesen, die gleichermaßen Bestandteil dieses Netzwerks sind. Wir sind mit Raum erfüllt, haben unseren Ort in einem organisierten Energiesystem innerhalb der Kraft-Form-Matrix, die unser Medium des Ausdrucks ist. Wir sind selbst ein Netz, verbunden mit allen anderen Netzen innerhalb des größeren Netzes, dem wir angehören.

Dieser Netz-Konzeption bedienen sich die Schamanen, um die miteinander verflochtene Ganzheit und Vollständigkeit von allem, was existiert, zu erklären. Da ist kein Anfang und kein Ende, alles ist miteinander verbunden, und ein jedes entwickelt sich im Rahmen des Gesetzes seines eigenen Wesens und Seins.

Somit ist dieses Netz eine Realität und bildete die Grundlage der zyklischen Weltanschauung der indianischen, nordeuropäischen und auch anderer Völker. Als Bestandteil der inneren Hilfsmittel eines Schamanen oder einer Schamanin hat es einen ganz bestimmten Nutzen. Diese inneren Hilfsmittel sind seine oder ihre »Medizin« – sein oder ihr Wissen, seine oder ihre Kraft. Die Schamanen wissen, daß das kosmische Netz alle Existenz-»Kreise«, von der untersten bis zur höchsten Ebene, miteinander verknüpft, daß alle

Ebenen von seinen Fäden durchwoben und so auch Vergangenheit und Zukunft mit der Gegenwart versponnen sind. Wenn das Medizinrad und der Weltenbaum als Landkarten für den bewußten Geist betrachtet werden können, so kann das kosmische Netz als Landkarte für alle Ebenen des Geistes aufgefaßt werden, wenngleich es das Unterbewußte ist, das die Schamanen befähigt, mit allem und allen anderen eine Verbindung herzustellen. Ihr Bewußtsein verhält sich wie eine Spinne, die mit jedem Teil des Netzes über die feinen Energiefäden, aus denen es gewoben ist, verbunden bleibt.

Der Weltenbaum und das Medizinrad sind analytische, vom menschlichen Geist nach dem Studium der Erdenergie und deren Verhaltensweisen entwickelte Hilfsmittel, die die Schamanen ihren Weg im Kosmos erspüren lassen. Das kosmische Netz hingegen ist die Wirklichkeit, in der alles existiert – der Baum, das Rad, der Schamane, alles.

Die Indianer gingen wie die alten nordischen Völker von der Erkenntnis aus, daß der Kosmos durch die Interaktion zweier großer, sich in allen Dingen ausdrückenden Polaritäten aufrechterhalten wird. Das aktive, konzeptionelle, maskuline Prinzip, die Quelle des Lichts und der Energie, das von den Indianern als spirituelle Sonne oder Vater Himmel »oben« personifiziert wurde. Andere Kulturen nannten und nennen es noch heute »Vater«-Gott. Die komplementäre Polarität war das formbildende, nährende, weibliche Prinzip, die »Mutter« des Lebens, die als die Mutter Erde »unten« oder in anderen Kulturen als die »Göttin« personifiziert wurde.

Die Taoisten des Ostens drückten diese Zwillingskräfte im Yin- und Yang-Mandala aus. Aus der Urwirklichkeit – durch den Kreis dargestellt – treten diese dualen Kräfte hervor, versinnbilchlicht durch eine schwarze und weiße delphinähnliche Gestalt, die schwarze für das weibliche (Yin) und die weiße für das männliche (Yang) Prinzip. Diese Mächte oder Kräfte streben ständig nach Einheit, befinden sich aber gleichzeitig in »Opposition« und stellen so das sich in allem Manifestierten zeigende Gesetz des ewigen Wandels her.

Die schwarze Figur weist einen weißen Punkt auf, und die weiße Figur einen schwarzen Punkt, ein Hinweis darauf, daß eine jede den

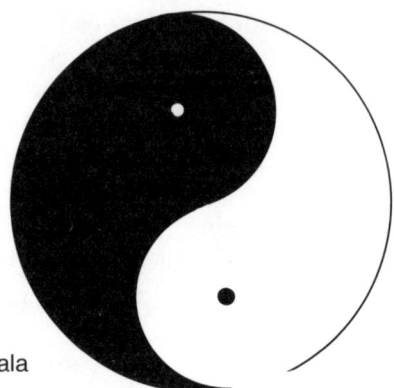

Abb. 10
Das Yin- und Yang-Mandala

Keim ihres Gegensatzes in sich birgt. Damit wird das Prinzip der Entwicklung der Essenz oder des Geistes aller Dinge eingeführt.

Dieses Symbol hat zwar seinen Ursprung im Osten, aber seine Konzeption wurde auch von vielen anderen Kulturen geteilt und verstanden, vor allem von den indianischen und eurasischen Völkern.

Schamanen sind sich bewußt, daß die Quelle jeder Wesenheit – ob sie nun dem Reich der Menschen, Tiere, Pflanzen, Minerale oder der himmlischen Wesen angehört – ihr *Geist (spirit)* ist. Der *Geist* ist die individualisierte Lebens-Kraft, die »verborgen«, weil nicht-physisch, in allen Formen existiert. Schamanen kultivieren über ihren eigenen *Geist* eine direkte Verbindung mit dem jeweiligen *Geist* anderer lebender Dinge. Der *Geist* ist die unsichtbare Essenz in allem, was sich da manifestiert – die Kraft, die in jeder Form enthalten ist und über die ihr eigene Einzigartigkeit bestimmt. Doch der *Geist* ist hinter der physischen »Erscheinung« verborgen. Das Physische ist das, was in *Erscheinung tritt*, der *Geist* ist das, was *ist*. So wenig faßbar ist der *Geist*, daß er das intellektuelle Fassungsvermögen übersteigt, vom Intellekt nicht angemessen begriffen werden kann. Er kann nur spirituell erkannt werden.

Der *Geist* ist in jedem Energiesystem enthalten. Tatsächlich ist er die bewußte Intelligenz des Wesens, das durch dieses Energiesystem Gestalt annimmt. Er ist das, was die Energie leitet und dazu bringt, nach dem Gesetz ihres eigenen Wesens Muster zu bilden, also sich selbst zu einer Ausdrucksform zu »organisieren«, in der sie sich erfahren und entwickeln kann. Kommuniziert ein Schamane mit dem *Geist* eines Baumes oder Steines, eines Tieres oder Vogels, so sind sie mit dessen Energie-Quelle in Kontakt, der Quelle seines Wesens und seiner Existenz.

Weil Schamanen mit dem Geist eines Wesens kommunizieren können, werden sie manchmal mit spiritistischen Medien gleichgesetzt. Doch Schamanen sind keine Medien in diesem Sinne; die Geister kommen zu den Medien, die Schamanen hingegen gehen zu den Geistern. Bei den Medien übernehmen die Geister die Kontrolle über gewisse Körperfunktionen – über die Stimmbänder und Hände zum Beispiel. Schamanen übergeben nichts von ihrer Macht an einen anderen Geist. Sie behalten ständig und ganz und gar die Kontrolle über ihren Willen und ihre Funktionen. Das Medium ist sich in der Phase tiefer Trance selten bewußt, was gesagt wird oder sich abspielt. Schamanen hingegen sind sich völlig bewußt über das, was sich da in der *Geist*-»Welt« getan hat und bewahren die Erinnerung daran.

Die Fähigkeit zur schamanischen Tätigkeit entspringt keiner äußeren Quelle: Sie ist schon vorhanden. Sie existiert im Innern. Hier geht es nur darum, daß wir die eigene Geist-Energie mit den natürlichen Kräften im Universum in Übereinklang bringen und sie willentlich nutzen. Die Absicht bestimmt darüber, wie die Energie genutzt und gelenkt wird. Die Absicht ist entscheidend, denn die Energie operiert in Übereinstimmung mit dem kosmischen Gesetz, dem gemäß alle Energie letztlich wieder zu ihrer Urquelle zurückkehrt. Deshalb muß die Absicht von Liebe motiviert sein. Liebe schädigt niemanden und hat wohltuende Auswirkungen. Eine schädigende Absicht kehrt letztlich zu ihrem Urheber zurück und ist deshalb selbstzerstörerisch. Sie wirkt sich gegen das evolutionäre Wachstum eines Individuums in allen seinen Aspekten aus – physisch, emotional, mental und spirituell.

Wenn Sie schamanisch arbeiten wollen, dann müssen die Kraftzentren Ihres Energiesystems erweckt und entwickelt sein. Sie aktivieren die inneren Sinne – die drei inneren Ohren und acht inneren Augen –, die, weil sie nicht genutzt werden, meist im latenten Zustand verbleiben. Wie Sie schon erlebt haben, nehmen die Kraftzentren Vitalenergie aus dem kosmischen Reservoir in sich auf, dem kosmischen Reservoir, in dem wir leben, uns bewegen und unser Sein haben.

Wenn Sie das schamanische Atmen (wie in Übung 8) praktizieren, erhöhen Sie in Ihrem Energiesystem den Vorrat an vitaler kosmischer Kraft. Sie saugen diese spezielle Energie aus dem kosmischen Reservoir mit dem Atem ein, ähnlich wie ein Fisch Sauerstoff aus dem ihn umgebenden Wasser herausfiltert. Diese Energie wird dann durch die Kraftzentren auf den physischen und die feinstofflichen Körper des Energiesystems verteilt. Die Kraftzentren sind untertassenähnliche ätherische »Organe«, die man heute meist »Chakras« nennt. »Chakra« ist ein Wort aus dem Sanskrit und bedeutet »wirbelnder Strudel« oder »Rad«. Sie haben ihren Ort nicht im physischen Körper, sondern im Energiefeld, das den Körper umgibt und durchdringt. Sie sind verantwortlich für die Aufnahme von Vitalkraft, für die Verarbeitung und Weiterleitung dieser Energie und ihre Verteilung im physischen Körper, die über das Nervensystem und endokrine System erfolgt.

Es gibt acht Hauptkraftzentren, die in Übereinstimmung mit dem universalen Gesetz der Harmonie in einer Oktave angeordnet sind und sich in vertikaler Linie in etwa mit dem Rückgrat decken. Es gibt noch zwei weitere Kraftzentren, von denen sich das eine unter den Fußsohlen und das andere zwischen den Fußknöcheln befindet.

Jedes Kraftzentrum kann in der Gestalt einer Blüte dargestellt werden, wobei die Anzahl der Blütenblätter auf die Frequenz verweist, auf der es in Relation zu den anderen Zentren operiert. Je höher die Anzahl der »Blütenblätter«, desto höher der Frequenzbereich und desto feiner der Energiefluß. Die Kraftzentren öffnen sich wie Blütenblätter und spiegeln den Entwicklungsgrad des Individuums wider. Die »höheren« Chakras öffnen sich im Verhältnis zum spirituellen Wachstum; werden sie aktiver, dann findet eine Bewußtseinserweiterung in der Person statt, und sie kann allmählich Einblick in den nichtphysischen Bereich nehmen.

Fünf der zehn größeren Kraftzentren sind über dem Zwerchfell angesiedelt und fünf darunter. Zu diesen Zentren und ihren wesentlichen Funktionen läßt sich folgendes sagen:

KRAFTZENTREN UNTERHALB DES ZWERCHFELLS

Kraftzentrum 1: Das Wurzel-Chakra unter den Fußsohlen macht es möglich, daß Sie sowohl Energie aus der Erde hochziehen wie auch Energie in die Erde abgeben können. Es »erdet« oder »verwurzelt« Sie auch.

Kraftzentrum 2: Das Fuß-Chakra zwischen den Fußknöcheln steht mit der Bewegung, mit Balance und Gleichgewicht in Verbindung.

Kraftzentrum 3: Das Steißbein-Chakra an der Steißbeinspitze verbindet sich mit den motorischen Nerven und ist mit Überleben und Schutz befaßt. Es reagiert auf Streß.

Kraftzentrum 4: Das Kreuzbein-Chakra ist mit Motivation und Sexualität befaßt.

Kraftzentrum 5: Das Sonnengeflecht-Chakra ist ein komplexes, multifunktionales Netzwerkzentrum. Ein Teil seiner Funktionen steht mit Wachstum und Entwicklung in Zusammenhang.

KRAFTZENTREN ÜBER DEM ZWERCHFELL

Kraftzentrum 6: Das Herz-Chakra ist das Zentrum mitfühlenden Handelns und Wünschens. Es arbeitet durch das Medium der Liebe.

Kraftzentrum 7: Das Hals-/Kehlkopf-Chakra ist das Kommunikationszentrum und das Verbindungsglied zu den »inneren« Stimmen.

Kraftzentrum 8: Das Gehirnbasis-Chakra ist mit dem Handeln befaßt. Der physische Körper wird durch dieses Chakra regiert.

Kraftzentrum 9: Das Stirn-Chakra (zwischen den Augenbrauen) ist der »mediale« Kommandoposten und das Zentrum mentaler Kraft.

Kraftzentrum 10: Das Scheitel-Chakra ist mit »wissen« befaßt und verbindet sich mit dem Höheren Selbst – dem höchsten Aspekt Ihres Gesamtwesens.

Diese Kraftzentren wandeln die Vitalenergie um und verteilen sie über die endokrinen Drüsen und das Zerebrospinale und parasympathische Nervensystem im physischen Körper. Das parasympathische Nervensystem stellt ein ausgeklügeltes Netzwerk dar, das auf elektrochemischem Wege Energieimpulse weiterleitet und auf von den physischen Sinnen erhaltene Reize reagiert. Es hält die motorischen Funktionen des Körpers am Laufen. Die endokrinen Drüsen sind Zellverbände, die Hormone absondern, chemische »Boten«, die viele Funktionen der anderen Zellen und des Körpergewebes regulieren und kontrollieren. Der Zustand der Chakras oder Kraftzentren beeinflußt deshalb den Gesundheitszustand einer Person, und in der Tat können viele physischen Krankheitszustände auf ein Ungleichgewicht und Fehlfunktionen im Bereich der Chakras zurückgeführt werden.

Die Kraftzentren stehen auch mit dem emotionalen und mentalen Wohlbefinden und der spirituellen Entwicklung einer Person in Zusammenhang und deuten auf die Qualität ihres Lebens als ganzheitliche Wesenheit. Angst, Furcht und Streß zum Beispiel stören das dynamische Gleichgewicht dieser Zentren. Emotionale Traumata können den Energiefluß durch die Chakras behindern und eine Funktionsstörung in den endokrinen Drüsen auslösen, was dann die hormonelle Aktivität ins Ungleichgewicht bringt. Durch Meditation und schamanisches Atmen können diese Zentren wunderbar geöffnet und in harmonischen Fluß gebracht werden. In meinem Buch *The Medicine Way* können Sie eine ausführlichere Beschreibung der Chakras finden.

Im meditativen Zustand werden die Gedanken, die uns normalerweise durch den Kopf rasen, in ihrem Fluß verlangsamt oder sogar ganz zum Stillstand gebracht. Dann ist der Geist entspannt und kann unter Kontrolle gebracht werden, und die Visualisation wird zu einem mächtigen Instrument der Konzentration und des gerichteten Gedankens. Gedanken sind nicht nur einfach eine Aktivität des Gehirns. Sie sind Energiemuster und können als Blaupausen oder Gußformen fungieren für das, was eventuell in einem Zustand oder in einer Form zur Realität gelangt und somit verstanden und erfahren oder gesehen werden kann. Was wir unserer Meinung nach äußerlich als physisch existent sehen, wird nicht wirklich vom physischen Auge gesehen. Unsere Augen übermitteln nur die Impulse von Lichtreizen an das Gehirn. Das »Sehen« dieser äußerlichen Bilder und Gestalten findet dann im Geist statt. Eine Visualisation hingegen ist eine bildliche Vorstellung im Geist in Übereinstimmung mit dem Willen. Sie hat, schamanisch gesprochen, die Auslösung einer sofortigen Reaktion des unterbewußten Aspekts des Geistes zum Ziel, um dadurch die Kraftzentren zu aktivieren und das gesamte Energiesystem durch die Aufnahme von kosmischer Energie zu stimulieren.

*

Übung 9
Energetisierung Ihrer Kraftzentren

Begeben Sie sich an den Kraftplatz in Ihrer Wohnung und stellen Sie sicher, daß Sie wenigstens eine halbe Stunde ungestört bleiben. Ziehen Sie Ihre Schuhe aus, lockern Sie Ihre Kleidung, setzen Sie sich bequem hin, die Fußsohlen in festem Kontakt mit dem Boden.

Schließen Sie die Augen und versuchen Sie, sich vor Ihrem geistigen Auge eine Kugel aus weißem Licht, so wie eine weiß scheinende Sonne, vorzustellen. Visualisieren Sie nun, wie diese Lichtkugel über Ihrem Kopf schwebt. Lassen Sie sie ein paar Momente dort und stellen Sie sich dann vor, wie sie sich senkt und auf Ihrem Scheitel ruht, dort, wo sich das Scheitel-Chakra befindet.

Machen Sie nun einen langen, langsamen und tiefen Atemzug. Fühlen Sie, wie Ihr gesamtes Energiesystem die Energie aus diesem Licht in sich einsaugt. Atmen Sie die Kraft des Lichtes sein. Energetisieren Sie sich mit Er-leuchtung.

Achten Sie beim Ausatmen darauf, daß Sie das Licht nicht wieder ausstoßen. Atmen Sie kontrolliert aus – lassen Sie den Atem ganz langsam und sacht Ihrem Mund entströmen. In dieser Weise verlieren Sie nichts von dem Licht, das Sie in sich eingesogen haben, nur das, was nicht dem Licht zugehört.

Wiederholen Sie dieses Einatmen und Ausatmen mehrere Male, visualisieren Sie dann, wie sich die Lichtkugel dorthin senkt, wo sich Ihr Stirn-Chakra befindet. Holen Sie tief Atem und denken Sie an die Erhellung, die das Licht in Ihr geistiges Bewußtsein bringt

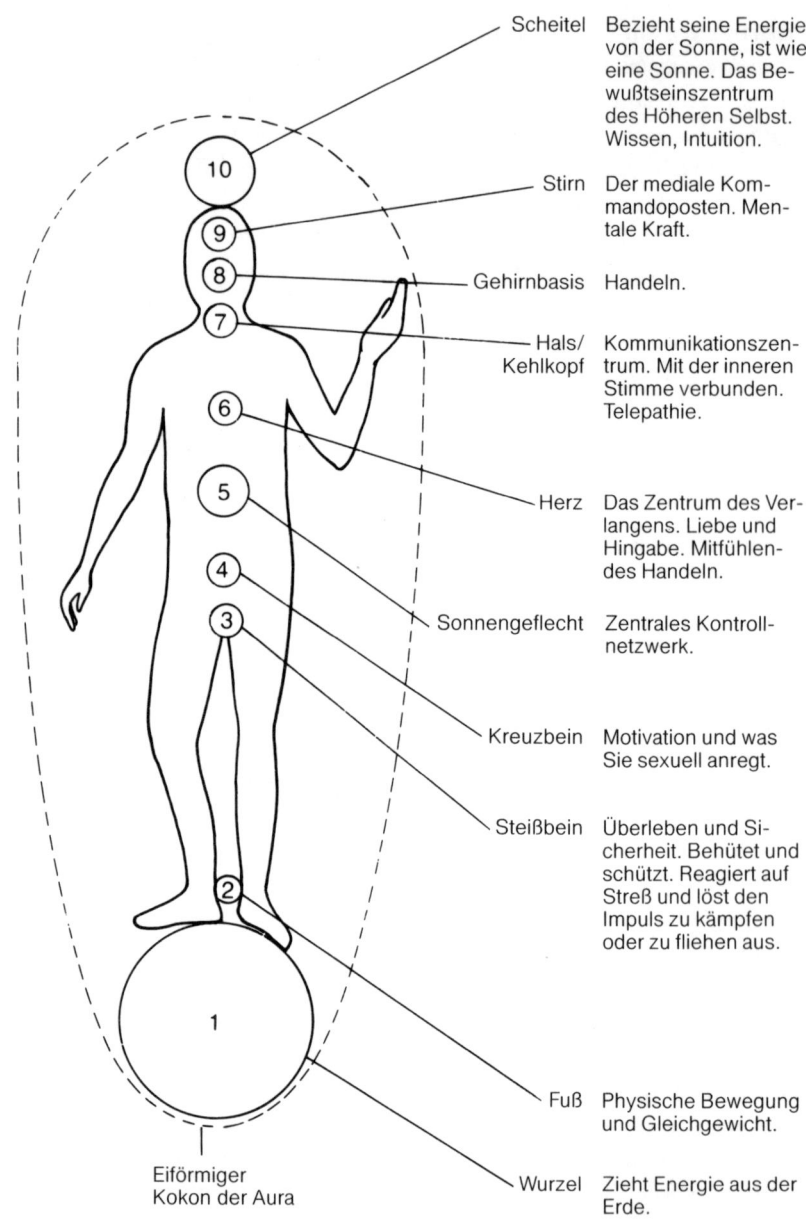

Scheitel Bezieht seine Energie von der Sonne, ist wie eine Sonne. Das Bewußtseinszentrum des Höheren Selbst. Wissen, Intuition.

Stirn Der mediale Kommandoposten. Mentale Kraft.

Gehirnbasis Handeln.

Hals/ Kehlkopf Kommunikationszentrum. Mit der inneren Stimme verbunden. Telepathie.

Herz Das Zentrum des Verlangens. Liebe und Hingabe. Mitfühlendes Handeln.

Sonnengeflecht Zentrales Kontrollnetzwerk.

Kreuzbein Motivation und was Sie sexuell anregt.

Steißbein Überleben und Sicherheit. Behütet und schützt. Reagiert auf Streß und löst den Impuls zu kämpfen oder zu fliehen aus.

Eiförmiger Kokon der Aura

Fuß Physische Bewegung und Gleichgewicht.

Wurzel Zieht Energie aus der Erde.

Abb. 11 Die Kraft-Zentren oder Chakras

und daran, daß Sie mit einer Klarheit des Wissens handeln können, die tief aus dem Innern kommt. Wiederholen Sie das Ein- und Ausatmen mehrere Male.

Visualisieren Sie nun, wie sich die Kugel in den Halsbereich senkt. Das Hals-/Kehlkopf-Chakra wird mit Kommunikation assoziiert. Stellen Sie sich also vor, daß Sie, nachdem Sie das Licht eingeatmet haben, beim Ausatmen Lichtwellen aussenden wie kleine Wellen in einem Teich. Bei den nächsten Atemzügen betrachten Sie die Lichtkugel als Sendestation, die Botschaften und Informationen aussendet und empfängt.

Visualisieren Sie dann, wie sich die Lichtkugel in Ihren Brustbereich senkt, wo sich das Herz-Chakra befindet. Stellen Sie sie sich als leuchtende Kugel der Liebe vor, deren Wärme Sie spüren können. Und stellen Sie sich vor, daß Sie, wenn Sie nun ein paarmal ein- und ausatmen, warme, liebevolle Energien ins gesamte Universum ausschicken. Es ist die Macht der Liebe und des Mitgefühls, die größte Kraft zum Guten innerhalb des gesamten Kosmos.

Visualisieren Sie nun, wie sich die Lichtkugel in den Bereich Ihres Solarplexus senkt, und stellen Sie sich beim Einatmen vor, wie Ihr Energiefeld um Sie herum aufleuchtet. Sehen Sie vor Ihrem geistigen Auge, wie sich diese Lichtenergie beim Ausatmen in alle Richtungen ausdehnt. Machen Sie das ein paar Minuten lang, bevor sich die Lichtkugel in Ihren Unterleib senkt, dorthin, wo sich das Kreuzbein-Chakra befindet. Das Kreuzbein-Chakra steht mit Ihrer Sexualität und dem, was Sie motiviert, in Verbindung. Seien Sie sich beim Einatmen dieser großen energetisierenden Kraft gewahr, und fühlen Sie beim Ausatmen ihre große Antriebskraft.

Die Lichtkugel senkt sich nun zum Steißbein-Chakra, dessen Funktion es ist, Ihnen die Energie zu liefern, die Sie zur Behütung und zum Schutz auf physischer Ebene nutzen können. Atmen Sie langsam ein und aus und stellen Sie sich vor, wie Sie vom Licht schützend eingehüllt werden. Lassen Sie in sich ein Gefühl von Sicherheit und Behütetsein entstehen.

Haben Sie das ein paarmal gemacht, dann visualisieren Sie, wie sich die Lichtkugel an die Stelle zwischen Ihren Fußknöcheln senkt. Atmen Sie tief ein und spüren Sie das erregende Gefühl, das Bewegungsfreiheit und Balance in Ihnen auslösen. Stellen Sie sich vor, wie Sie tanzen oder schlittschuhlaufen.

Visualisieren Sie nun, wie sich die Lichtkugel in den Bereich unter Ihren Fußsohlen senkt. Stellen Sie sich die Kugel nun sehr groß, etwa so wie einen großen Wasserball, und in die Erde eingebettet vor, so daß Sie sicher auf ihr stehen. Atmen Sie ein paarmal ein und aus und visualisieren Sie, wie die Kugel Lichtwurzeln in die Erde ausschickt und Sie Energie aus der Erde hochziehen.

Visualisieren Sie schließlich, wie beim Einatmen die Lichtkugel rasch durch Ihre Beine und Ihren Körper nach oben steigt, durch Ihren Scheitel hinausschießt, und dann beim Ausatmen in einer Sie einhüllenden Lichtkaskade wieder zu Boden fließt und von der Erde aufgesogen wird. Atmen Sie ein, ziehen Sie das Licht nach oben, lassen Sie es am Scheitelpunkt austreten und dann beim Ausatmen durch Ihre Aura hindurch hinabfließen. Wiederholen Sie diesen Vorgang mehrere Male, und Ihr ganzer Körper wird von einem hellen Schein erfüllt sein.

Sie können, bevor Sie diese Übung abschließen, einen weiteren wohltuenden Effekt erzielen, wenn Sie Ihre aktivierten Kraftzentren ins Gleichgewicht bringen. Das Symbol des Gleichgewichts ist das von einem Kreis umschlossene Kreuz. Der Kreis steht für Vollendung und Beherrschung, und das gleicharmige Kreuz für die Mächte der Kraft und Form, die in vollendetem Gleichgewicht gehalten werden. Die Energie folgt dem Gedanken. Wenn Sie also das vom Kreis umschlossene Kreuz in Verbindung mit jedem Kraftzentrum visualisieren, um so das Chakra ins perfekte Gleichgewicht zu bringen, dann wird das die gewünschte Auswirkung haben.

Sie können sich dieses Symbol schaffen, indem Sie sich eines imaginierten Lichtstrahls bedienen. Sie beginnen an der Spitze (»Norden«) und ziehen einen Lichtkreis im Uhrzeigersinn. Ist das Licht an seinem »nördlichen« Ausgangspunkt wieder angelangt, dann ziehen Sie eine vertikale Linie hinunter nach »Süden«. Folgen Sie dann dem Kreis entgegen dem Uhrzeigersinn bis zum Punkt des »Ostens«, setzen Sie die Linie horizontal nach »Westen« fort und folgen Sie dann dem Kreis im Uhrzeigersinn, bis Sie wieder beim Punkt im »Norden« angelangt sind.

Stellen Sie sich vor, wie Sie dieses vom Kreis umschlossene Kreuz aus Licht um Ihr Scheitel-Chakra ziehen, dann um das Stirn-

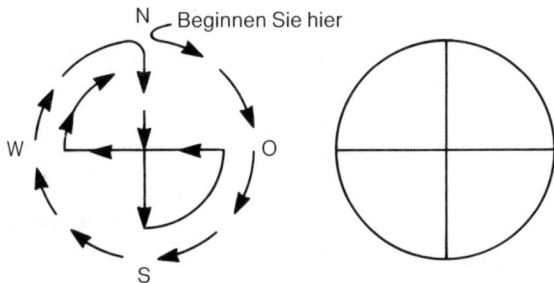

Abb. 12
Das visualisierte
vom Kreis
umschlossene Kreuz

Chakra, das Gehirnbasis-Chakra, das Hals-/Kehlkopf-Chakra und das Herz-Chakra. Lenken Sie Ihr Bewußtsein anschließend in den Bereich unterhalb des Zwerchfells, ziehen Sie das vom Kreis umschlossene Kreuz aus Licht um das Sonnengeflecht-Chakra, das Kreuzbein-Chakra, das Steißbein-Chakra, das Fuß-Chakra und schließlich um das Wurzel-Chakra.

Der letzte Schritt bei dieser Übung besteht darin, daß Sie einen langen schwarzen Mantel visualisieren, der bis zu Ihren Füßen reicht. Hüllen Sie sich in ihn ein und ziehen Sie sich seine Kapuze über den Kopf. Bleiben Sie ein paar Momente entspannt sitzen, machen Sie einen tiefen Atemzug, stehen Sie auf und strecken und recken Sie sich.

In dieser Übung haben Sie das Licht des Bewußtseins der Reihe nach in jedes Ihrer Hauptzentren gezogen und Ihre Aura mit Licht durchflutet. Dabei haben Sie Ihr ganzes Wesen stimuliert. Der schwarze Mantel, mit dem Sie sich in Ihrer Vorstellung umhüllen, verhindert, daß die Lichtenergie wieder hinaussickert.

Diese Übung sollte möglichst jeden Tag wiederholt werden. Sollten Sie über einen Kassettenrecorder verfügen, dann empfiehlt es sich, die ganze Übung auf eine Kassette zu diktieren, wobei Sie jeweils Pausen von zwei bis drei Minuten einbeziehen sollten, damit Sie Zeit für das wiederholte Ein- und Ausatmen haben. Sie können auch Kopfhörer aufsetzen und die Übung völlig entspannt durchführen, ohne sich darauf konzentrieren zu müssen, was als nächstes kommt.

Wenn Sie auf diese Weise ein paar Tage mit Ihren Chakras gearbeitet haben, werden sich Ihre inneren Sinne – Ihr inneres »Sehen« und Ihr inneres Hören – entwickeln. Sie werden häufiger Vorahnungen in bezug auf verschiedene Situationen haben, da Sie intuitiver und sensibler für die Bedürfnisse anderer werden. Sie werden vielleicht auch merken, daß Sie sich von bestimmten Edelsteinen und Bäumen angezogen fühlen und eine Achtung vor Tieren entwickeln, die Sie vorher nicht in diesem Maße hatten. Und Sie stellen vielleicht auch fest, daß Sie aus ganz unerwarteten Ecken um Rat und Hilfe angegangen werden.

In unserer heutigen Gesellschaft sind wir ständig unterwegs und geraten zuweilen an Orte, die mit unserer eigenen Energie nicht immer vereinbar sind, kommen in Kontakt mit Menschen, mit denen wir bestimmte negative Erfahrungen machen, und die unser Wesen beeinträchtigen. Von daher ist es wichtig, daß wir unsere Aura vor unerwünschten, störenden, möglicherweise sogar zerstörerischen Einflüssen schützen, die die Folge solcher Kontakte sind. Sie können mit einer einfachen schamanischen Visualisationstechnik Ihre Aura rasch und leicht stärken und schützen. Mit der Macht Ihrer Gedanken können Sie einen unsichtbaren Schutzschild um sich errichten.

Die folgende Übung sollte jeden Morgen gemacht werden, bevor Sie sich den Aufgaben und Pflichten des Tages zuwenden, und jedesmal, bevor Sie sich in eine widrige Situation begeben, sofern Sie vorher davon wissen. Sie stärkt die Membranen der Aura und umgibt Sie mit einer Schutzhülle. Alle schädlichen äußerlichen Einflüsse oder Gedanken – die ja Energiemuster sind – werden einfach abprallen oder durch den Schutzschirm zerstreut werden. Man kann ihn mit dem »Schutzschild« der Erdatmosphäre vergleichen, der die Erdoberfläche und die Erdenbewohner schützt.

***

ÜBUNG 10

SCHUTZ UND STÄRKUNG FÜR IHRE AURA

Setzen Sie sich bequem hin, die Handflächen ruhen auf den Knien. Schließen Sie die Augen und entspannen Sie sich, indem Sie die Luft aus Ihren Lungen strömen lassen und sich dabei vorstellen, daß alle Müdigkeit und Spannung durch Ihre Beine und Füße in den Boden entweicht.

Holen Sie drei Sekunden lang tief Atem, wobei Sie den Unterbauch nach vorne wölben, halten Sie dann den Atem drei Sekunden lang an. Stoßen Sie die Luft aus, indem Sie die Unterbauchmuskeln einziehen, vier Sekunden lang. Halten Sie nochmals vier Sekunden lang inne, bevor Sie den Vorgang wiederholen. Dieses Atmen im Rhythmus von 3 – 3 – 4 – 4 beruhigt nicht nur den Geist und entspannt den Körper, es stärkt auch das Energiesystem, indem es einen Vorrat an Vitalenergie sicherstellt.

Denken Sie daran, daß die Luft in Ihrem Umfeld nicht nur den Sauerstoff enthält, den Sie brauchen, um Ihren Körper zu nähren und lebendig zu erhalten, sondern auch die Lebensessenz, die Ihr gesamtes Energiesystem aufrechterhält. Visualisieren Sie beim Einatmen, wie Energie aus dem Boden steigt, an der vorderen Oberfläche Ihres Körpers bis zum Unterleib hochsteigt, dann bis zur Brust, zum Hals, zum Kopf und bis zu einem Punkt über Ihrem Kopf. Lassen Sie die Bioenergie dort einen Moment verweilen, während Sie den Atem anhalten, und lassen Sie sie dann, während Sie sanft ausatmen, Ihren Rücken hinab, über die Beine und Füße wieder in die Erde strömen. Machen Sie eine Pause von vier Sekunden, bevor Sie diesen Kreislauf wiederholen, und stellen Sie sich dabei vor, wie die Energie in der Erde gleichsam wie in einem Teich stillen, klaren Wassers ruht.

Setzen Sie diese Übung ein paar Minuten lang fort, bis Sie sich gestärkt fühlen. Visualisieren Sie dann, wie Sie von Ihrer Aura wie von einem warmen Schein umgeben sind. Stellen Sie sich vor, daß Sie in ihre Sphäre wie von einem riesigen Ei eingehüllt sind, das über Kopf und Füße hinausreicht. Visualisieren Sie nun eine dünne

Schicht an der Außenfläche dieses Aurakokons, eine transparente, elastische Haut, die als Schutzhülle dient.

Lenken Sie jedesmal beim Ausatmen die von Ihnen gespeicherte »Mana«-Energie oder Vitalenergie auf diese Außenhaut der Aura. Stellen Sie sich beim Einatmen vor, daß sich diese dünne, durchscheinende Membrane in eine dicke, transparente Schicht verwandelt – wie kugelsicheres Glas –, durch die Sie alles ganz klar erkennen können, die Sie aber vor Projektilen oder feindseligen Einflüssen schützt. »Sagen« Sie nach einigen weiteren Atemzügen der Aura ganz einfach, daß sie nun versiegelt und sicher ist. Sprechen Sie laut oder im Geiste: »Versiegle dich, Aura.« Die Aura wird dann abgeschirmt und verschlossen sein.

———————————————— * ————————————————

Während wir mit unserem Alltagsleben beschäftigt sind, lagert sich Staub und Schmutz aus der Luft an unserem physischen Körper an, den wir, um gesund zu bleiben und uns wohl zu fühlen, abwaschen müssen. Ganz ähnlich wird auch unsere Aura durch unseren Aufenthaltsort und durch die Energiefelder anderer Menschen beeinträchtigt, wobei es sich hier aber um eine Substanz der »psychischen« Art handelt, die sich an die Aura anlagert, etwa so wie Zigarettenrauch Kleiderstoff durchdringt und an ihm »haften« bleibt.

Die Indianer hatten eine ganz bestimmte Methode zur Reinigung der Aura. Sie benutzten dazu den Rauch von verbrennenden Kräutern, die die Aura durchdringt und sanft und wirksam den psychischen »Schmutz« auflöst und zerstreut. Diese Methode wurde das »Räuchern« genannt (siehe Kapitel 5).

Sie benutzten dazu Salbei, den sie als heilige Pflanze betrachteten, und dessen spezielle Eigenschaften ihn für das Reinigen besonders geeignet machen. Der Rauch von verbrennendem Salbei verbannt aus dem Umfeld die negativen Energien, die sich an die Aura heften. Der Rauch von getrocknetem Süßgras, eine weitere den nordamerikanischen Indianern heilige Pflanze, hat die Aura erfrischende Eigenschaften. Labkraut, eine Pflanze, die auf den Britischen Inseln und in Nordeuropa wie auch in Nordamerika wächst, besitzt ähnliche Qualitäten. Man kann auch getrockneten Lavendel benutzen. Sie können sich Ihr eigenes Räucherbündel zusammenstellen, indem Sie getrocknetes Labkraut, ein bißchen Lavendel und ein paar Salbeiblätter mit einem Baumwollfaden umwickeln.

Die Indianer machten sich ein kleines, fest umwickeltes Kräuterbündel, das sie entzündeten und dann glimmen ließen, wobei der Rauch durch heftige Bewegungen mit einem Federfächer in bestimmte Richtungen gelenkt wurde. Sie können stattdessen auch eine Räucher-»Mixtur« benutzen. Schütten Sie den Inhalt von zwei Duftkissen mit getrocknetem Salbei (oder zwei gehäufte Löffel voll) in eine kleine feuerfeste Schale oder eine Metallschale und streuen Sie etwas getrockneten Lavendel darüber. Dann brauchen Sie nur noch ein Zündholz oder ein Feuerzeug, und etwas, womit Sie den Rauch fächeln können – ein kleines Stück Karton reicht hier aus. Später werden Sie sich einen richtigen Federfächer zulegen wollen.

<hr> * <hr>

Übung 11
Reinigung der Aura

Entzünden Sie die Kräutermischung, so daß sie gut glimmt. Halten Sie die Schale oder das Bündel in der linken Hand und fächeln Sie dann den Rauch mit einem Stück Karton oder einer Feder, die Sie in der rechten Hand halten. Fächeln Sie den Rauch zunächst zu Ihrem Brustbereich (Ihrem Herz-Chakra), dann weiter hinauf zum Hals, zum Gesicht und über den Kopf. Machen Sie dabei einige tiefe Atemzüge und saugen Sie den Rauch in die Lungen ein. Das Aroma ist angenehm und der Rauch erfrischend. Fächeln Sie dann den Rauch hinunter zum Unterleib und zu den Füßen. Wiederholen Sie diesen Vorgang viermal.

Wenn Sie die Atmosphäre Ihres Umfelds durch das Räuchern reinigen wollen, dann fächeln Sie den Rauch einfach von sich weg und drehen sich dabei im Uhrzeigersinn, so daß der Rauch in alle Richtungen gefächelt wird. Fächeln Sie ihn schließlich über Ihren Kopf und hinunter zu Ihren Füßen.

Das Räuchern sollte jeglicher schamanischen Tätigkeit vorausgehen. Es ist so wichtig wie das Händewaschen vor einer Mahlzeit oder ein Bad oder eine Dusche. Wenn Sie die Aura in dieser Weise regelmäßig »reinigen«, wird sich das äußerst positiv und merklich wohltuend auf Ihr Gemüt auswirken. Es stellt auch sicher, daß die Sie umgebende Atmosphäre die schamanische Arbeit befördert.

Des weiteren ist es sehr wichtig, daß Sie sich, wann immer Sie mit irgendeiner Art von schamanischer oder meditativer Tätigkeit befaßt waren, und besonders dann, wenn Sie versucht haben, die Bewußtseinsebene zu wechseln und sich in andere Energiefrequenzen einzuschalten, anschließend »erden«, damit sich Ihr ganzes Energiesystem wieder auf die normale, alltägliche physische Aktivität einstellt. Wenn Sie das nicht sehr gründlich tun, werden Sie sich möglicherweise bisweilen durch die erzeugte überschüssige Energie »weggetreten« oder desorientiert fühlen. Das »Erden« stellt auch sicher, daß keine überschüssige Energie in der Atmosphäre zurückbleibt, die sich auf andere Menschen, wenn sie den Raum betreten, auswirken könnte. Diese Praxis entspricht einem wichtigen Prinzip der Indianer: Sie verließen einen Ort immer so, wie sie ihn vorgefunden hatten. Das taten sie so erfolgreich, daß häufig hinterher kaum Anzeichen einer Anwesenheit von Menschen entdeckt werden konnten. »Erden« Sie sich also nach jeder schamanischen Tätigkeit mit folgender einfachen Übung.

Übung 12
Sich »erden«

Die einfachste Methode, sich zu »erden«, ist die, daß Sie sich ganz einfach wie ein Bündel auf die Erde oder den Fußboden fallen lassen. Die Handflächen berühren den Boden, Sie entspannen sich und fühlen sich »geerdet«. Visualisieren Sie, wie jegliche überschüssige Energie über Ihre Hände und Füße in die Erde abfließt, von ihr aufgenommen wird, um der Quelle zurückgegeben zu werden. Holen Sie nach ein paar Sekunden tief Atem und strecken Sie Arme

84

und Beine. Atmen Sie wieder ein, atmen Sie aus und s-t-r-e-c-k-e-n Sie sich. Und noch einmal – einatmen, ausatmen und s-t-r-e-c-k-e-n. Stehen Sie auf und seien Sie sich Ihres physischen Körpers bewußt. Stellen Sie sich vor, wie Ihr Kraftzentrum unter den Fußsohlen Sie mit der Erde verwurzelt. Atmen Sie ein und visualisieren Sie, wie Sie über diese Wurzeln Energie aus der Erde hochziehen. Stampfen Sie dann ein paarmal mit jedem Fuß auf und sagen Sie sich innerlich oder laut: »Ich bin jetzt in meinem Alltagsleben geerdet, bin ungefährdet und sicher in meiner eigenen Energie, unterstehe ganz und gar meiner eigenen Kontrolle.« Sie sind nun völlig geerdet und im Gleichgewicht. Gehen Sie und machen Sie sich eine Tasse Tee oder Kaffee.

---

*

In meinem Buch *The Medicine Way* habe ich beschrieben, wie das menschliche Energiesystem strukturiert und wie der physische Körper von einem Kraftfeld umgeben und durchdrungen ist, das man als Energie-Körper beschreiben könnte, und das sich aus sehr feinen Energiefäden zusammensetzt. Die vorher besprochenen Chakras sind Kraftzentren innerhalb dieses Energie-Körpers. Darüber hinaus verfügt der Energie-Körper aber noch über Kontrollzentren, die mit den Organen des physischen Körpers verglichen werden könnten. Das zentrale Kontrollzentrum befindet sich im Nabelbereich. Es ist das Zentrum, von dem aus Sie im Schoß Ihrer Mutter buchstäblich als physisches Wesen zusammengewoben wurden.

Aus diesem Kontrollzentrum können Sie Lichtenergie hinausprojizieren, so wie eine Spinne ihr Netz spinnt und Verbindungen mit anderen Netzen herstellt, die ihren Ursprung in anderen Zentren haben. Machen Sie selbst die Erfahrung.

*

Übung 13
Die Projizierung Ihrer Energiefäden

Stellen Sie sich in einer Entfernung von mindestens zehn bis zwölf Metern vor eine Wand, wobei sich keine Hindernisse zwischen Ihnen und der Wand befinden sollen. Räumen Sie die Möbel beiseite, wenn Sie in einem großen Raum üben. Und auch im Freien müssen Sie darauf achten, daß sich nichts zwischen Ihnen und der Wand befindet.

Üben Sie ein paar Minuten den schamanischen Atem (Übung 8), um Ihren Vorrat an Vitalenergie zu erhöhen. Visualisieren Sie dann, wie sich eine dünne Lichtschnur aus Ihrem Nabel herausschlängelt. Lenken Sie sie geistig bis zur Wand und »sehen« Sie vor Ihrem geistigen Auge, wie sie sich an einem Punkt etwa in Ihrer Brusthöhe an die Wand heftet.

Die Imagination ist das »Auge« des verborgenen Selbst, und das, was in der Imagination »gesehen« wird, hat seine eigene Realität. Die Imagination aktiviert die Vitalenergie, die Sie gerade in sich aufgenommen haben, und da nach kosmischen Gesetz die Energie dem Gedanken folgt, wird das Unterbewußte den Gedanken mit dieser Energie aufladen. Der Energiestrang ist tatsächlich vorhanden, ob Sie ihn nun mit dem physischen Auge sehen oder nicht. Seine Wahrnehmung ist nur eine Sache der Entwicklung der Sinne.

Bedienen Sie sich nun dieses visualisierten Strangs, so als sei er ein dünnes, aber bemerkenswert starkes Seil, um sich daran zur Wand zu ziehen. Machen Sie mit der rechten Hand ziehende Bewegungen, während Sie sich sozusagen vorwärtshangeln. Sie können auch beide Hände benutzen, wenn Sie möchten. Dabei sollten Sie das Gefühl haben, daß der unsichtbare Strang Sie tatsächlich unterstützt und daß er den Widerstand Ihres Gewichts bis zu einem gewissen Grad mindert.

Üben Sie dann weiter im Freien an einem relativ steilen Hügel. Projizieren Sie einen Energiestrang bis zur Spitze des Abhangs und hangeln Sie sich an diesem unsichtbaren »Seil« hoch. Sie sollten feststellen, daß es Sie weniger Anstrengung kostet, als wenn Sie den

Hügel auf die übliche Weise hinaufkletterten. Und zwar deshalb, weil Sie von dem unsichtbaren Strang unterstützt werden und deshalb weniger Energie brauchen.

Seien Sie nicht beunruhigt, wenn sich bei den ersten Malen nichts tut, und versuchen Sie es später wieder. Wenn Sie beharrlich und ausdauernd sind, werden Sie Erfolg haben. Versichern Sie sich jedoch, daß Sie bei dieser Übung allein sind. Sie wollen nicht durch das, was andere möglicherweise darüber denken, beeinträchtigt werden.

Bei dieser Übung haben Sie sich vier Komponenten zunutze gemacht, die für jegliche schamanische Arbeit grundlegend sind.

1. Eine Vitalkraft, die Energie liefert.

2. Ein Stoff oder ein Medium, mittels dessen die Energie operieren kann. In diesem Fall ist es ein aus ätherischem Licht bestehender Strang.

3. Der Einsatz des geistigen Bewußtseins *(Mind)*, um Gedanken und Absicht Form und Gestalt zu geben. In diesem Fall ist es das verborgene Selbst (das Unterbewußte), das auf die Anweisungen des Wachbewußtseins reagiert.

4. Der individuelle Geist *(spirit)*, eine Intelligenz, die sowohl den Gedanken wie die Absicht lenkt.

5.

»Medizin«-Gegenstände

Halten wir für einen Moment inne und werfen wir einen Blick auf das »Werkzeug« eines Schamanen. Es handelt sich hier um »Medizin«-Gegenstände – Kraftobjekte, die das Bewußtsein mit den tieferen Ebenen des Potentials und der Kreativität im Innern und den natürlichen und kosmischen Kräften der Außenwelt in Kontakt bringen. Hilfsmittel, die die eigene persönliche »Medizin« zum Vorschein bringen – die eigenen spirituellen Kräfte. Sie sind aber mehr als nur »Hilfsmittel«, denn jeder dieser »Medizin«-Gegenstände ist sowohl Ausdruck eines inneren Potentials wie ein Mittel zu dessen Manifestierung.

Die Kraft, von der wir hier sprechen, ist nicht in den Gegenständen selbst enthalten. Diese sind vielmehr Kanäle, durch die die vom Schamanen angesammelte Vitalkraft fließen und besser gelenkt werden kann. Die Kraft oder Energie liegt in der Person selbst, die sich dieser Gegenstände bedient. Sie sind ein Mittel zur »Erweiterung« der Person.

Die nun im folgenden beschriebenen Gegenstände sind in alphabetischer Reihenfolge geordnet, eine Ordnung, die nichts mit ihrem Stellenwert oder ihrer Wichtigkeit zu tun hat. Jeder Gegenstand spielt eine wichtige Rolle.

ALTAR

Der Altar eines Schamanen ist eine sehr einfache Angelegenheit – er ist einfach ein Tuch, auf dem die einzelnen Gegenstände, Hilfsmittel, Steine und Kristalle griffbereit ausgebreitet werden können. Er fungiert als abgegrenzter Bereich der Konzentration – als klar umgrenzter heiliger Kreis, wo sich die Reiche des Sichtbaren und Unsichtbaren mischen.

Die Stammesschamanen errichteten ihren Altar auf der Erde und setzten sich mit gekreuzten Beinen davor. Da für die meisten von uns diese Körperhaltung nach einer Weile ziemlich unbequem wird, können Sie Ihren Altar auch auf einer etwas erhöhten Fläche aufbauen, auf einem Couchtisch vielleicht oder auf irgendeiner festen Unterlage, vor der Sie bequem sitzen können. Ein einfaches Leintuch in einer neutralen klaren Farbe (schwarz oder weiß) ist ideal, wenngleich manche Leute ein Tuch mit dekorativen Fransen und sogar Stickereien bevorzugen. Ich verwende einen kleinen handgewebten Teppich, der sich leicht ausrollen läßt und eben liegt. Ich kann ihn sowohl auf dem Boden wie auch auf einem Tisch ausbreiten. Das Beste für Sie ist das, was Sie als richtig empfinden; es gibt keine festen und starren Regeln. Die sich damit verbindende geheiligte Absicht existiert im Innern.

FEDER

Die Feder gleicht in ihrer Struktur der faser- oder härchenartigen Struktur der menschlichen Aura und kann vom Schamanen nicht nur dazu benutzt werden, die Luft in eine bestimmte Richtung zu leiten, sondern auch zur Glättung der Aura. Daher wird die Feder oft bei der Heilung eingesetzt. Wie unser Haar können sich die feinen »Fädchen« der Aura leicht verheddern und verfilzen, und erfahrene Schamanen können sie mit der Bewegung der Feder »auskämmen« und wieder in die richtige Ordnung bringen. Dazu müssen sie aber das, was nicht in Ordnung ist, spüren oder fühlen können.

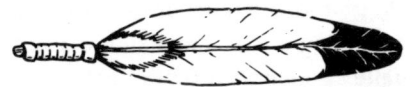

Federn wurden von den Indianern als Boten oder Energien betrachtet, die als Überbringer von etwas, das Bedeutung in sich trägt, hoch geschätzt wurden. Hier befassen wir uns jedoch nur mit ihrer Funktion als schamanisches Handwerkszeug.

FEDERFÄCHER

Sie benutzen den Federfächer beim Räuchern, um den Rauch der Kräutermischung über sich selbst oder andere oder reinigenden Rauch über Medizin-Gegenstände zu fächeln. Die Indianer verwendeten oft die Federn eines Adlers oder anderer heiliger Vögel,

es sind aber alle Federn von Vögeln, die in Ihrem Land vorkommen, geeignet. Sie werden an einem Holzgriff befestigt, der mit weichem Leder oder mit Stoff überzogen und mit Mustern aus kleinen Perlen und mit Symbolen und Emblemen verziert wird, die für den Besitzer oder die Besitzerin Bedeutung haben.

GEBETSPFEIL

Für den Indianer war der Pfeil mehr als nur eine Waffe zur Erlegung des Wilds oder im Kampf gegen Stammesfeinde. Er war ein spiritueller Gegenstand, den man benutzte, um Nahrung für die Seele zu erbeuten und Tyrannen des Geistes zu besiegen. Oft wurde ein ganz besonderer Pfeil hergestellt und mit Emblemen und Zeichen der ganz persönlichen Kraftquelle des Besitzers versehen, der dann als Hilfe bei der Meditation und als Fokus für die Bitten an den Großen Geist Verwendung fand. Eine schriftlich niedergelegte Bitte mit der Beschreibung dessen, was sich manifestieren soll, um das eigene spirituelle Leben zu befördern, wird am Pfeilstab festgebunden.

Der Pfeilstab, ein von einem Baum abgeschnittener gerade gewachsener Zweig, repräsentiert das Element der Erde und den physischen Körper und steht für die Manifestation. Er deutet auf die Stärke und Kraft des Lebens selbst.

Eine nasse, ungegerbte Lederschnur wurde benutzt, um die Pfeilspitze und die Federn am Pfeilstab zu befestigen; sie stand für das Element des Wassers. Wenn die Schnur trocknete, zog sie sich eng zusammen, wodurch Pfeilspitze und Federn äußerst fest mit dem Stab verbunden wurden. Dieses Festbinden wurde mit der Straffung der spiralförmigen Kraft und der eigenen emotionalen Energie gleichgesetzt.

Die Pfeilspitze wurde aus einem Stein oder aus im Feuer geläutertem Metall hergestellt, und so stand sie für das Element des Feuers. Sie erinnerte daran, daß die Feuerenergie, weise genutzt, gut ist, aber auch gefährlich sein kann.

Die Federn lenken den Weg des Pfeils durch das Element der Luft und repräsentieren *den Geist*, denn er kontrolliert alle Aspekte des Wesens aus seinem geheiligten Ort im Innern.

Als Medizin-Gegenstand kann der Gebetspfeil auch bei der schamanischen Arbeit im Freien verwendet werden, und zwar zur Bezeichnung des Zentrums eines Kreises. Die Pfeilspitze wird in den Boden gesteckt und der Pfeilstab wird zum Konzentrationspunkt.

HALSKETTE

Schamanen tragen eine Halskette nicht nur als Schmuck. Der Kreis dieser Kette repräsentiert den Kreis ihres Selbst, und die daran aufgereihten Perlen, Knochen, Zähne, Steine und anderen Gegenstände stehen in Verbindung mit ihren persönlichen feinstofflichen Energien.

KERZE

Schon immer war die Kerze ein sehr wichtiges symbolisches Instrument und das Abbrennen einer Kerze ein einfaches und sehr altes Ritual von tiefer spiritueller Bedeutung. Die Flamme repräsentiert nicht nur das Licht der Quelle alles Existierenden, sondern auch unser persönliches inneres Licht – das Zentrum und die Quelle unseres Seins. Es ist auch Feuer in schützender und erhellender Funktion.

Vor jeder schamanischen Arbeit sollte eine Kerze wie aus dem eigenen inneren Licht entzündet werden. Dies signalisiert dem unterbewußten, verborgenen Selbst, daß mit der Entzündung der

Kerze ein Umschalten von der profanen zur bewußten spirituellen Aktivität stattfindet. Das Auslöschen der Flamme am Ende dieser Arbeit signalisiert die Rückkehr in die Alltagsrealität. Gewöhnlich ist die Kerze weiß, um die Reinheit der Absicht und die Kräfte von Licht und Leben zu symbolisieren.

Bei der Gruppenarbeit brennt im allgemeinen eine Kerze in der Mitte des Kreises, manchmal neben einer kleinen Vase mit Schnittblumen, die die Kräfte der Liebe und des Gesetzes symbolisieren.

MASKE

Die Maske eines Schamanen ist ein Hilfsmittel, um die inneren Potentiale Ausdruck finden zu lassen, und das gewöhnlich im Rahmen einer Zeremonie oder eines schamanischen Tanzes oder bei anderen speziellen Gelegenheiten, wo solche Energien geerdet werden müssen. Eine Maske kann ein Tier repräsentieren oder

einen Schutzgeist, einen Führer oder einen Lehrer aus der Anderwelt, und wird getragen, um die innere Verbindung zu verstärken.
Sie kann aus einer Vielfalt von Materialien hergestellt und bei mehr
als nur einer Gelegenheit getragen werden. Eine einfache Art von
Maske ist die Bemalung des Gesichts.

MEDIZINBÜNDEL

Ein Medizinbündel ist ein kleines Säckchen, das um den Hals
getragen oder an der Kleidung befestigt wird, und bestimmte Dinge
enthält, die die persönliche »Medizin« des Schamanen darstellen.
Sie stehen zudem für die vier Reiche – der Minerale, Pflanzen, Tiere
und Menschen – und können auch Bilder und Symbole von
persönlichen und Klan-Totems beinhalten. Es kann sich um kleine
Steine und Kristalle, Kräuter, Blätter, Rinde, kleine Fellfetzen,
Federn, Zähne, Klauen, menschliches Haar, Fingernägelschnipsel
und Bluttropfen handeln.

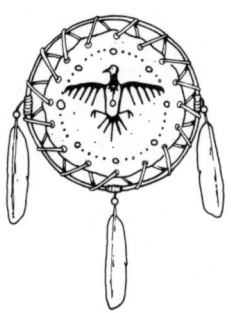

Das Medizinbündel ist ein Hilfsmittel, um »Verbindungen«
herzustellen und seinen Träger oder seine Trägerin mit anderen
Seinsebenen innerhalb des Großen Alles-Was-Ist in Harmonie zu
bringen.

MEDIZINSCHILD

Der Medizinschild hat nichts mit einem Schutzschild im Kampf zu
tun. Es war ein ganz persönlicher Schild, der die geheiligten
Absichten des Besitzers oder der Besitzerin und deren Verbindung
mit den schamanischen Energien kundtat – seiner oder ihrer

»Medizin« oder Geist-Kraft. Als solcher wurde er von den Indianern hoch geschätzt.

Der persönliche Schild wurde aus einer Tierhaut gefertigt, die über einen Holzring gespannt wurde. An den Rändern waren Federn, Fransen und manchmal auch andere baumelnde Gegenstände befestigt. Darauf wurden besondere Embleme und Symbole gemalt, die auf die speziellen Qualitäten und das Lebensziel des Besitzers oder der Besitzerin verwiesen. Es konnte sich um die Darstellung von einem Tier oder von mehreren Tieren handeln, mit denen die jeweilige Person besonders verbunden war und die für ihre Hauptquelle der Kraft und des Schutzes standen. Auch die Farben hatten eine besondere Bedeutung.

Sie können sich Ihren eigenen Medizinschild herstellen, indem Sie einen hölzernen Stickrahmen mit Sämischleder oder Stoff überspannen. Ihr Schild soll ein Spiegel des Selbst sein, soll widerspiegeln, was Sie sind, und in irgendeiner Weise Ihren Träumen oder Bestrebungen, die Sie verwirklichen wollen, Ausdruck verleihen. Er dient also der Erinnerung an Ihre Lebensaufgabe – an den Weg Ihrer Seele –, so wie Sie sie gegenwärtig wahrnehmen. Die Herstellung Ihres eigenen Medizinschilds kann eine wertvolle Lektion schamanischen Verständnisses sein, weil sie Ihnen hilft, Ihre eigene »Medizin«-Kraft zu erkennen und ihr Ausdruck zu verleihen.

Nach indianischer Tradition stellt eine physische Lebensspanne den »Traum« des Höheren Selbst dar. Die Herstellung des Medizinschilds wird als Mittel betrachtet, um mit dem Höheren Selbst Kontakt aufzunehmen, um »den Traum wachzutanzen«, den »Traum« oder die Absicht der Seele in die materielle Realität zu bringen und somit das Ziel der Seele zu erfüllen.

Der Medizinschild ist nichts Statisches. Sie können ihm Dinge hinzufügen, ihn weiterentwickeln und auch einiges verändern, so wie sich Ihr Leben entfaltet und Ihre »Medizin« sich verändert.

PENDEL

Schon Tausende von Jahren haben Schamanen der verschiedensten Kulturen ein Pendel als Diagnoseinstrument verwendet. Es besteht aus einem kleinen Gewicht – aus Kristall, Stein oder Holz –, das an einem Faden oder einer dünnen Schnur hängt. Der Faden wird etwa sieben bis acht Zentimeter oberhalb des Gewichts mit Zeigefinger und Daumen gehalten. Eine kreisförmige Bewegung des Pendels (entweder im oder gegen den Uhrzeigersinn) und ein horizontales oder vertikales Ausschwingen liefert die positive, negative oder neutrale Antwort auf die gestellte Frage.

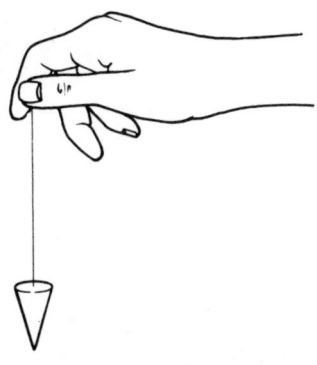

Schamanen benutzen das Pendel als Kommunikationsmittel zwischen dem Bewußten und Unbewußten und für die Unterhaltung mit dem verborgenen Selbst. Mit dieser Methode lassen sich Dinge herausfinden, an die wir mit den begrenzten Fähigkeiten des Wachbewußtseins nicht so unmittelbar herankommen.

Das Pendel kann zur Beurteilung des Gesundheitszustands, zur Lokalisierung des Bereichs von Fehlfunktionen und Disharmonie im physischen Körper eingesetzt werden. Es lassen sich damit eine gesundheitsförderliche Diät, Bereiche des Ungleichgewichts in der Aura oder in den Chakras und so weiter auspendeln. Außerdem kann es wie eine Wünschelrute zum Auffinden von Wasserquellen oder Erzadern benutzt werden. In der Tat ist die Liste der Möglichkeiten fast endlos.

PFEIFE

Die Pfeife ist ein Signalinstrument, um die höheren Energien und Hilfe von den Schutzgeistern und Führern in der spirituellen Welt herbeizurufen. Die Pfeifen der Indianer wurden aus den Flügelknochen eines Vogels, meist eines Adlers, fabriziert. Die Pfeifen der europäischen Schamanen wurden im allgemeinen aus den Knochen eines Truthahns hergestellt.

RÄUCHERSCHALE

Eine Räucherschale ist ein Behälter für die Kräutermischung zum Räuchern oder für das Kräuterbündel, das darin ohne Gefahr glimmen kann. Eine flache Schale aus Ton von der Größe eines großen Aschenbechers ist hier geeignet; besser noch ist eine große offene Muschel.

RÄUCHERWERK

»Räuchern« heißt, etwas mit dem Rauch von heiligen Kräutern reinigen. Zu den Kräutern, die speziell für die spirituelle Arbeit verwendet wurden, gehören Salbei, Wacholder, Süßgras oder Lavendel. Sie können locker getrocknete oder zerriebene Kräuter verwenden, die entweder in einem Behälter – einer flachen Schale oder einer großen, offenen Muschel – glimmen oder zu einem festen Bündel zusammengeschnürt werden, das Sie in der Hand halten und entzünden. Der entstehende Rauch wird dann mit Hilfe eines Federfächers zu der Person (oder den Personen) oder zum Gegenstand, der gereinigt werden soll, gelenkt. Der Rauch von Salbei vertreibt negative Energien, Wacholder kann hinzugefügt werden, um positive Energien anzuziehen. Süßgras (ein seltenes Kraut, das nur in Nordamerika zu finden ist), Lavendel oder Labkraut bringen

Segen. Die Person, der das Räuchern gilt, lenkt den Rauch auf sich, als wollte sie ihn mit den Händen einsammeln, und zwar erst zur Herzgegend, dann über den Kopf und zum Schluß hinunter zu den Füßen.

RASSEL

Die Rassel ist ein uraltes Instrument, das dazu benutzt wurde, mit seinen Geräuschen im Prozeß des Wechsels von einer Realitätsebene zu anderen eine Atmosphäre der Erwartung herzustellen. Es ist vor allem ein Instrument der Transformation. Gewöhnlich wird sie aus einem getrockneten Flaschenkürbis oder aus ungegerbtem Leder gefertigt und enthält Samen, Bohnen, kleine Steinchen und gelegentlich kleine Kristalle, die beim Schütteln die rasselnden Laute verursachen. Der Flaschenkürbis wird an einem Griff befestigt, der normalerweise mit für den Besitzer oder die Besitzerin bedeutsamen Symbolen verziert wird.

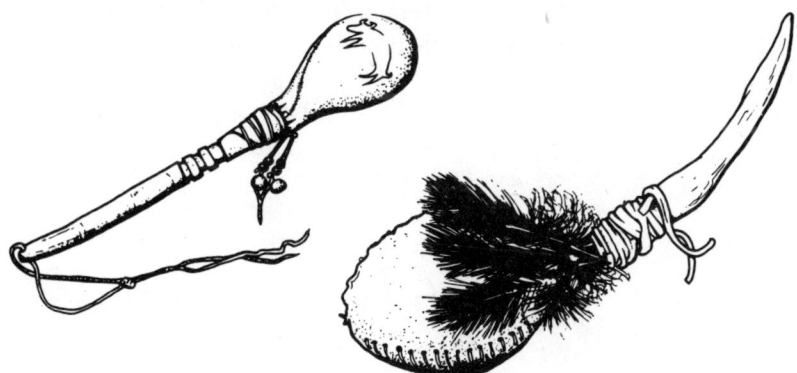

Das Schütteln der Rassel hat große Bedeutung. Es symbolisiert die pulsierende Bewegung der kosmischen Kräfte, die sich in alle Richtungen ausdehnen und das Gesetz zur Existenz bringen und somit als »Wort« der Göttlichkeit agieren. Die rasselnden Laute führen zur sanften Entspannung des Geistes und verlangsamen die Gehirnströme, was die Barrieren zwischen der Wahrnehmung der materiellen Welt und den Reichen der spirituellen Wirklichkeit ausräumt. Mit anderen Worten, sie dienen als Brücke zwischen den »Welten«, was der Grund dafür ist, daß die Rassel für ein Baby so tröstlich ist.

Das wiederholte Schütteln der Rassel ist für das Wachbewußtsein ein Signal, auf eine andere Frequenzebene umzuschalten. Sie kann als Vorspiel für das Trommeln oder als Begleitinstrument zur Trommel zur Unterstreichung des Trommelschlags oder auch als Alternative zur Trommel eingesetzt werden. Ihre Laute schaffen eine beruhigende Atmosphäre, die positive und begütigende Energien auf allen Ebenen anzieht.

Zudem kann die Rassel als Diagnoseinstrument in bestimmten Bereichen der Heilarbeit und zur Lokalisierung von Bereichen des energetischen Ungleichgewichts in einem menschlichen Wesen eingesetzt werden.

REDESTAB

Eine »Redestab« wird als Hilfsmittel zur Klärung der Gedanken benutzt, damit sie in klarer Weise ausgedrückt werden können. Er kann jede Größe haben – von dreißig Zentimetern bis hin zu einem Wanderstab. Ein Stab ist vor allem ein Verbindungsglied zwischen Himmel und Erde – des Elements der Luft und des Reichs des Gedankens mit dem Element der Erde und der praktischen Realität.

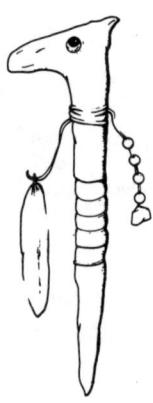

Traditionellerweise wurde der Redestab bei einer Versammlung in der Gruppe herumgereicht, was bedeutete, daß immer nur die Person sprach, die ihn in den Händen hielt. Dies lehrte, ein guter Zuhörer zu sein und sich beim Sprechen so präzise auszudrücken, daß andere den Gedankengängen folgen können.

Der Redestab war auch ein Emblem des Schamanen und Lehrers, der Wissen und Weisheit jenen übermittelt, die nach Wissen streben.

SÄCKCHEN UND BEUTEL FÜR KRAFT-OBJEKTE

Schamanen verstauen ihre Sammlung von Kristallen, Steinen, Kräutern und so weiter in Säckchen, womit sie leicht zu transportieren und stets zugänglich ist, und manchmal werden all diese Säckchen in einem größeren Schulterbeutel mitgetragen. Säckchen und Beutel variieren in Größe und Form, werden aber meist aus weichem Leder oder aus einem haltbaren Stoff angefertigt, mit Fransen und Perlen, mit Stickereien, aufgemalten Mustern und mit Symbolen verziert, die für den Besitzer bedeutsam sind.

Die Säckchen und Beutel werden oben mit einer festen Schnur oder mit einem Lederband zusammengezogen, damit der Inhalt nicht herausfallen kann.

Diese Säckchen und Beutel sind in sich selbst Kraft-Objekte, da sie die Behälter für die Gegenstände der persönlichen Kraft sind.

STAB

Viele hundert Jahre lang war der Stab ein Symbol für ein hohes Amt und Emblem der Herrschaft und Autorität. Schamanisch gesehen verweist er aber auf die Achse, die die Höhe- und Wendepunkte miteinander verbindet – die Sonnen-Kraft der männlichen, konzeptionellen, lebengebenden »Gott«-Energie und die Erd-Kraft der weiblichen, schöpferischen, nährenden »Göttinnen«-Energie. Er ist mit dem Element des Feuers verbunden und wurde dazu benutzt, die *Feuer-Energie* durch Umwandlung zur physischen Manifestation zu bringen. Er kann auch zum Heilen im Sinne von »heil, ganz machen« verwendet werden.

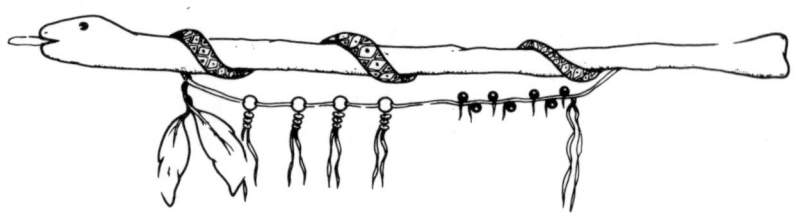

Der Stab wird im allgemeinen aus »lebendigem« Holz geschnitzt, aus einem dünnen Ast, der von einem Haselnußbusch oder einem anderen Nüsse tragenden Baum abgeschnitten wird. Er hat in etwa eine Länge, die der Entfernung zwischen Ellenbogen und Fingerspitzen entspricht. Der Schamane oder die Schamanin bitten den Baum nicht nur um Erlaubnis, bevor er oder sie einen solchen operativen Eingriff vornehmen, sie bitten auch um einen Hinweis, wo geschnitten werden soll. Damit wird sichergestellt, daß *der Geist* des Baumes sich nicht aus dem Ast zurückzieht, bevor er abgeschnitten wird. Dies bedeutet, daß der Ast »lebendiges« Holz ist, der *den Geist* des Baumes noch in sich birgt.

Der Ast wird sorgsam und liebevoll vorbereitet, ein Großteil der Rinde abgeschält, bevor die Schnitzarbeit beginnt. Bei manchen Schamanenstäben ringelt sich eine geschnitzte Schlange um den Stab, die auf die ständige, in spiraliger Bewegung fließende Umwandlungsenergie verweist, die das Spirituelle ins Materielle verwandelt. Manchmal hält eine solche geschnitzte Schlange einen Kristall im Maul, was anzeigt, daß mit dem Stab ausstrahlende

Energie fokussiert und gelenkt werden kann. Ein Kristall kann die Energie, mit der er aufgeladen wurde, speichern, ausbalancieren und ohne Verzerrung abstrahlen.

Mit dem Stab kann also die Energie harmonisiert und fokussiert oder auch nach dem Willen des Schamanen, einem Laserstrahl ähnlich, gelenkt werden.

Manche Stäbe werden mit Federn, herabbaumelnden Gegenständen und sogar mit Glöckchen verziert, was beim Schütteln einen sanften und beruhigenden Klang ergibt. Dies betont die Qualität des Stabs als harmonisierendes und ausbalancierendes Instrument. Es werden auch persönliche Symbole in den Stab und zuweilen auch in den Knauf eingeschnitzt und aufgemalt.

TROMMEL

Die Trommel ist ein sehr gehüteter Schatz, denn mit ihrer Hilfe erhalten die Schamanen Zugang zu den Anderwelten. Die gebräuchlichste Form ist die runde Handtrommel, denn sie kann leicht mitgetragen und in einer Hand gehalten werden. Gewöhnlich wird sie aus dem Holz eines hohlen Baumstumpfes oder gefällten Baumstammes und einer darüber gespannten Tierhaut hergestellt. In alten Zeiten bevorzugten die Indianer eine Büffelhaut, heute ist eine Ziegenhaut oder Hirschhaut das verbreitetste Material. Die Unterseite der Trommel ist meist mit Lederstreifen überspannt, die wie Radspeichen angeordnet sind. Die Mitte, wo sich die »Speichen« kreuzen, wird mit einem kleinen Stück weichen Tuchs oder Leder zusammengebunden, quasi als Griff, damit die Hand einen Halt hat. Manchmal werden statt Leder auch kleine Holzpflöckchen genommen.

An den Seiten ist die Trommel oft mit bedeutungsvollen Symbolen, manchmal auch mit Federn und herabbaumelnden Gegenständen verziert. Auch die Oberfläche kann mit einem Emblem oder der Darstellung eines Tieres bemalt sein. Haben Sie eine Trommel erworben, dann beeilen Sie sich nicht allzu sehr mit der Verzierung der Oberfläche, denn die Farbe geht nicht wieder ab. Warten Sie, bis Sie sehr viel mehr über Ihre persönliche Medizin-Kraft wissen, bevor Sie den Versuch unternehmen, ihr auf die eine oder andere Weise auf der Trommelbespannung Ausdruck zu verleihen.

Der Trommelstab ist schlank und an einem Ende mit weichem Material gepolstert. Er wird gewöhnlich auch mit Federn oder Lederbändern verziert.

Das Trommeln dient der Veränderung des Bewußtseinszustandes, der Wahrnehmungserweiterung zu tieferen Schichten, wo die schamanische Arbeit verrichtet werden kann. Auch sie repräsentiert die sich spiralig bewegende Kraft, die mit der Lebens-Kraft assoziiert wird. Der Trommelschlag synchronisiert den Herzschlag – den Rhythmus Ihrer eigenen Lebens-Kraft – mit dem Rhythmus des Kosmos, dem »Herzschlag« des Universums. Der monotone Rhythmus und die niedrige Schwingungsfrequenz des Trommelklangs entspannen das Gehirn und die Neuronen – die Nervenzellen –, die sich dann auf die Schwingungsfrequenzen der unsichtbaren Welten einstellen.

Das menschliche Gehirn ist ein komplexes und fein verwobenes Netzwerk aus wechselseitig miteinander verbundenen Neuronen, die als Verbindungsglieder zu anderen Zellen dienen und es ermöglichen, daß im normalen Bewußtseinszustand über Impulse elektrischer Energie Informationen transportiert werden. Die medizinische Wissenschaft schätzt, daß das menschliche Gehirn an die 10 Milliarden Neuronen aufweist – etwa so viele Zellen, wie die Milchstraße Sterne hat, und dreimal so viele, wie heute Menschen auf der Erde leben. Obwohl die Frequenzbandbreite für den größten Teil an schamanischer Arbeit etwa zwischen 160 und 200 Takte in der Minute liegt, hängt die genaue Frequenz, die eine Veränderung im Bewußtseinszustand auslöst, von den individuellen Rhythmen einer Person ab.

Am besten erwerben Sie eine für die schamanische Arbeit geeignete Trommel bei einem Fachmann, der eine Affinität zum Schamanismus hat.

ÜBUNG 14
WEIHUNG DER HILFSMITTEL UND GEGENSTÄNDE

Jeder Gegenstand, der bei der schamanischen Arbeit als Hilfsmittel verwendet wird, muß geweiht werden, das heißt, er muß für die ihm zugedachte Aufgabe reserviert, er muß »erweckt« und aufgeladen werden. Das Werkzeug eines Schamanen wird dadurch »zum Leben erweckt«, daß es mit seiner Vitalkraft aufgeladen wird, vergleichbar einer Autobatterie, die über einen Transformator aus einer elektrischen Quelle aufgeladen wird. Hier ist der Schamane der Transformator, der seine »Spannung« heruntersetzt, damit die Energie auf den Gegenstand aus Holz, Stein oder Kristall übertragen werden kann, welcher dann in Erweiterung seiner Person und als seine »Medizin«-Kraft fungiert.

Eine solche Weihung hat drei Hauptziele. Erstens reinigt sie den Gegenstand auf physischer Ebene und läutert ihn spirituell. Zweitens macht sie ihn zu etwas »Besonderem«, enthebt ihn dem Bereich profaner Aktivität und weist ihm eine bestimmte Aufgabe zu. Drittens weiht sie ihn dieser bestimmten Aufgabe. Die Weihung ist mehr als das Herstellen einer sehr persönlichen Verbindung mit einem Gegenstand und dessen Reservierung für Ihre persönlichen Zwecke, obwohl sie genau das bewirkt. Und sie ist mehr als eine energetische Erweiterung Ihrer Person auf physischer Ebene. Wenn Sie in schamanischer Weise einen Gegenstand weihen, erwecken und aufladen, dann garantieren Sie damit auch dessen Existenz in nichtphysischen Bereichen. Ein schamanisches Werkzeug oder Hilfsmittel kann Sie auf Reisen in andere Existenzebenen begleiten, ja sogar in andere Dimensionen, denn es besitzt ebenfalls einen nichtphysischen Körper, der dies ermöglicht.

Der Akt der Weihung ist ein Ritual. Und ein wirkungsvolles Ritual ist nichts weiter als ein verläßliches Handlungsmuster, das zum erwünschten Ziel führt. Es verlangt eine klare Absicht und muß mit Gefühl ausgeführt werden. Ein Ritual ohne echte Emotion hat wenig praktischen Nutzen, denn es mangelt ihm an essentieller

Kraft. Wenn Sie sich also gewisser Gegenstände bei der schamanischen Arbeit bedienen und über ganz eigene Hilfsmittel verfügen wollen, dann müssen Sie diese Weihung mit Gefühl und Verständnis ausführen. Alle Worte, ob Sie nun laut oder im Innern gesprochen werden, müssen von Herzen kommen. Die folgenden Vorgaben für ein Weihungsritual sollen Sie zur Entwicklung eigener Vorstellungen anregen, die Sie dann mit Ihrem Gefühl verbinden können.

Eine solche Weihung wird idealerweise an einem schon etablierten Kraftplatz vorgenommen. Führen Sie sie allein aus, dann begeben Sie sich dazu an Ihren Kraftplatz in Ihrer Wohnung und nehmen Sie sich etwa eine halbe Stunde ungestört Zeit. Sie brauchen:

o eine weiße Tischdecke aus Leinen oder Baumwolle

o eine Kerze, einen Kerzenständer und Zündhölzer

o ein Räucherbündel oder eine Räucherkräutermischung und eine Schale

o einen Fächer, eine Feder oder ein kleines Stück Karton, um den Rauch zu fächeln

o eine kleine Schüssel oder einen Behälter mit Wasser

o ein kleines Schälchen oder einen Behälter mit Steinsalz.

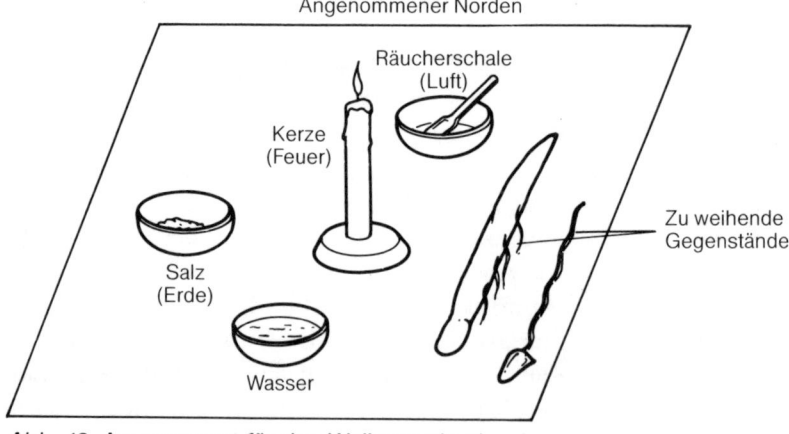

Abb. 13 Arrangement für das Weihungsritual

Breiten Sie das Tischtuch über eine plane Arbeitsfläche – einen Tisch, einen Frisiertisch oder einen Schreibtisch – und stellen Sie sich davor dem Norden zugewandt auf. Wenn das aus Platzgründen nicht möglich ist, dann stellen Sie sich einfach vor, daß Sie nach Norden blicken, sich also der Osten zu Ihrer Rechten und der Westen zu Ihrer Linken befindet. Der Kerzenständer mit der Kerze sollte in der Mitte, das Schälchen mit Salz oder Erde links (im angenommenen Westen), die Räucherschale hinter dem Kerzenständer (im Norden), die Schale mit Wasser davor (im Süden) und der zu weihende Gegenstand rechts plaziert werden.

Wenn Sie die Kerze anzünden, dann stellen Sie sich vor, daß sie von einer Flamme in Ihrem Innern entzündet wird – von Ihrem inneren Licht. Damit symbolisiert die Kerzenflamme das Licht des Bewußtseins, *die Quelle* Ihres Seins und auch das göttliche Licht und *die Quelle* alles Existierenden.

Reinigen Sie das Umfeld Ihres Arbeitsbereichs und stärken Sie Ihre eigene Aura, wie Sie es in den Übungen 8 und 9 gelernt haben. Reinigen Sie den Gegenstand oder die Objekte, die Sie weihen wollen, indem Sie Rauch über sie fächeln.

Als nächsten Schritt sammeln Sie durch das schamanische Atmen Vitalkraft in sich an. Diese Vitalkraft werden Sie dann mit Hilfe einer schamanischen Technik und durch einen Willensakt auf den zu weihenden Gegenstand oder gegebenenfalls Gegenstände übertragen.

Läutern Sie nun das Wasser, indem Sie das Wasserschälchen direkt vor sich hinstellen. Halten Sie Ihre Hände leicht gewölbt darüber und sprechen Sie nachdrücklich: »Ich entferne alle Unreinheit und Unsauberkeit aus diesem Wasser hin zu einem Ort, wo sie nicht schaden kann. Geh jetzt.« Halten Sie einen Moment inne und sprechen Sie dann: »Segen möge auf diesem Wasser ruhen.«

Wenn Sie bei der schamanischen Arbeit Unreinheiten oder unerwünschte Einflüsse entfernen, dürfen diese keinesfalls noch irgendwo in der Gegend verbleiben, wo sie sich unter Umständen auf andere schädlich auswirken könnten. Dies ist ein Fehler, den manche Exorzisten und Okkultisten bei ihren Austreibungsritualen begehen. Der Schamane oder die Schamanin stellen sicher, daß jegliche unerwünschten Einflüsse dorthin geschickt werden, wo sie keinen Schaden anrichten können.

Stellen Sie nun das Salzschälchen neben die Wasserschale. Halten Sie Ihre Hände leicht gewölbt darüber und sprechen Sie: »Ich entferne alle Unreinheiten oder Behinderungen aus dieser Substanz der Erde hin zu einem Ort, wo sie nicht schaden können.« Halten Sie einen Moment inne, und sprechen Sie dann: »Segen möge auf dieser Substanz der Erde ruhen.« Nehmen Sie nun eine Prise Salz, streuen Sie sie ins Wasser und sprechen Sie: »Alles Gute soll in dieses Wasser einfließen. Möge es allem, wo es auch hinfließt, Reinheit und Harmonie bringen. So soll es sein.«

Besiegeln Sie diese Handlung – das heißt, verleihen Sie ihr Permanenz –, indem Sie mit der rechten Hand über der Schale mit geweihtem Wasser ein Symbol des Medizinrads zeichnen. Das Medizinrad repräsentiert das vollkommene Gleichgewicht von Energie und Form und enthält in sich das Symbol von Wakan-Tanka. Wakan-Tanka ist ein Name der Indianer der nordamerikanischen Steppen für den Großen Geist, der »in« der Schöpfung existiert und nicht außerhalb von ihr, und der alles umfaßt, was ist. Ziehen Sie den Kreis, indem Sie an einem Punkt unmittelbar hinter der Schale anfangen und, wie in der Übung 9, im Uhrzeigersinn vorgehen, bis Sie wieder am Ausgangspunkt angelangt sind. Ziehen Sie dann eine Linie in Ihre Richtung, wenden Sie sich anschließend nach rechts, dann quer hinüber nach links, dann wieder im Uhrzeigersinn bis hin zum Ausgangspunkt.

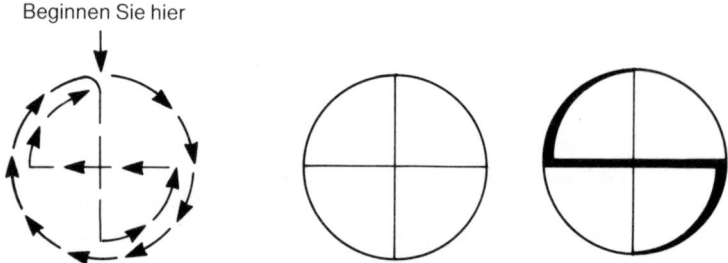

Abb. 14 Das Zeichen des vom Kreis umschlossenen Kreuzes und des Medizinrads und das Symbol für Wakan-Tanka

Führen Sie nun die gleiche Bewegung über dem Salzschälchen aus. Stellen Sie dann beide Schälchen wieder an ihren Platz.

Meine Mentoren haben immer betont, daß bei der schamanischen Arbeit alle Elemente beteiligt sind. Schamanische Hilfsmittel

106

und Kraft-Gegenstände sollten durch Luft, Feuer, Wasser und Erde geweiht werden, um sich des Segens dieser Elemente zu versichern. Es spielen also bei unserem Weihungsritual alle Elemente eine Rolle, und wir müssen vor jeder Handlung sehr genau überlegen, was wir tun.

Nehmen Sie den ersten Gegenstand auf, den Sie weihen wollen, und legen Sie ihn vor sich hin. Wir weihen ihn zuerst im Element der Luft, das in unserem Fall durch den Rauch verbrennender Kräuter repräsentiert wird. Stellen Sie also das Räucherschälchen neben den Gegenstand. Entzünden Sie wieder das Räucherbündel oder die Kräutermischung in der Schale und bringen Sie es oder sie durch starke Fächerbewegungen zum Glimmen.

Halten Sie die Schale oder das Räucherbündel nun in der linken Hand und führen Sie den Gegenstand mit der rechten Hand durch den Rauch. Wiederholen Sie dies mehrmals, damit der Gegenstand auch gut eingeräuchert wird, und denken Sie dabei an die Qualitäten, die das Element der Luft mit sich bringt. Zum Beispiel: Luft ist Freiheit und Bewegung. Sie ist erhebend und belebend. Sie ist Leichtigkeit und Ausdehnung. *Luft ist Geisteskraft.* Sprechen Sie: »Ich weihe dich im Element der Luft.«

Als nächstes weihen wir den Gegenstand im Element des Feuers, indem wir ihn rasch durch die Kerzenflamme führen und darauf achten, daß er dabei nicht angesengt wird. Überlegen Sie, was das Feuerelement beinhaltet: Feuer ist Licht und Erhellung. Feuer ist Ausstrahlung und Energie. Feuer ist Umwandlung. *Feuer ist Kraft des Geistes.* Sprechen Sie: »Ich weihe dich im Element des Feuers.«

Nun folgt das Wasser. Tauchen Sie die Finger Ihrer rechten Hand in die Wasserschale und besprengen Sie den Gegenstand mit dem geweihten Wasser. Denken Sie dabei an die Qualitäten dieses Elements. Wasser ist Flüssigkeit und lebenerhaltend. Es ist besänftigend und schützend, löst auf und heilt. *Wasser ist emotionale Kraft.* Sprechen Sie: »Ich weihe dich im Element des Wassers.«

Jetzt die Erde. Nehmen Sie mit der rechten Hand eine Prise Salz, streuen Sie sie über den Gegenstand und denken Sie an die Qualitäten der Erde. Erde ist Ruhezustand und Festigkeit. Erde ist Fruchtbarkeit und Fülle. Erde ist Erfolg und Leistung. *Erde ist physische Kraft.* Sprechen Sie: »Ich weihe dich im Element der Erde.«

Zum Schluß übertragen wir die Qualitäten des fünften Elements auf den Gegenstand, des Elements, aus dem sich die anderen vier herleiten – die Liebe, die »Substanz«, die manche Äther nennen. Jetzt übertragen wir auch die Mana-Kraft, die wir zu Beginn des Rituals in uns angesammelt haben, indem wir sie in ganz bewußter und bedachter Weise in den Gegenstand einhauchen. Nehmen Sie den Gegenstand in beide Hände, halten Sie ihn nahe an Ihren Mund und blasen Sie kraftvoll darauf. Durch diese Handlung wird der Gegenstand »erweckt« und für die schamanische Arbeit mit Energie aufgeladen. *Äther ist Liebeskraft.* Sprechen Sie: »Ich weihe dich in Liebe und erwecke dich mit dem Atem des Lebens. Möge alles, was du bewirkst, in Liebe getan und von Liebe erfüllt sein.«

Nun werden Absicht und Ziel in den Gegenstand gelegt. Sprechen Sie: »Ich möchte, daß du mir bei meiner Reinigungsarbeit hilfst« (im Falle eines Federfächers), bei meiner »diagnostischen Arbeit« (im Fall eines Pendels), bei meiner »magischen Arbeit« (im Falle eines Stabs) und so weiter. Holen Sie dann wieder tief Atem, lassen Sie die Luft Ihren Lungen entströmen und stoßen Sie ein »H-ah« über dem Gegenstand aus. »H-ah« bedeutet »Atem des Lebens« und steht auch für die Zahl vier, die Zahl der Manifestation im Zustand des Gleichgewichts und der Harmonie.

Zeichnen Sie das vom Kreis umschlossene Kreuz über dem Gegenstand, der nun ein Medizin-Gegenstand ist, und sprechen Sie: »So soll es sein.«

Legen Sie den Gegenstand wieder auf den Tisch. Er ist jetzt geweiht und aufgeladen. Wenn Sie noch weitere Gegenstände weihen wollen, dann wiederholen Sie dieses Ritual. Jeder Gegenstand muß durch die Elemente gereinigt und mit ihrer Kraft gestärkt, und jeder muß für die schamanische Arbeit auf allen Existenzebenen und in allen Dimensionen mit Vitalkraft aufgeladen werden.

Haben Sie Ihre Arbeit beendet, dann denken Sie vor dem Ausblasen der Kerze daran, daß die Flamme zum Ort Ihres inneren Lichts zurückkehren soll, und daß der Raum wieder für die normalen Alltagsaktivitäten freigegeben wird. Bewahren Sie das geweihte Wasser in einer kleinen Flasche für künftige Gelegenheiten auf oder gießen Sie es draußen in die Erde als Gabe an die Mutter Erde. Auch das Salz sollte der Erde zurückgegeben werden.

6.

Totems und Verbündete

Nach Definition des Wörterbuches ist ein Totem ein Tier, Gegenstand oder Fabelwesen, das einer Familie oder einem Klan (zum Beispiel bei den nordamerikanischen Indianern) als Emblem dient und die Zusammengehörigkeit symbolisiert. Tatsächlich aber hat ein Totem eine sehr viel tiefere Bedeutung und ist für das Leben sehr wichtig. Totems können uns helfen, uns selbst zu verstehen. Sie sind sowohl Verbindungsglieder zu unserer eigenen inneren Dynamik als auch Reflektoren der »Substanz«, aus der sich die Persönlichkeit unseres zeitlich begrenzten menschlichen Selbst zusammensetzt. Mit anderen Worten, Totems können uns helfen zu verstehen, warum wir hier sind, uns auf die Stärken und Schwächen unseres Charakters verweisen, uns aufzeigen, woran es uns mangelt und worüber wir von Natur aus verfügen. Sie können uns wach machen für unser eigenes inneres Potential, was uns gestattet, es zu erwecken und ihm Ausdruck zu verleihen, und dies sowohl zu unserem eigenen Vergnügen und unserer Selbsterfüllung wie auch zum Wohl anderer.

Wie schon erwähnt, sind manche Totems in Tiergestalt dargestellt, weil die menschlichen Qualitäten und Eigenschaften, auf die sie verweisen, in den Merkmalen und Gewohnheiten eines speziellen Tiers zum Ausdruck kommen. Denken Sie daran, daß die Indianer – und auch unsere eigenen Vorfahren – in sehr enger Verbindung mit der Natur lebten und mit den Lebensgewohnheiten wilder Tiere vertraut waren. Neben den Tiertotems gibt es aber auch mineralische und pflanzliche Totems, die ebenfalls mit verschiedenen Aspekten von uns in Verbindung stehen.

Die Kenntnis unserer Totems hilft uns also, uns selbst zu verstehen. Und natürlich können wir auch andere Menschen, wenn wir ihre Totems kennen, besser begreifen. Somit sind Totems eine Hilfe für bessere menschliche Beziehungen.

In meinem Buch *Earth-Medicine (Das Natur-Horoskop)* findet sich eine sehr detaillierte Beschreibung und Erläuterung der Tiertotems und der pflanzlichen und mineralischen Totems im Zusammenhang mit dem Geburtsdatum eines Menschen. Mit diesen Totems treten wir ins Leben. Auf unserer Lebensreise und mit unserer Weiterentwicklung »sammeln« wir dann weitere Totems. In meinem Buch *The Medicine Way* erkläre ich genauer, wie diese persönliche Totems zur Meisterung des eigenen Lebens genutzt werden können. Da ich in diesen beiden Büchern die Funktionen des Totems ziemlich gründlich behandelt habe, möchte ich hier mit einer Wiederholung dieser Informationen nicht Platz verschwenden, will aber doch auf einen wichtigen Punkt hinweisen. Tiertotems können zwar eine wichtige Rolle bei der Entwicklung unserer persönlichen Kraft – unseren angeborenen Fähigkeiten – spielen, dürfen aber nicht mit den »Kraft-Tieren« verwechselt werden. Kraft-Tiere haben eine ganz andere Funktion und einen ganz anderen Sinn, wie ich ausführlich in Kapitel 9 erklären werde. Totems sind »medialen« Sensoren vergleichbar, die uns mit uns selbst in Kontakt bringen und unsere Aspekte widerspiegeln.

Neben den Totems, die normalerweise auf vielen schamanischen Gegenständen hinlänglich dargestellt sind, hatten die Schamanen aber auch noch ihre »Verbündeten«. Verbündete sind aktive Helfer, die bei einer Unternehmung mit dem Schamanen oder der Schamanin kooperieren; mit anderen Worten, sie helfen bei der Arbeit. Und sie können auch Ihnen im Alltagsleben beistehen. Sehen wir also, was es mit diesen Verbündeten auf sich hat.

Ein Verbündeter kann als »Verwandter« in einem anderen Reich oder Existenzbereich – sei es nun im Reich der Tiere, Pflanzen oder Minerale – definiert werden, der in gemeinsamer Bestrebung mit dem Schamanen kooperiert. Wenn wir nun Steine oder Felsen, Pflanzen und Tiere als »Verwandte« betrachten – als Brüder, Schwestern, Cousins und Cousinen, die alle »Kinder« des Großen Geistes sind –, dann können wir nicht länger eine Haltung der Ausbeutung und Beherrschung einnehmen und vertreten. Alles wird dann in einem neuen Licht gesehen, nämlich als ein Ausdruck des Großen Schöpferischen Geistes, nicht anders, als es der Mensch auch ist. Daraus entwickelt sich eine ganz natürliche Beziehung zwischen uns allen. Wir können uns nun gegenseitig unterstützen – Mensch und Tier, Mensch und Baum und Pflanze, Mensch und Felsen und Steine – und damit unsere persönliche evolutionäre, spirituelle Entwicklung fördern.

Wenn wir Hilfe aus einem anderen Existenzbereich anfordern und uns bemühen, sie in unseren eigenen Bereich zu integrieren, so wie das die Schamanen tun, dann stellen wir einen positiven Kontakt her und werden bei gemeinsamen, abenteuerlichen Unternehmungen zu Verbündeten.

Ein männlicher oder weiblicher Schamane hat drei Hauptgruppen von Verbündeten im Reich der Minerale. Diese sind Felsen, Steine und Kristalle, und sie sind Helfer, sowohl was das Wissen wie auch das Heilen betrifft. Im Reich der Pflanzen gibt es bestimmt Bäume, Pflanzen und Kräuter, die helfen, wenn Ausgewogenheit und Harmonie erreicht werden soll. Und im Reich der Tiere gibt es Verbündete, die als Hüter fungieren und zusätzliche Stärke und Kraft beisteuern. Ich will nun auf jedes dieser Reiche und die dort anzutreffenden Verbündeten etwas genauer eingehen.

VERBÜNDETE IM REICH DER MINERALE

Steine sind die ältesten »Verwandten« des Menschen, weil sie schon als Zeugen der Erdgeschichte da waren, lange bevor Menschen und Tiere in Erscheinung traten. Deshalb haben die Indianer »Großvater Fels« ein Wissen um die Vergangenheit und die »Weisheit der Zeitalter« zugeschrieben.

Die meisten von uns wurden zu einem eher logischem als intuitiven Denken erzogen. Unsere Wahrnehmung von der Welt wurde vom wissenschaftlichen Materialismus geprägt und von einer monotheistischen Religion beeinflußt, die Geister entweder als etwas Dämonisches oder aber als abergläubische Phantastereien abtaten. Daher erscheint die Vorstellung, daß ein Stein so behandelt werden sollte, als hätte er ein eigenes Leben, als äußerst merkwürdig oder sogar lächerlich.

Die schamanische Anschauung von der Welt ist da eine ganz andere, denn sie ist holistisch. Alles ist lebendig und erfährt das Leben als das, was es ist – sei es nun ein menschliches, animalisches, pflanzliches oder mineralisches Leben wie das eines Felsens oder Steins. Alles hat ein Bewußtsein von dem, was es ist, auch wenn dieses Bewußtsein dem menschlichen Bewußtsein sehr fern sein mag. Alles verdient mit Achtung und Respekt behandelt zu werden, denn alles Leben ist heilig, das heißt, alles hat einen speziellen

Sinn und eine spezielle Funktion. Hat ein Schamane »Verbündete«, so kann er deren spezifische Kraft – deren »Medizin« – in sein eigenes unbewußtes Potential integrieren und sie sich zunutze machen. Ein Stein-Verbündeter hilft bei der Erkenntnis des unverwirklichten Kraftpotentials des Selbst, das, um zugänglich zu werden, ins Bewußtsein gehoben werden muß.

Schamanen und Schamaninnen haben meist eine ganze Sammlung von Stein-Verbündeten, die für verschiedene Zwecke eingesetzt werden können, wie zum Beispiel bei der Arbeit mit dem Medizinrad, dem Sehen in die Vergangenheit, dem Auffinden von verlorenen oder vergessenen Dingen, auch von verlorenem Wissen und vergessener Weisheit, und beim Heilen. Mancher Stein verfügt vielleicht über eine Qualität, die die Person, als sie ihn fand, erkannte, und die ihn nun behält, bis sie auf eine Person trifft, die diese Qualität braucht. Der Stein wird dann in Liebe und mit dem Wissen um seinen Wert als Helfer an einen Menschen weitergegeben, der das braucht, was der Stein anbieten kann.

Wenn Sie sich länger mit schamanischer Arbeit befassen, werden Sie sich eventuell mal auf einem Spaziergang von einem bestimmten Stein angezogen fühlen, oder es wird Ihnen ein Stein gegeben oder er gelangt auf irgendeine andere Weise in Ihren Besitz. Kann sein, daß Sie zu jenem Zeitpunkt noch nicht wissen, welchem Zweck er dienen kann. Die Erkenntnis kommt dann später.

*

Übung 15
Das Erkennen eines Stein-Verbündeten

Wollen Sie herausfinden, warum ein bestimmter Stein zu Ihnen gekommen ist, dann halten Sie ihn in der linken Hand und legen Sie sich an Ihrem Kraftplatz in der Wohnung nieder. Schließen Sie die Augen und halten Sie den Stein an Ihren Nabel. Dies ist das Zentrum Ihres Energiesystems, von wo aus Sie Kontakt mit allem Existierendem herstellen könne. Fragen Sie dann geistig den Stein, warum er zu Ihnen gekommen ist.

Das Bewußtsein eines Steins ist zwar ein völlig anderes als das unsere, aber Sie können doch mit ihm auf spiritueller Ebene

telepathisch kommunizieren. Vielleicht steigen vor Ihrem geisti-
gem Auge Formen und/oder Farben auf oder auch ein mentales
Bild. Möglicherweise haben Sie auch ein visionäres Erlebnis, das
Ihnen wie ein Traum erscheint. Allerdings kann es auch vorkommen, daß nichts geschieht und Sie die Übung eine Zeitlang öfters
wiederholen müssen. Das Geheimnis liegt darin, daß Sie sich nicht
»bemühen«. Sie liegen einfach entspannt da und »tun« nichts. Es ist
so, als sähen Sie auf die leere Mattscheibe, gleich nachdem Sie den
Fernseher eingeschaltet haben, und warten nun darauf, daß das Bild
erscheint.

---

*

Natürliche Kristalle, vor allem Quarze, haben für Schamanen eine
besondere Bedeutung. Sie bedienen sich ihrer Hilfe als Bindeglieder
zwischen der inneren Welt *des Geistes* und der äußeren Welt
materieller Manifestation. Sie können aber auch als »Brücke«
zwischen Intention und Manifestation fungieren, und reflektieren
so etwas ins Sein, das nur ein Gedanke oder Potential des Schamanen war.

Alles um uns herum kann als eine Art »Reflektor« betrachtet
werden. Auch Menschen, denen wir begegnen, ob wir sie nun
mögen oder nicht, sind gewissermaßen »Spiegel« unseres eigenen
Selbst. Wenn wir sie nicht als solche erkennen, dann weil wir jene
speziellen Fehler und Qualitäten in uns selbst nicht sehen. Kristalle
sind besonders mächtige Reflektoren, weil sie Licht-Träger sind.
Sie nehmen Licht auf, speichern es und leiten es weiter. Die größte
Hilfe, die sie uns geben können, ist die, daß sie uns unser inneres
»Licht« entdecken lassen, das uns mit *dem Licht* verbindet, dem
Urquell von Allem-Was-Ist. Kristalle sind also vor allem Verbün-
dete im Hinblick auf die Selbsttransformation.

Was ist ein Kristall? Er ist ein Mineral in der geometrischen Form
eines Hexagons, das stets an einem Ende, manchmal auch an beiden
Enden, spitz zuläuft. Seine atomaren Bestandteile sind zu sehr
präzisen Mustern geordnet und werden in ihrer Raumverteilung
durch enorme Energien festgehalten. Sie ziehen Schwingungen an
und »magnetisieren« sie. Natürliche Quarzkristalle entstehen aus
einer Verbindung von Silikon und Wasser, die enormer Hitze und

extrem starkem Druck ausgesetzt wurde, und formen sich in Anhäufungen in der Erdkruste.

Ein Kristall bildet ein ziemlich starkes Kraftfeld um sich herum. Zum Beispiel kann ein kleiner Bergkristall von etwa 5 Zentimetern Länge ein Kraftfeld von einem Meter im Durchmesser aufweisen. Je größer und klarer und strahlender der Kristall, desto stärker und ausgedehnter sein Kraftfeld.

Im allgemeinen hebt er die Schwingungsebene von allem, was sich in seiner Nähe befindet. Deshalb fühlen wir uns in der Nähe von Kristallen oft irgendwie beschwingt und energetisiert. Quarzkristalle haben hohe und präzise Schwingungsfrequenzen, die mit den Schwingungen von allem, womit sie in Berührung kommen, harmonieren. Es kann ein Energiestrom in einem Kristall in Gang gesetzt werden, der allein durch die Absicht des menschlichen Willens zu einem bestimmten Ziel gelenkt werden kann. Dies war Bestandteil des geheimen Wissens der Alten. So kann ein Kristall also Schwingungen beeinflussen und einen erwünschten Wandel zur Manifestation bringen.

Des weiteren kann er bei der Meditation, bei der Kontaktaufnahme mit dem verborgenen Selbst und dem Höheren Selbst, zur Energetisierung des physischen Körpers, zur Ausbalancierung der Chakras, zur Entwicklung sogenannter medialer Fähigkeiten und beim Heilen hilfreich eingesetzt werden.

Es gibt viele Arten von Quarzkristallen. Da gibt es klare Kristalle wie den Bergkristall, oder farbige Variationen wie den blauen Quarz, den Rosenquarz, den Rauchquarz, den lilafarbenen Amethyst, den Achat, Onyx, Jaspis und Opal. Jede Farbe und jeder Stein hat seine eigene Schwingungsfrequenz und seine für ihn charakteristischen Kräfte. Ein Amethyst kann zum Beispiel für die Meditation und das Streben nach Erleuchtung benutzt werden, der Rosenquarz zur Verbesserung und Stärkung menschlicher Beziehungen, der Turmalin zur Steigerung des Selbstvertrauens und der Onyx für ein praktisches Wesen.

Da jeder Kristall, bedingt durch Größe, Form und andere Faktoren, eine andere Schwingungsfrequenz aufweist, müssen Sie sicher gehen, daß er nicht nur mit Ihren eigenen Schwingungsfrequenzen harmoniert, sondern auch für die Aufgabe, die Sie ihm zugedacht haben, geeignet ist. Überlegen Sie sich also sehr genau, warum Sie einen bestimmten Kristall wollen und welchem Zweck er dienen soll. Soll er einen Platz in Ihrem Medizinrad einnehmen? Wollen Sie ihn vor allem bei der Meditation verwenden? Ist er für Inspiration und Erleuchtung gedacht? Soll er Ihnen auf der Suche nach neuem Wissen helfen? Denken Sie darüber nach, bevor Sie sich an die Wahl eines Kristalls machen.

DIE WAHL EINES KRISTALLS

Sollten Sie sich vor eine Sammlung von Kristallen gestellt sehen, aus der Sie nun Ihre Wahl treffen können, dann schließen Sie die Augen und bitten Sie um innere Führung. Denken Sie an den Zweck, den der Kristall erfüllen soll. Öffnen Sie dann die Augen und nehmen Sie den ersten Kristall, auf den Ihr Auge gelenkt wird. Er wird fast mit Sicherheit der sein, den Sie in diesem Moment der Entscheidung brauchen.

Während Sie die Augen geschlossen hielten, hat Ihre Intuition den für Sie richtigen Kristall gewählt, bevor der »oberflächlichere« Verstand eine Chance hatte, auf die Situation zu reagieren und nach der äußeren Erscheinung« zu gehen.

Ein Kristall kann auch auf andere Weise zu Ihnen kommen – als Geschenk oder durch eine zufällige Begegnung. Gehen Sie dann nach den Anweisungen in Übung 15 vor und bitten Sie um innere Führung, wie Sie ihn einsetzen sollen.

DIE REINIGUNG EINES KRISTALLS

Bevor Sie einen neu erworbenen Kristall benutzen, muß er von allen negativen Energien und unerwünschten Einflüssen gereinigt werden. Auf seinen Reisen von seinem Ursprungsort ging er sehr wahrscheinlich durch viele Hände. So gleicht er einem Spiegel, dessen Fläche von fettigen Fingerabdrücken, Staub und Schmutz verunreinigt ist. Es gibt viele Reinigungstechniken, die den verschiedensten Traditionen entstammen. Die schamanischen Methoden sind völlig natürlich, und die Reinigung eines Kristalls bildet da keine Ausnahme.

Wasser ist ein universell anerkanntes Reinigungsmittel. Wenn Sie einen Kristall unter kaltem fließendem Wasser waschen, so entfernen Sie auf ganz natürliche Weise unerwünschte Energien und Verschmutzungen. Halten Sie ihn ganz einfach unter den Wasserstrahl eines Kaltwasserhahns oder in das sanft fließende Wasser eines Baches oder Flusses oder in einen Wasserfall. Halten Sie ihn erst mit der Spitze nach oben, dann umgekeht. Seien Sie sich dabei klar in Ihrer Absicht, daß unerwünschte Energien an einen Ort fortgetragen werden, wo sie keinen Schaden anrichten können. Das ist wichtig, da Kristalle auf die Absichten ihrer Benützer reagieren. Lassen Sie dann den Kristall auf einem Platz am Fenster trocknen und dort wenigstens einen Tag und eine Nacht lang liegen. Für die anschließende Räucherprozedur sollten Sie, wenn möglich, eine Zeit des abnehmenden Mondes wählen, am besten in der Phase vor Neumond. Dies ist die wirksamste Zeit für die Vertreibung unerwünschter Einflüsse und Kräfte.

Zum Räuchern entzünden Sie dann ganz einfach Ihre Kräutermischung oder Ihr Räucherbündel und führen den Kristall ein paarmal durch den Rauch. Zum Schluß klären Sie den Kristall noch mit Ihrem Atem. Nehmen Sie ihn in die Hand, holen Sie tief Luft, spitzen Sie die Lippen und lassen Sie den Atem langsam auf die Grundseite des Kristalls ausströmen.

EINSTIMMEN EINES KRISTALLS

Das Einstimmen eines Kristalls bringt ihn in Harmonie mit Ihren eigenen Schwingungsmustern. Dazu halten Sie den Kristall in der rechten Hand mit der Spitze nach oben. Berühren Sie die Spitze mit der Handfläche Ihrer linken Hand. Heben Sie dann die linke Hand sehr sachte an und halten Sie sie in einem Abstand von drei bis fünf Zentimetern darüber. Lassen Sie dann den Kristall langsam im Uhrzeigersinn kreisen, bis Sie einen leichten Widerstand spüren, so wie ein Korkenzieher, der sich festschraubt. Halten Sie inne, wenn sich dieses Gefühl einstellt, denn es zeigt an, daß die Einstimmung beendet ist und der Kristall und Sie sich nun in Übereinstimmung befinden.

PROGRAMMIERUNG EINES KRISTALLS

Ein Kristall reagiert auf die Absicht des menschlichen Willens, und deshalb müssen Sie ihn erst programmieren, damit er nur Ihnen und einigen ausgewählten anderen Personen nützlich ist. Dabei handelt es sich um einen sehr einfachen Instruktionsvorgang. Halten Sie den Kristall nahe an Ihren Mund und sprechen Sie: Ich lasse Liebe in dich einfließen und sie soll nur meinem höchstem Wohl dienen und dem Wohl derer, für die sie eingesetzt wird.«

Halten Sie den Kristall fest in beiden Händen und konzentrieren Sie Ihre Gedanken auf die Aufgaben, die er erfüllen soll. Holen Sie ein paarmal tief Luft, atmen Sie durch den Mund aus, »blasen« Sie dem Kristall Ihre Absicht »ein« und verleihen Sie ihm so die Kraft Ihrer eigenen transformierten »Mana«-Energie.

Um zu überprüfen, ob die Absicht nun auch im Kristall »eingeschlossen« ist, halten Sie ihn an Ihr Ohr. Wenn Sie einen feinen hohen Ton vernehmen, dann hat der Kristall die Botschaft empfangen. Wenn Sie nichts hören, wiederholen Sie die Prozedur.

Kristalle, die für die Meditation benutzt werden, verstärken die Meditationserfahrung und können Ihnen helfen, zu tieferem inneren Frieden und größerem spirituellen Verständnis zu gelangen. Wollen Sie mit einem Kristall meditieren, so halten Sie ihn einfach in der Hand und konzentrieren Ihre Absicht auf ihn. Der Kristall muß von seiner Natur her darauf reagieren und wird es auch, indem er eine der Meditation komplementäre Energie beisteuert. Kristalle, die zum Heilen verwendet werden, bauen Streß und Spannung ab und haben eine wiederbelebende und pulsierende Wirkung.

Ein Kristall sollte, nachdem er benutzt worden ist, stets gereinigt werden, er muß aber nicht wieder programmiert werden.

VERBÜNDETE IM REICH DER PFLANZEN

Nach indianischer Mythologie war das Pflanzenreich das erste Kind, das aus der Vereinigung von Großvater Sonne und Großmutter Erde hervorging. Bäume und Pflanzen wurden als die großen »Spender« auf Erden betrachtet, denn sie absorbieren Kohlendioxyd und Negativität und strömen lebenspendenden Sauerstoff aus, der Tieren und Menschen das Atmen ermöglicht. Sie schenken nicht nur Schönheit und Harmonie, sondern sind auch die Quelle der Kräutermedizin. Und außerdem geben sich Pflanzen ganz und gar, indem sie sich als Nahrung für Tiere und Menschen anbieten. Bäume und Pflanzen sind ebenfalls unsere spirituellen Verwandten und können als Verbündete und besondere Helfer in unser Leben integriert werden, wenn wir sie in liebender Weise um Hilfe bitten. In einem Baum oder einer Pflanze drückt sich das Bewußtsein des Großen Geistes *an einem festem Ort* aus, und da sie verwurzelt und nicht mobil sind, sind sie auch ein Audruck des Ortes, an dem sie wachsen.

Kenntnisse über den physischen Aspekt eines Baumes – seine Biologie, Struktur, seinen Lebenszyklus, seine Umgebung und Eigenschaften – können wir uns relativ leicht aus Büchern aneignen, aber Kenntnisse über seinen spirituellen Aspekt sind nur auf spirituellem Wege zu erlangen. Wenden wir uns also letzterem Aspekt zu.

In alten Zeiten war jeder Baum ein Symbol für die Verbindung zwischen dem Physischen und Zeitbedingten und dem Spirituellen und Ewigen. Seine Wurzeln durchdringen die Dunkelheit der Erde – ein Symbol für die Stofflichkeit –, und seine sich entfaltenden Zweige recken sich zum Himmel und zur Sonne, Symbol für das Licht *des Geistes.* Wenn, wie schon erwähnt, die keltischen Druiden dabei beobachtet werden konnten, wie sie mit den Bäumen sprachen und ihre Götter in Hainen verehrten, dann deshalb, weil sie, wie diese alten Völker überhaupt, die innere Wirklichkeit der Bäume erkannten und aus diesem Grund mit ihnen kommunizieren und eine Arbeitsgemeinschaft eingehen konnten.

Schamanen wissen, daß Bäume, wie wir, einen Geist *(spirit)* haben, eine Intelligenz, deren Existenzerfahrung sich zwar von der unseren erheblich unterscheidet, die aber um nichts weniger real ist. Und da Bäume als Lebensform auf der Erde schon sehr viel länger existieren als die Menschheit, könnten sie durchaus auf ihrem evolutionären Wege viel weiter entwickelt sein als wir Menschen auf dem unseren! Wie dem auch sei, Schamanen wissen, daß Bäume im Einklang mit der Erde schwingen, und assoziieren sie mit Alter und Weisheit.

Der Geist eines Baumes verweilt im Gegensatz zu dem eines Menschen an einem Ort. Wenn er aber mit einem Menschen eine

Partnerschaft eingeht, kann er eine gewisse Mobilität erlangen und so seinen Gewahrseinsbereich erweitern. Dies geschieht, indem er einen Teil von sich aufgibt – einen Zweig vielleicht –, der *den Geist* des Baumes in sich bewahrt. Ein solches Stück von einem Baum wird vom Schamanen als »lebendiges Holz« bezeichnet. Wird ein Baum entwurzelt oder gefällt, dann zieht *der Geist* seine Lebens- oder Vitalkraft zurück. Dies ist auch schon der Fall, wenn etwa ein einzelner Zweig verletzt wird, der dann zu »totem Holz« wird. Lebendiges Holz können wir nur erhalten, wenn wir *den Geist* des Baumes um Erlaubnis bitten. Wird diese Erlaubnis erbeten und auch gewährt, dann bleibt *der Geist* des Baumes im Zweig erhalten.

Das hat wesentliche Implikationen. Bäume können in Teile unterteilt werden, die alle das naturgegebene und angesammelte Wissen des »Elternteils« in sich bergen. Das heißt, ein Stück lebendiges Holz von einem Baum enthält in sich die angesammelte Weisheit *des Baum-Geistes*. Wenn der Schamane oder die Schamanin nun ein Stück lebendigen Holzes zu einem Stab oder Redestab verarbeiten, dann haben sie Zugang zur Weisheit und zum Wissen des Baumes und können partnerschaftlich mit ihm zusammen- arbeiten.

Diese Partnerschaft wird im Grunde zwischen dem Höheren Selbst des menschlichen Wesens und dem Höheren Selbst des Baumes eingegangen, die beide in einer anderen Dimension existie- ren. Auf physischer Ebene »fühlt« sich ein Stück lebendiges Holz anders an als ein Stück totes Holz vom selben Baum. Eben deshalb, weil im lebendigen Holz *der Geist* steckt.

Als die Britischen Inseln und Nordeuropa noch von riesigen Wäldern bedeckt waren, und die Bäume unsere Vorfahren mit so lebensnotwendigen Dingen wie Obdach, Nahrung und Feuerholz versorgten, existierte auch eine schamanische Baumkunde, die Zugang zu einem tiefen Wissensreservoir gewährte und die Scha- manen die »Sprache« der Bäume verstehen ließ.

In dieser Baumkunde waren die Eigenschaften der einzelnen Baumarten und Pflanzen Ausdruck sprituseller Konzeptionen, und machte man sich einen Baum und seinen Geist zum Verbündeten, so konnte man dadurch dessen Qualitäten in sich selbst befördern. Hier folgt eine Aufzählung von einigen wichtigen Bäumen und Pflanzen und den mit ihnen assoziierten Qualitäten:

AHORN:	Enthusiasmus, Freude, Beziehungen
APFELBAUM:	sexuelle Liebe, Heilen, Wissen
BIRKE:	Entschlußkraft, Bewältigung von Problemen
BROMBEERE:	Inspiration, Kreativität, neue Ideen
BUCHE:	Fülle, Überfluß, Wohlbefinden
EBERESCHE:	Scharfblick, Schutz
EFEU:	Zähigkeit, Beharrungsvermögen
EICHE:	Stärke, Sicherheit, Weisheit
ESCHE:	spirituelles Gewahrsein, Intuition
GEISSBLATT:	Wohlstand, Anziehung
HASELNUSS:	magische Fähigkeiten, Weissagung, innere Wahrnehmung
HOLUNDER:	Wahrheit, Beständigkeit, Zeitlosigkeit
KIEFER:	spirituelles Wachstum, emotionale Stärke
MISTEL:	Fruchtbarkeit, Potenz, Kreativität
SCHILFROHR:	Orientierungssinn, Anpassungsfähigkeit
STECHPALME:	Verjüngung, Potenz, beständiges Wachstum

Die Pflanze, auf die wir uns zunächst am bereitwilligsten beziehen können, ist unser Geburtstotem, das heißt, die Pflanze, die mit dem Zeitpunkt unserer Geburt im Jahresrad assoziiert wird. Diese Geburtstotems habe ich in meinem Buch *Earth Medicine (Das Natur-Horoskop)* sehr ausführlich erklärt. Ein Geburtstotem weist entweder ähnliche Qualitäten und Eigenschaften wie unsere Persönlichkeit auf oder aber Merkmale, die wir zur Ausbalancierung und Harmonisierung unserer Persönlichkeit brauchen. Hier sind die Pflanzentotems mit den ihnen zugehörigen Zeiten im Jahr und ihren Hauptmerkmalen beschrieben:

21. März – 19. April	Löwenzahn	Heilen
20. April – 20. Mai	Wiesenklee	Stabilität, Erhaltung
21. Mai – 20. Juni	Königskerze	Vielseitigkeit, Wandlungsfähigkeit
21. Juni – 21. Juli	Rose	Schutz
22. Juli – 22. August	Himbeere	Reinigung
23. August – 21. September	Veilchen	praktisches Wesen
22. September – 22. Oktober	Efeu	Zähigkeit
23. Oktober – 22. November	Distel	Stärke, Ausdauer
23. November – 21. Dezember	Mistel	Erneuerung

22. Dezember – 19. Januar	Brombeere	Transformation
20. Januar – 18. Februar	Farn	Anpassungs-fähigkeit
19. Februar – 20. März	Wegerich	Harmonisierung

Denken Sie daran, daß die »Medizin« die Geist-Kraft einer bestimmten Lebensform ist. Am besten entdecken Sie die Macht und Kraft einer Pflanze, indem Sie sie bitten, Ihnen ihre »Medizin« zu enthüllen! Und das geht so:

----------------------------- * -----------------------------

ÜBUNG 16
DIE »MEDIZIN«-KRAFT EINER PFLANZE
ENTDECKEN

Methode 1

Gehen Sie zu einem Ort, wo diese spezielle Pflanze natürlich wächst, und verbringen Sie dort einige Zeit. Lassen Sie die Pflanze wissen, wie sehr Sie sie schätzen. Sprechen Sie Ihre Gedanken laut aus, oder, wenn Sie das nicht über sich bringen, in Ihrem Innern. Bitten Sie dann die Pflanze, Ihnen etwas von ihrem spirituellem Wesen zu enthüllen. Warten Sie auf eine Antwort. Versuchen Sie dabei geistig offen zu bleiben – gleichsam ein leerer Bildschirm zu sein. Sie werden die Antwort telepathisch in Form eines Bildes oder Gedankens bekommen. Schreiben Sie Ihre Eindrücke auf. Versuchen Sie nicht zu analysieren oder interpretieren, das kommt später in einer Meditationssitzung zu Hause. Fangen Sie einfach nur Ihre Eindrücke ein.

Erklären Sie dann der Pflanze, daß Sie ihre Hilfe brauchen und ein kleines Stückchen von ihr abschneiden wollen. Lassen Sie sich führen, an welcher Stelle das geschehen soll. Schneiden Sie das Stückchen ab und verreiben Sie etwas Spucke auf die Wunde der Pflanze. Dies ist sowohl eine heilende Geste wie auch eine Gabe von Ihnen an die Pflanze. Falls es möglich ist und Sie in den nächsten Minuten voraussichtlich nicht gestört werden, dann legen

Sie sich in der Nähe der Pflanze nieder, entspannen Sie sich und halten Sie das abgeschnittene Stückchen an Ihren Nabel. Schließen Sie die Augen und bitten Sie die Pflanze, Ihnen ihre »Medizin« zu enthüllen.

Schreiben Sie auch jetzt wieder alle Ihre Bilder, Eindrücke oder traumartigen Visionen auf. Sie können diese Übung erweitern, indem Sie die Pflanze fragen, was sie Sie lehren möchte. Und Sie können noch weitergehen und fragen, wie sie Ihnen helfen kann, Ihre Schwächen in Stärken zu verwandeln. Und Sie können sie fragen, welche anderen Pflanzen Ihre Verbündeten werden können. Falls Sie diese Übung nicht in der Nähe der Pflanze ausführen können, dann warten Sie, bis Sie zu Hause sind und Gelegenheit haben, sie am Kraftplatz in ihrer Wohnung zu machen.

Methode 2

Unternehmen Sie einen Spaziergang in bewaldetem Gelände mit der klaren Absicht, daß Sie Ihre schamanischen Interessen verfolgen und sich deshalb besser auf *die Geister* der Natur einstimmen und einen Baum-Helfer gewinnen möchten. Nehmen Sie keine Erwartungshaltung ein und nehmen Sie sich auch nicht vor, sich mit einer ganz bestimmten Baumart zu verbinden. Sie sind einfach sehr empfänglich gestimmt und darauf eingestellt, daß ein Baum Sie »wählt« statt umgekehrt. Versuchen Sie, während Sie nun so dahinwandern, sich der Tatsache gewahr zu sein, daß um Sie herum sowohl eine nichtalltägliche wie auch eine alltägliche Wirklichkeit existiert, wenngleich erstere Ihren physischen Sinnen weitgehend verborgen bleibt. Das heißt, daß Sie sich anderer lebendiger Wesen bewußt sind, jedes von ihnen ein mit Intelligenz begabter Ausdruck des Großen Geistes; jedes erfährt das Leben anders als Sie und ist sich doch seiner Existenz bewußt.

Wandern Sie in die Richtung, in die Sie sich gezogen fühlen. Legen Sie häufig Pausen ein, um die Atmosphäre in sich aufzunehmen. Schauen Sie sich um, beobachten Sie, lauschen Sie. Machen Sie so weiter, bis Sie sich von einem bestimmten Baum angezogen fühlen. Es mag sein Duft sein, der Sie anzieht, oder ein vom Lufthauch bewegter Zweig. Der Baum antwortet auf *den Geist* Ihrer Absicht und macht Sie auf sich aufmerksam. Gehen Sie zu diesem Baum und legen Sie die Arme um ihn. Umarmen Sie ihn. Nehmen Sie eine liebende Haltung ein: Bewundern Sie ihn, sprechen Sie mit ihm, sagen Sie ihm, daß Sie ihm nur Gutes und Wohlbefinden wünschen. Bitten Sie ihn dann um seine Hilfe. Erklären Sie ihm, daß Sie sich wünschen, er möge Ihnen sein wahres Selbst enthüllen.

Damit gehen Sie eine Stufe weiter als in Übung 5, in der Sie lernten, die Aura eines Baumes zu spüren und seine Energie in sich aufzunehmen. Dies hier ist der Versuch, selbst die innere Wirklichkeit eines Baumes zu entdecken – das, was er *ist*, und nicht das, was er *zu sein scheint*. Wenn Sie nun den Baum umarmt halten und Ihre Stirn gegen seinen Stamm lehnen, dann »spricht« er vielleicht mit Ihnen. Wie? Es kann sein, daß Ihnen Worte in den Sinn kommen, während *der Geist* des Baumes mit Ihrem Geist über Ihr »inneres« Ohr kommuniziert. Es kann auch sein, daß er visuell über das »innere« oder dritte Auge (zwischen den Augenbrauen) kommuniziert. Als ich einmal in Schweden diese Methode anwandte, hat mich eine Tanne gelehrt, daß Bäume einen Gesichtskreis von 360 Grad haben, also in alle Richtungen zugleich sehen. Der Gesichtskreis eines Menschen beträgt nur ein Drittel davon.

Versuchen Sie nicht vorher über die Wahrscheinlichkeit nachzudenken, daß ein Baum mit Ihnen kommuniziert. Nehmen Sie einfach eine Haltung gelassener und doch wacher Erwartung ein und seien Sie geduldig. Dann wird es geschehen.

Bitten Sie den Baum, bevor Sie wieder gehen, um ein Stückchen von ihm selbst, das Ihnen bei der schamanischen Arbeit helfen kann. Seien Sie auch hier wieder geduldig und warten Sie auf eine intuitive Eingebung oder einen »Hinweis« anderer Art. Vielleicht haben Sie den Impuls, ein bestimmtes Blatt von einem Zweig zu pflücken, oder einen Zapfen, eine Nuß oder eine Blüte zu nehmen, je nach dem, um was für einen Baum es sich handelt. Vielleicht fühlen Sie sich auch dazu angeleitet, einen kleinen oder sogar einen etwas stärkeren Zweig abzuschneiden. Falls das der Fall sein sollte, dann reiben Sie etwas Spucke auf die Wunde, um sie zu heilen.

Danken Sie dem Baum für das, was er Ihnen gegeben hat, und geben Sie ihm als Geste der Liebe und Zuneigung auch etwas. Sie können etwas Maismehl oder eine Kräutermischung an seinen Wurzeln verstreuen, die Sie in einem kleinen Beutel mitgebracht haben. Sie können sich auch ein paar Haare ausreißen und sie an der Rinde befestigen, oder sich in den Daumen pieksen und ein paar Blutstropfen auf seinen Stamm verreiben. Auch ein bißchen Spucke erfüllt ihren Zweck. Es geht hier nur darum, daß ein Energieaustausch stattfindet.

Bekümmern Sie sich nicht darum, was andere von solchen Aktivitäten halten mögen. Sprechen Sie nicht darüber. Andere Leute glauben vielleicht, daß man mit Bäumen und Pflanzen nicht kommunizieren kann. Sie aber werden *erfahren*, daß sich Bäume und Pflanzen nicht nur ansprechen lassen, sondern auch auf die eine oder andere Weise antworten können.

VERBÜNDETE IM REICH DER TIERE

Nach indianischer Mythologie ist das Reich der Tiere das zweite Kind, das aus der Ehe von Sonne und Erde hervorging. Es umfaßt die zwei- und die vierbeinigen Geschöpfe, die kriechenden, schwimmenden oder fliegenden Geschöpfe und auch mythologische Tiere. Tiere haben ein klares Bewußtsein von ihrer Aufgabe und ihrem Platz im Ganzen, handeln mit instinktiver Klarheit und werden bei der Erfüllung dieses Ziels weder durch den Intellekt noch durch ein Gewissen beeinträchtigt. Tiere können deshalb die Menschen lehren, wie wir wieder ganz und heil (heilig) werden – das heißt, wie wir ein Bewußtsein von unserem Sinn und unserer Aufgabe innerhalb des Ganzen zurückgewinnen können. Sie können unsere Abgetrenntheit aufheben, die uns nicht nur von der Schöpfung isoliert, sondern uns auch zu Feinden der Schöpfung gemacht hat.

Studieren Sie das Verhalten der physischen Ebenbilder Ihres Totems und Kraft-Tiers. Totemtiere sind die Tiere, die mit Ihrem Geburtsort im Jahresrad assoziiert werden. In meinem Buch *Earth Medicine (Das Natur-Horoskop)* finden Sie Ihr Totemtier beschrieben. Kraft-Tieren begegnet man auf schamanischen Reisen, und sie sind Quellen der Geist-Kraft bei der schamanischen Arbeit. Auf sie werde ich in Kapitel 8 eingehen. Totemtiere und Kraft-Tiere sind Verbündete aus dem Reich der Tiere.

Die Beobachtung ihrer physischen Ebenbilder in der freien Natur mag etwas schwierig sein, Sie können aber doch eine Menge über sie in Büchern von Personen herausfinden, die sie sehr genau studiert haben. Machen Sie sich mit der ökologischen Funktion eines Tieres, mit seinem Verhalten und seinen Eigenschaften vertraut und setzen Sie all das mit den menschlichen Bedingungen in Beziehung. Jedes Tier hat eine Spezialität, und die Kenntnis von dieser Spezialität ist bei der schamanischen Arbeit sehr hilfreich, da sie dann bei einer schamanischen Unternehmung gezielt eingesetzt werden kann. Die Spezialitäten der Kraft-Tiere werden ebenfalls in Kapitel 8 besprochen.

Ein Verbündeter aus dem Tierreich hilft dem Schamanen nicht nur, mit Schwierigkeiten und Gefahren im physischen Leben fertigzuwerden, sondern auch seine Lebensaufgabe zu entdecken, was eine spirituelle Angelegenheit ist.

Ein Kraft-Tier ist zudem ein Hüter, der sich um die Interessen und die Sicherheit der mit ihm verbundenen Person bekümmert, und es ist ein Mittler. Bei der schamanischen Arbeit wird nicht die eigene Kraft eingesetzt. Das wäre sehr erschöpfend und unter bestimmten Umständen sogar gefährlich. Es wird immer die Kraft einer unerschöpflichen Quelle eingesetzt, und dabei spielt das Kraft-Tier eine Rolle. Es leitet die Energie aus einer Kraftquelle dorthin, wo sie benötigt wird, unabhängig von Zeit oder räumlicher Entfernung. Diese Energieübertragung wird nicht auf physischer, sondern auf spiritueller Ebene ausgeführt. Sie wirkt zunächst über die Kontrollzentren oder Chakras auf den ätherischen Körper oder Energie-Körper ein, und kommt dann dem physischen Körper zugute.

Zwei wichtige Faktoren müssen hier betont werden. Erstens: Ein individuelles, auf der Erde existierendes Tier – sei es ein Bär, ein Adler, ein Dachs, ein Lachs oder was auch immer – ist nur eine äußere Form *des Geistes* dieser ganzen Spezies. Ebenso ist ein Totemtier oder ein Kraft-Tier nicht der Ausdruck eines individuellen Tieres, sondern Ausdruck *des Geistes* dieser Spezies, und verfügt damit über große Macht und Kraft. Zweitens: Sie machen sich nicht auf und wählen sich einen Helfer aus dem Reich der Tiere aus. Er wählt Sie aus.

Wie kommuniziert ein solcher Helfer aus dem Tierreich mit Ihnen? Durch Bilder während einer schamanischen Reise und durch inneres Hören und Beobachten. Denken Sie daran: Der

Schlüssel zu schamanischer Erfahrung liegt einfach im Loslassen und im Schauen und Hören.

Wie können uns Helfer aus dem Tierreich beistehen? Indem sie unsere physische Energie steigern, indem sie uns Zugang zu einem Reservoir an psychischer Energie gewähren, indem sie unseren Widerstand gegen ansteckende Krankheiten erhöhen, indem sie unsere mentale Wachsamkeit schärfen, indem sie unser Vertrauen und unsere Zuversicht stärken und indem sie in uns die Fähigkeit zu heilen und zu harmonisieren befördern.

7.

Die schamanische Reise

Die schamanische Reise ist eine Technik, mit deren Hilfe wir Erfahrungen in Dimensionen des Inneren Raums jenseits der fünf physischen Sinne machen können. Dabei agiert das Bewußtsein auf Wahrnehmungsebenen, die sich von der alltäglichen Ebene physischer Existenz unterscheiden. Präziser ausgedrückt geht es hier nicht um ein Durchreisen räumlicher Entfernungen, sondern um einen Wechsel der Frequenzen, der dem Bewußtsein Zugang zu Erfahrungen in den nichtalltäglichen Wirklichkeiten verschafft. Es handelt sich um eine visionäre Erfahrung, durch die wir zu persönlicher Ermächtigung und Befähigung gelangen, neue Einsichten und Wissen gewinnen und Hilfe bei ganz praktischen Problemen des Alltagslebens bekommen können. Eine solche schamanische Erfahrung wirkt sich daher auf alle Lebensaspekte günstig aus.

Während dieser visionären Reise ruht der physische Körper (ganz ähnlich wie im Schlaf), während das Bewußtsein *(des Geistes)* in eine innere Dimension der Existenz »reist.« So werden schamanische Reisen manchmal auch als Seelenreisen bezeichnet, da die Seele das Vehikel des Geistes ist.

Diese Reisen werden im veränderten Bewußtseinszustand unternommen. Was normalerweise aufgrund der Begrenztheit unserer physischen Sinne nicht gesehen und gehört werden kann, wird hier über die aktivierten »inneren« Sinne wahrgenommen. Der Frequenzbereich, innerhalb dessen unsere physischen Sinne agieren, ist relativ beschränkt, und deshalb sind auf dieser Ebene unseren Beobachtungen und Wahrnehmungen Grenzen gesetzt. Wir können das mit einen Radio vergleichen, das nur die Frequenzen der Mittelwellensender empfangen kann. Die Programme der Kurz- oder Langwellensender können wir dann nicht hören, auch wenn sich diese Sender in unserer unmittelbaren geographischen Nähe befinden sollten.

Bei einer Geist- oder Seelenreise schalten wir unsere Hirnströme von der »Alltagsfrequenz« auf eine andere Frequenz um. Dies führt zu einer Gewahrseinsveränderung und einem schamanischen Bewußtseinszustand, der kein hypnotischer Zustand ist, denn wir behalten zu jeder Zeit die volle Kontrolle über unseren Willen und unser Handeln; es gibt keinen Einfluß und keine Kontrolle von außen. Manche beschreiben diesen schamanischen Bewußtseinszustand als Trance, doch meinem Verständnis nach ist er nicht einmal das, denn weder ist die Empfindungsfähigkeit noch das Gewahrsein herabgesetzt oder ausgeschaltet. Ganz im Gegenteil ist die Empfindungsfähigkeit erhöht und das Bewußtsein erweitert. Es handelt sich um einen transzendenten Gewahrseinszustand, der sich mit einem Wachtraum vergleichen läßt, nur daß wir dabei ganz und gar die Kontrolle behalten. Dieser Zustand wird durch die Entspannung des physischen Körpers und eine Verlangsamung der mentalen Aktivitäten und der Aktionsströme im Gehirn erreicht.

Die medizinische Forschung hat auf der Grundlage der Pionierarbeit des deutschen Psychiaters Hans Berger in den 20er Jahren dieses Jahrhunderts und des Nobelpreisträgers Edgar Adrian, einem britischem Elektrophysiologen, in den 30er Jahren festgestellt, daß das Gehirn ständig durch die Gehirnzellen pulsierende Hirnströme erzeugt. Sie können mit Hilfe eines Elektroenzephalogramms (EEG) gemessen und aufgezeichnet werden, und das sich daraus ergebene Muster nennt man Hirnstromkurve. Die vier am häufigsten auftretenden Schwingungsrhythmen wurden nach Buchstaben des griechischen Alphabets benannt. Wenn wir uns nun mit diesen vier verschiedenen Schwingungen genauer befassen, dann verstehen wir, daß eine schamanische Reise nichts mit dem sogenannten »Übernatürlichen« oder mit Okkultismus zu tun hat, sondern ganz einfach mit normalen Gehirnfunktionen.

Das Gehirn agiert, wenn wir uns in einem sehr wachen und aufmerksamen Zustand befinden, auf der Ebene der sogenannten *Betawellen*, einem ziemlich raschen Schwingungsrythmus. Dieser Betazustand ist der Zustand unseres normalen Alltagsbewußtseins, in dem wir normalerweise etwa achtzehn Atemzüge in der Minute machen.

In sehr entspanntem Zustand oder leichtem Schlaf »verlangsamt« sich die Gehirnaktivität beträchtlich, und wir machen ungefähr noch zehn Atemzüge in der Minute. Dies ist die Ebene der *Alphawellen*.

Verlangsamt sich die Gehirnaktivität noch weiter, dann gelangen wir in den Bereich der sogenannten *Thetawellen*. In diesem Zustand machen wir ungefähr vier Atemzüge in der Minute – die Anzahl von Atemzügen bei der schamanischen Atemtechnik, die Sie in Übung 8 erlernt haben. Die Thetaebene der Gehirnaktivität ist eine Stufe über der Ebene des Unbewußten angesiedelt. Hier werden Visionen und mystische Erfahrungen in erhöhtem Maße möglich. Es ist eine Ebene schamanischen Bewußtseins, des Zugangs zu tieferen Regionen des Unterbewußten und der »Verbundenheit« mit allen Dingen. Erreichen Sie die Thetaebene auf schamanischem Wege, dann können Sie sie auch aufrechterhalten und dabei völlig wach bleiben.

Im Zustand der Bewußtlosigkeit, des Tiefschlafs oder der Narkose agiert das Gehirn auf der Ebene der noch langsameren *Deltawellen*. Hier machen Sie nur noch einen oder vielleicht zwei Atemzüge in der Minute. Es ist ziemlich schwierig, diesen Zustand zu erreichen und dabei wach zu bleiben. Manche sehr erfahrene Schamanen sind dazu imstande, aber es erfordert ein langes Training – ein Thema, das den Rahmen dieses Buches übersteigt. Einige wenige Schamanen, die man in einigen Traditionen als »Meister« bezeichnen würde, arbeiten derart gut auf der Deltaebene, daß sie sogar die Molekularstruktur ihres physischen Körpers an einen anderen Ort transportieren und so vor anderen Personen physisch in Erscheinung treten können. Jesus von Nazareth war dazu imstande, denn er war ein Meisterschamane!

Wir aber befassen uns hier mit der Thetaebene und der etwas weniger tiefen Alphaebene, um Zugang zu den Anderwelten der Schamanen zu gewinnen. Die Landschaften dieser Anderwelten weisen Ähnlichkeiten mit der uns vertrauten physischen Welt auf – es gibt Berge und Täler, Bäume und Blumen, Flüsse, Ströme und Seen, ja sogar Ozeane –, was uns ein Gefühl von Vertrautheit und Sicherheit vermittelt. Doch die physischen Gesetze der Alltagsrealität gelten hier nicht. Wie auch im Traum können Sie hier den Gesetzen der Schwerkraft trotzen. Sie können fliegen! Raum und Entfernung sind kein Problem, denn Sie reisen nicht nur schneller als der Schall, Sie reisen schneller als das Licht! Sie können schwimmen wie ein Olympiarekordler, ohne lästige Taucherausrüstung in große Tiefen tauchen, hohe Berge erklimmen und Dinge tun, die die Fähigkeiten der größten Stuntmen übersteigen, und Sie können sogar die Zeit ausdehnen oder zusammenziehen.

Was Sie hier als visionäre Anderwelt beobachten und erleben, ist ebenso real und intensiv erfahrbar wie die gewöhnlichen Alltagswirklichkeit. Vielleicht sogar in einem noch stärkeren Maße, denn alles, was Sie sehen und hören, ist mit Bedeutung besetzt. Alles, was geschieht, hat Bedeutung – auch wenn sie zum gegebenen Zeitpunkt nicht immer ganz verstanden werden mag. Sogar die Richtung, aus der die Dinge kommen und in die sie verschwinden, hat in diesen Anderwelterfahrungen einen tieferen Sinn und Grund.

Es gibt eine Form imaginativer Meditation oder gelenkter Phantasie, die zuweilen mit dem schamanischen Reisen verwechselt wird. Der Unterschied besteht darin, daß die schamanische Reise ohne vorherige Vorstellung davon, was wir sehen und erleben möchten, unternommen wird. Bei einer gelenkten Phantasie oder »Wegbahnung« wird Ihnen ein Grundrahmen geliefert, den Sie dann mit Ihrer Imagination in bestimmten Details nur noch ausfüllen. Ihre Erfahrung ist somit vorstrukturiert, das heißt, sie wird beschränkt und konditioniert. Bei der schamanischen Reise werden Ihnen nur Hilfsmittel zu Entspannung an die Hand gegeben, damit Sie den Alphazustand erreichen, also ganz locker und wach sein können. Richtig ist, daß in beiden Fällen mit Imagination gearbeitet wird. Bei der schamanischen Reise dient die Imagination als Impetus, der sie in Gang setzt, sie ist quasi der Zündschlüssel, mit dem Sie den Wagen anlassen, aber sie ist nicht der Weg.

Definieren wir den Begriff der Imagination. Dem Lexikon zufolge verstehen wir unter Imagination die Fähigkeit, sich geistige Bilder von äußerlichen Gegenständen zu erschaffen. Mit anderen Worten, Imagination ist die Fähigkeit, »Bilder« zum Leben zu erwecken – Bilder im Geist entstehen und »lebendig« werden zu lassen.

Imagination unterscheidet sich von der Visualisation. Letztere ist eine Technik, die sich willentlich der Imagination bedient, um erwünschte Bilder im Geiste zu erschaffen. Bei der Visualisation versuchen wir ganz bewußt, uns auf die Ausformung eines bestimmten, klaren, mentalen Bildes zu konzentrieren, wohingegen die Imagination nicht nur lebhafte mentale Bilder hervorruft, sondern auch die Sinne anregt – den Gehör-, Tast- und Gesichtssinn, manchmal sogar auch den Geruchs- und Geschmackssinn. Bei der Visualisation projizieren wir gemäß des Willens und Wunsches unseres menschlichen Selbst ein Bild auf die Leinwand des Geistes. Bei der Imagination tritt das menschliche Selbst beiseite und läßt über das verborgene Selbst Bilder im Bewußtsein aufsteigen.

Die Imagination verlangt eine losgelöste Haltung. Die argumentativen Fähigkeiten des logischen Verstandes, die auf der Grundlage einprogammierter Überzeugungen von sich weisen, was in der physischen Realität als »nicht möglich« erachtet wird, müssen »beiseite« gelassen werden. Sie brauchen nur zu beobachten und zu hören und auf das zu reagieren, was Sie sehen und hören. Darin liegt das Geheimnis des schamanischen Reisens – Sie »bemühen« sich nicht, strengen sich nicht an, und Sie nähren auch keine vorgefaßten Ideen. Es geht nur ums Beobachten, Hören und Reagieren. Deshalb ist die Entspannung eine so wichtige Vorbedingung: ein sanftes Sich-Ausklinken aus der Alltagsrealität und ein Sich-Einstimmen in das unterbewußte Gewahrsein; so als betätigten Sie den Dimmer eines Lichtschalters zur sanften Regulierung der Helligkeit. Dann kann die Imginationsfähigkeit besser aktiviert und ein klareres, mentales Bild geschaffen werden, um eine Verbindung zwischen dem Physischen und Spirituellen herzustellen und als Abschußrampe für die Reise zu dienen. Nur zu Beginn der Reise wird die Imagination in dieser Weise eingesetzt.

Imagination ist mehr als eine Gehirnaktivität oder ein Geisteszustand. Sie ist eine sehr mächtige Energie, die alles und jedes möglich macht, weil sie über das Konkrete und Physische hinausreicht. Was immer in Ihrem Leben zur physischen Existenz gebracht wurde, hat vorher in der Imagination existiert. Tatsächlich wurde Ihr Leben nur durch die Grenzen Ihrer Imaginationsfähigkeit beschränkt! Erweitern Sie diese Grenzen, und es stehen Ihnen mehr Möglichkeiten zur Verfügung, denn mit dem Training Ihrer Imaginationsfähigkeit entwickeln Sie gleichzeitig die Fähigkeit, etwas zu erreichen. Was einst Ihre Möglichkeiten überstieg, gelangt nun in Reichweite. Als Kind haben Sie Ihre Imaginationsfähigkeit effizienter eingesetzt, aber dann wurde diese Gabe durch Ihre Erziehung, durch Ihre soziale Konditionierung in der Pubertät und schließlich durch die Einstellung eines Erwachsenen aus Ihnen herausprogrammiert. Sie müssen diese Gabe, die Sie als Kind besaßen, wieder zurückgewinnen und kultivieren, wenn Sie Zugang zu den Anderwelten erhalten wollen.

Zur Vorbereitung auf die schamanische Reise wird die Imagination aktiviert, indem Sie in sich ein klares, mentales Bild von einem idyllischen Ort in der Natur erschaffen. An diesem Ort muß es entweder ein Loch geben, das in die Erde hineinführt (falls es sich um eine Reise in die Untere Welt handeln soll), oder einen Aufgang zu einem höher gelegenem Punkt (soll die Reise in die Obere Welt gehen). Normalerweise ist die Wirkung besser, wenn Sie diesen Ort aus Ihrem normalen Alltagsbewußtsein kennen, wenn er tatsächlich physisch existiert. Für diesen Zweck der schamanischen Reise rufen Sie sich diesen Ort nur einfach in Erinnerung und visualisieren ihn dann so detailliert wir möglich.

Diese Art der Vorbereitung hat einen Grund. Die Hauptebenen oder »Welten« sind über eine Achse oder eine »Röhre« miteinander verbunden. Dies ist der »Stamm« des mythologischen Weltenbaumes, der die Mittlere Welt der physischen Existenz mit der Oberen Welt (seine Zweige) und der Unteren Welt (seine Wurzeln) verbindet. Der Zugang zu diesem »Stamm« oder Tunnel befindet sich in der nichtalltäglichen Region der physischen Wirklichkeit der Mittleren Welt. Aus diesem Grund konnten ihn nur die Eingeweihten finden! Dieser Eingang kann sich fast überall auf der Erde befinden, doch Zugang zu ihm finden Sie nur in einer inneren Wirklichkeit jenseits der physischen Realität – durch die Imagination!

Das schamanische Reisen ist etwas anderes als die sogenannte »Astralprojektion«, bei der Sie das Bewußtsein aus dem physischen Körper hinausprojizieren und Erfahrungen auf der sogenannten »Astralebene« machen. Das Wort »astral« leitet sich vom lateinischen Wort für »Stern« ab und soll eine ätherähnliche »Substanz« beschreiben, die in ihrer Feinstofflichkeit mit dem schwachen Sternenlicht – im Gegensatz zum sanften Mondlicht und hellen Sonnenlicht – verglichen wurde. Die Dimension der Astralebene liegt der Dimension der physischen Existenzebene am nächsten. In ihr können wir uns unter Umständen mit einigen Schwierigkeiten konfrontiert sehen, da sich die Astral-»Substanz« in ihrer Erscheinung ständig verändert, und das Astrale ein Sammelplatz für eine Menge negativer Energien und böswilliger Gedankenformen sowie

DIE VIER WELTEN

--   Bewußtseins-
                                                      ebenen

                                                          |
                                                          ↓

        DIE OBERE WELT
   (Nichtalltägliche Wirklichkeit)   Überunbewußt
     Wissen, Führung, Weisheit

        DIE MITTLERE WELT
     (Alltägliche Wirklichkeit)   Bewußt
           Erfahrung

        DIE UNTERE WELT
   (Nichtalltägliche Wirklichkeit)   Unterbewußt
     Ermächtigung/Befähigung

        DIE UNTERWELT
           Potential   Unbewußt

Abb. 15 Die vier »Welten«

für astrale Wesenheiten ist, die, aus welchen Gründen auch immer, in unmittelbarer Nähe zur physischen Ebene festgehalten werden.

Bei der schamanischen Reise geleitet der »Tunnel« oder die Himmelsröhre – ein innerer Energiestrudel – das Bewußtsein sicher durch die Astralebene, ähnlich wie die U-Bahn in großen Städten die Reisenden sicher und schnell an ihr Ziel bringt und sie nicht dem hinderlichen Gewimmel von Menschenmassen und geschäftigem Verkehr auf den Straßen aussetzt.

Bevor ich nun die Grundtechnik des schamanischen Reisens erläutere, möchte ich noch einmal kurz auf die schamanische Kosmologie zurückkommen, denn es ist wichtig, daß Sie die richtige Orientierung haben.

In ihrem Verständnis vom Kosmos gehen die Schamanen der nordischen wie auch einiger anderer kultureller Traditionen von vier Hauptebenen aus. Die uns vertraute physische Wirklichkeit kann als die »mittlere« Ebene angesehen werden. Sie ist das Reich des materiellen und umweltbedingten Raums und der physischen Erscheinung. »Unter der Oberfläche« dieser mittleren »Welt« befindet sich ein Reich der unterbewußten Aktivität, das manchmal die »Untere Welt« genannt wird. Es ist das Reich unterbewußter Dynamik und kann auch als »Ort der Ursächlichkeit« bezeichnet werden. Es ist der Ort, wo unsere innere Dynamik die Energien zur Manifestation in der »Welt« der physischen Erscheinungen bringt. Dort können wir Befähigung und Ermächtigung erlangen. Die Untere Welt überschneidet sich mit einem Reich der unbewußten Aktivität, das manchmal die »Unterwelt« oder der »Ort des Potentiellen« genannt wird. Über der Mittleren Welt befindet sich ein Reich des höheren Bewußtseins, das die Schamanen die »Obere Welt« nennen. Es ist der »Ort der Inspiration«, ein Reich der Kreativität, großer Schönheit und nobler Ideale.

Im durch das schamanische Trommeln herbeigeführten veränderten Bewußtseinszustand können spirituelle Dimensionen der Existenz wahrgenommen und erfahren, kann mit anderen Lebensformen kommuniziert werden, weil wir in diesem Zustand von der Energie der Lebens-Kraft, die sich in allen lebendigen Dingen findet, getragen werden. Ihre Möglichkeiten und Qualitäten manifestieren sich in Bildern von traumähnlichem Charakter.

Zur Unteren Welt gelangen wir durch einen Tunnel, der im Grunde eine Öffnung in einem Energiewirbel innerhalb unseres eigenen Energiesystems ist. Er verbindet das physische Reich alltäglicher Existenz mit einer inneren Dimension, deren Schwingungsfrequenz sich von der der physischen Ebene unterscheidet. Zur Oberen Welt gelangen wir durch einen visionären Aufstieg und die Transportierung durch einen feinen Schleier oder eine unsichtbare »Röhre über den Wolken«.

Das »Vehikel« dieser Reise in die Anderwelten ist der Klang der schamanischen Trommel. Ein regelmäßiger, monotoner Rhythmus transportiert das Bewußtsein auf sichere Weise aus der Realität weltlicher, physischer Existenz in das Reich *des Geistes* und wieder zurück.

Die Trommel selbst ist sehr viel mehr als nur ein Klangkörper. Sie symbolisiert alle »Welten«, da ihr Rahmen aus einem Stück von einem Baumstamm hergestellt wurde – eine Erinnerung an den Weltenbaum. Sie ist rund, was auf die Gesamtheit der Existenz verweist, innerhalb derer alle »Welten« erfahren werden können, und in der jedes Wesen nur ein Aspekt des Ganzen darstellt. Ihr Rhythmus ist der Klang dieser Gesamtheit, der alles aus dem »Nichts«, das heißt dem Potential an Existenz, ins Sein rufen kann.

Manche Trommeln sind an ihrer Unterseite mit Lederschnüren bespannt, damit der Trommler einen Halt findet. Diese sind oft zu einem Rad mit acht Speichen angeordnet – die kardinalen und nichtkardinalen Richtungen, die acht Speichen des Medizinrads und die acht »Beine« des mythischen Pferdes Sleipnir, das den nordischen Schamanen-»Gott« Odin in die Anderwelt trug, die acht Beine der Spinne in einem Netz und so weiter – mit einem Griff an ihrem Kreuzpunkt in der Mitte.

Es ist also der Trommelschlag, der den schamanischen Reisenden mit seinem Klang dahinträgt. Sein regelmäßiger, monotoner Rhythmus ist wie der Herzschlag und kann als der »Herzschlag des Universums« bezeichnet werden. Er vermittelt ein Gefühl dringlicher Bewegung, die das Bewußtsein mit sich fortträgt, vorausgesetzt, es befindet sich in einem entspannten Zustand. Dieser regelmäßige, beständige Rhythmus und Klang des schamanischen Trommelns wird vom Ohr zum Gehirn transportiert. Das Gehirn nimmt eine Anpassung vor und operiert dann auf derselben

Schwingfrequenz, schaltet dabei auf tiefere Aspekte des Geistes um und gewährt so Zugang zu den unterbewußten und auch überbewußten Ebenen, während Sie bewußt, wach und aufmerksam bleiben. In dieser Weise können innere Dimensionen der spirituellen Wirklichkeit wahrgenommen und erfahren werden, ein Seinszustand, in den Schamanen und Mystiker beiderlei Geschlechts zu allen Zeiten eingetreten sind.

Sie können, um diesen schamanischen Bewußtseinszustand zu erreichen, entsprechende Tonbandkassetten und ein Tonbandgerät mit Kopfhörer verwenden. Dies hat praktische Vorteile, da Sie dann keine im schamanischem Trommeln erfahrene Person brauchen und stören.

Ich habe eine solche Tonbandkassette im Studio aufgenommen, die den Herzschlag mit einer Vielfalt an Trommeln und Rasseln auf einzigartige Weise kombiniert und eine Frequenzbandbreite aufweist, die anscheinend bei den meisten Leute funktioniert. Diese Tonbandkassette mit dem Titel *Shamanic Experience* wurde mit bemerkenswertem Erfolg in Workshops sowohl mit Neulingen als auch erfahrenen »Reisenden« getestet, und sie kann bei mir direkt bestellt oder in führenden New-Age-Läden erworben werden. Sie hat auch den Vorteil, daß dem Trommeln, das Sie in die tieferen unterbewußten Gewahrseinsebenen trägt, zunächst eine wichtige Entspannungsvorbereitung vorangeht.

So wird der Wechsel von der physischen zur spirituellen Wirklichkeit mühelos vollzogen. Sie brauchen kein langes und mühseliges Training durchzumachen, Sie müssen sich nicht einmal »bemühen«. Sie brauchen sich nur zu entspannen und dem Trommeln zu überlassen – Sie lassen einfach los und lassen es geschehen. Manche Menschen erleben eine sanfte Aufwärts- oder Abwärtsbewegung, gleichsam wie in einem Lift, oder eine leicht schaukelnde Bewegung wie bei einer Zugfahrt. Der Grund dafür ist ein Energiefluß, der sowohl in die physische Dimension hinein- als auch aus ihr herausführt. Manche Menschen erleben sanfte Drehbewegungen während der Tunnelreise, weil dieser Wirbelkanal an sich eine Spirale ist.

Ihr Loslassen versetzt Sie nicht in einen hypnotischen Zustand und unterwirft Sie auch nicht der Kontrolle oder dem Einfluß einer anderen Person. Sie sind völlig wach und behalten stets die

Kontrolle. Sie entscheiden über Ihre Handlungen und Reaktionen und können die Erfahrung beenden, wann immer Sie wollen. Sie müssen nur wachsam bleiben, beobachten, hören – ganz ähnlich, wie wenn Sie sich einen Film im Fersehen oder Kino ansehen. Während der schamanischen Reise sind die physischen Augen allerdings bedeckt, um sie vor äußerem Licht zu schützen und Ablenkungen auszublenden. Was Sie sehen, sehen Sie mit dem inneren Auge, und was Sie hören, hören Sie mit dem inneren Ohr.

Eine solche Reise ist ein ersthaftes Unterfangen und sollte nicht leichtfertig unternommen werden. Ein Schamane oder eine Schamanin unternehmen eine solche Reise immer mit einer ganz klaren Absicht. Es ist ratsam, beim ersten Mal die Erfahrung nur auf das Erleben des Tunnels und die Beobachtung der Landschaft am anderen Ende zu beschränken. Wenn Sie das erreicht haben, können Sie Ihre Mission ausdehnen und nach etwas Interessantem Ausschau halten, das Sie »zurückbringen« können.

Das »Zurückbringen« von etwas, das Sie auf einer schamanischen Reise gesehen haben, bedeutet den Versuch, in der physischen Wirklichkeit etwas zu etablieren, das in der nichtalltäglichen Wirklichkeit existierte. Sie fangen eine Vision ein, indem Sie sie zeichnen oder auf andere Weise zur Darstellung bringen oder einen gleich aussehenden Gegenstand erwerben. Mit dieser Methode »erden« Sie die Vision, um ihren Sinn, ihre Bedeutung und ihren Stellenwert in Ihrem Leben zu verstehen. Lassen Sie mich hier ein Beispiel anführen.

Vor einigen Jahren war ich auf einer meiner ersten schamanischen Reisen von einem Gegenstand fasziniert, der ein Anhänger oder Talisman mit einem Edelstein in der Mitte zu sein schien. Als ich später meinem Mentor davon berichtete, bat er mich, eine Zeichnung und eine Nachbildung davon anzufertigen. Nur so würde mir seine Bedeutung klar werden. Dieser Gegenstand war offensichtlich aus einem harten Material angefertigt und irgendwie mehrfach beschichtet, was einer der Gründe war, warum er mir unter all den anderen Gegenständen, die sich ebenfalls dort fanden, besonders auffiel.

Einige Tage später betrat ich in London einen Laden mit einer reichhaltigen Auswahl an Halbedelsteinen. Ich suchte nach einem Edelstein, der so ähnlich aussah wie der, den ich auf meiner visionären Reise gesehen hatte, und stieß auf eine Ansammlung von bemalten Austernschalen. Als ich sie mir genauer ansah, fiel mir auf, daß Austernschalen ja an sich aus vielen dünnen Schichten bestehen. Der Talisman, den ich gesehen hatte, war eine Austernschale! Ich kaufte eine unbemalte Austernschale und bemalte sie mit dem Muster, wie ich es auf dem Talisman gesehen hatte. Und in ihre Mitte klebte ich einen Achat, der dem Edelstein in meiner Vision entsprach. Zu diesem Zeitpunkt wußte ich noch nichts von Runen, aber später entdeckte ich, daß es sich bei meinem Muster um eine Binderune handelte – eine Kombination von mehreren Runen –, die in diesem Fall neun Runen zu einem einzigen Muster verwob, das seinerseits von einem achtspeichigen Rad umschlossen war. Dieses Gesamtmuster auf einem mehrschichtigen Untergrund gewann so eine vielfältige symbolische Bedeutung.

Auf der Suche nach der möglichen Bedeutung meines Talismanmusters zog ich so viele Bücher über Runen zu Rate, wie ich nur auftreiben konnte, und endete schließlich mit einer »Botschaft«, die mehrere Manuskriptseiten lang war. Dies brachte mich auch zu einer eingehenderen Beschäftigung mit der Bedeutung des achtspeichigen Rads, was mich schließlich zur Erforschung des Medizinrads führte und in Kontakt mit einem indianischen Schamanen brachte, der mich einige der Grundkonzeptionen dieses schamanischen Hilfsmittels lehrte. Später wurde mir das Privileg zuteil, von einer Runenmeisterin der nordischen Tradition persönlich in die Bedeutung der Runen eingeweiht zu werden, was mein Verständnis, das ich bislang aus Büchern gewonnen hatte, erheblich vertiefte. Zwei Jahre später traf ich dann auf einer Reise in Skandinavien einen schwedischen Schamanen, der mich in das schamanische Verständnis der Runen einführte. All das war das Resultat einer Begebenheit auf einer einzigen schamanischen Reise!

Bei anderen Anlässen habe ich von solchen Reisen eine Feder, einen Pinienzapfen, einen Kaktus, eine Blume, einen Zweig, einen Stein und andere Dinge aus der Natur »zurückgebracht«. In jedem Fall führte das Aufspüren eines ähnlichen Gegenstandes in der physischen Realität nicht nur dazu, daß ich seine persönliche Bedeutung für mich verstand, sondern auch zu nachfolgenden Ereignissen in meinem Leben, die diese Bedeutung auf ganz praktischer Ebene umsetzen.

Reisen, die ein spezifisches Ziel verfolgen, Ziele wie der Mut, sich einer bestimmten Situation zu stellen, die Energie, zur Bewältigung einer bestimmten Aufgabe, die Weisheit im Umgang mit einem schwierigen Problem, die Entschlußkraft, um ein erwünschtes Ziel zu erreichen, die Entdeckung eines verborgenen Potentials oder Talents, die Heilung einer persönlichen Beziehung oder sogar einer physischen Krankheit, sollten am besten erst dann unternommen werden, wenn Sie mit dieser Erfahrung und diesem Territorium vertrauter geworden sind. Es ist sehr wichtig, daß Sie sich, bevor Sie sich zu einer »Reise« aufmachen, äußerst sorgfältig überlegen, was Sie mit dieser Erfahrung erreichen wollen. Allgemein läßt sich sagen, daß die Reise, sollte ihr Ziel Befähigung sein – zum Beispiel die Fähigkeit, eine bestimmte Aufgabe auszuführen, oder die Entwicklung einer Eigenschaft oder Qualität oder der Umgang mit einer Schwäche und so weiter –, in die Untere Welt gehen sollte, wo diese Befähigung auf der unterbewußten und unbewußten Ebene erlangt werden kann. Streben Sie aber nach Wissen oder Führung im Zusammenhang mit einem bestimmten Problem oder wollen Sie Kreativität entwickeln, dann sollte die Reise in die Obere Welt unternommen werden, um einen Lehrer oder Führer zu treffen, mit dem das Problem auf überbewußter Ebene besprochen werden kann.

Klären Sie Ihr Ziel und Ihre Absicht, indem Sie sie aufschreiben. Es sollte dabei um eine einzige Sache gehen, nicht um ein Mischmasch von mehreren Angelegenheiten; bei der schamanischen Arbeit müssen Sie sich jeweils immer auf eine Sache konzentrieren. Fassen Sie Ihre Gedanken in Worte und vereinfachen Sie dann das, was Sie aufgeschrieben haben, bis sich der Inhalt in einem einzigen Satz zusammenfassen läßt. Etwa so:

»Ich begebe mich auf eine schamanische Reise in die Untere Welt, um die Kraft zu mehr Zuversicht (oder mehr Direktheit, Ausdauer, Geduld, Fürsorglichkeit, Zufriedenheit – oder was immer Sie wollen) zu erhalten.« Oder vielleicht: »Ich begebe mich auf eine Reise in die Obere Welt, um den Rat meines Lehrers (oder Anweisung, Führung) zu... (formulieren Sie das Problem) zu erhalten.« Oder einfach:

»Ich begebe mich auf eine schamanische Reise in die Obere Welt, um Wissen zu erhalten über...«

Ihre Absicht sollte geistig oder laut ausgesprochen werden, während Sie sich vor Beginn des Trommelns entspannen.

Sehen wir uns nun die Technik zum Eintritt in einen veränderten Bewußtseinszustand und zur Erfahrung einer schamanischen Reise im einzelnen an. Wenn Sie allein arbeiten, dann ist Ihr Kraftplatz in Ihrer Wohnung der geeignetste Ort. Sie sollten etwa eine Stunde ungestört bleiben können. Breiten Sie eine Decke auf dem Boden aus oder etwas, auf das Sie sich legen können. Neben Ihrem Tonbandgerät, den Kopfhörern und der Trommelkassette brauchen Sie noch folgende Dinge:

o ein Kopftuch oder Taschentuch, um Ihre Augen zu bedecken,

o Ihre Räuchermischung oder Ihr Räucherbündel,

o Ihre Räucherschale,

o eine Rassel,

o einen Fächer,

o eine Kerze,

o Zündhölzer,

o ein Notizbuch und einen Stift.

Stellen Sie den Kerzenständer mit der Kerze an einem sicheren Ort auf, wo er nicht umgestoßen werden kann. Entzünden Sie die Kerze gleichsam aus Ihrem inneren Licht – jene Flamme in Ihrem Innern. Ihr Bewußtseinsraum ist nun für die schamanische Arbeit »eingeschaltet«.

Entzünden Sie die Räuchermischung oder das Räucherbündel und reinigen Sie mit dem Rauch Ihre Aura. Reinigen Sie dann auch Ihr Umfeld, indem Sie den Rauch in alle Richtungen fächeln, während Sie sich im Uhrzeigersinn drehen. Damit haben Sie die Atmosphäre geläutert und alles Negative vertrieben.

Stellen Sie dann Ihren Bewußtseinsraum auf der Klangebene her. Mit der Rassel können Sie die Atmosphäre auf eine höhere Schwingungsebene einstimmen, auf der spirituelle Arbeit wirkungsvoller geleistet werden kann. Wenn Sie Ihre Rassel in die acht Richtungen schütteln, geben Sie das Signal für höhere Energien, die Sie anziehen und in sich ausbalancieren. Indem Sie einen Kreis um sich ziehen und die Rassel schütteln, während Sie sich drehen, bauen Sie eine Klangkugel um sich auf, die störende und negative Schwingungen abhält. Diese acht Richtungen sind:

o vor Ihnen (das heißt Norden)

o hinter Ihnen (Süden)

o rechts (Osten)

o links (Westen)

o oben

o unten

o Mitte

o im Innern

Indem der Schamane all diesen Richtungen und ihren Bedeutungen Respekt erweist, bringt er in vollkommener Ausgewogenheit und Harmonie alle Dinge in seinen Gewahrseinskreis und zentriert sie in sich mit Liebe – der großen Bindekraft, die alles, was existiert, zusammenhält. Als mir dieses Wissen enthüllt wurde, wurde es mir als eines der großen »Schätze« des Universums beschrieben.

Hier nun ein Ritual mit der Rassel, das Sie zur Vorbereitung auf und als Hilfe für jegliche schamanische Arbeit einsetzen können.

---
*

ÜBUNG 17
RITUAL MIT DER RASSEL

Dieses Ritual müssen Sie mehrmals üben, um es ganz natürlich mit Gefühl und Verständnis ausführen zu können. Halten Sie die Rassel in der rechten Hand unten am Griff, damit Sie das Handgelenk frei bewegen können. Die rechte Hand ist die aktive, ausdruckgebende Hand. Von der Abfolge her sollten Sie mit dem Rasseln vorzugsweise in östlicher Richtung beginnen – die Richtung der aufgehenden Sonne und des kommenden Lichts. Stehen Sie bequem da, die Füße leicht auseinander gestellt, Ihr Gewicht gleichmäßig verlagert. Senken Sie leicht die Augenlider, um nicht durch irgendein helles Licht abgelenkt zu werden, und machen Sie nun, wenn Sie sich drehen, kleine, etwas schaukelnde Schritte, bei denen Sie Ihr Gewicht jeweils von einem Fuß auf den anderen verlagern.

Eingedenk dessen, daß die Sonne symbolisch für die Quelle allen Lebens und Lichts steht, schütteln Sie die Rassel in raschem Tempo etwa vier Sekunden lang. Halten Sie eine Sekunde lang inne und schütteln Sie dann die Rassel wieder etwa vier Sekunden lang. Das machen Sie insgesamt viermal. Und während Sie die Rassel schütteln, sprechen Sie laut oder innerlich:

Geist des Ostens, von wo das Licht kommt
Der du allen lebendigen Dingen Leben und Licht bringst
Tor zum Geist und Element des Feuers
Komm in meinen Kreis und erhelle mich

Wenden Sie sich nach Süden, während Sie die Rassel schütteln. Schütteln Sie die Rassel weitere vier Male und sprechen Sie dabei:

Geist des Südens, wo die Sonne am stärksten ist
Tor zum Gefühl und Element des Wassers
Komm in meinen Kreis und stärke mich.

Wenden Sie sich nach Westen, während Sie die Rassel schütteln. Schütteln Sie die Rassel weitere vier Male und sprechen Sie dabei:

Geist des Westens, wo die Sonne untergeht
Tor zum Körperlichen und Element der Erde
Komm in meinen Kreis und verwandle mich

Schütteln Sie die Rassel, während Sie sich dem Norden zuwenden. Schütteln Sie die Rassel weitere vier Male und sprechen Sie dabei:

Geist des Nordens, wo die Sonne ruht
Tor zum Bewußtsein und Element der Luft
Komm in meinen Kreis und lehre mich.

Schütteln Sie die Rassel, während Sie sich nach Osten wenden. Blicken Sie nach oben, schütteln Sie die Rassel weitere vier Male über Ihrem Kopf und sprechen Sie dabei:

Himmelsvater oben, Kraft des Lebens und des Lichts
Komm in meinen Kreis und rege mich an.

Halten Sie die Rassel nun in Hüfthöhe, schütteln Sie die Rassel gegen die Erde gerichtet viermal und sprechen Sie dabei:

Erdenmutter unten, Kraft der Liebe und des Gesetzes
Komm in meinen Kreis und nähre und beschütze mich.

Versiegeln und zentrieren Sie nun Ihre Arbeitssphäre, indem Sie sich im Uhrzeigersinn drehen, einen Kreis um sich ziehen und dabei ständig die Rassel schütteln. Tun Sie das dreimal. Beim ersten Mal halten Sie die Rassel in Brusthöhe, was auf die Mittlere Welt verweist. Beim zweiten Mal halten Sie die Rassel in Augenhöhe, was auf die Obere Welt verweist. Beim dritten Mal halten Sie die Rassel in Höhe Ihrer Schenkel, um auf die Untere Welt zu verweisen. Ziehen Sie dann mit ausgestecktem Arm mit der Rassel einen Kreis in der Luft. Schütteln Sie weiter die Rassel, heben Sie sie über Ihren Kopf, führen Sie sie dann, so gut Sie können, über Ihrem Rücken nach unten den Füßen zu und dann vorne wieder hinauf. Strecken Sie dann Ihren Arm nach rechts aus und ziehen Sie, die Rassel schüttelnd, einen Kreis über Ihrem Kopf, die linke Seite hinunter den Füßen zu und rechts wieder hinauf. Schütteln Sie schließlich die Rassel viermal in Höhe Ihres Solarplexus und ziehen Sie in der Vorstellung alle diese Energien in sich hinein.

Sie haben nun eine Klangsphäre aufgebaut und alle Richtungen einbezogen. Sie haben ihre Kräfte zu sich gerufen, sie zentriert und in sich aufgenommen. Es sind also alle acht Richtungen beteiligt.

Legen Sie nun die Rassel beiseite und legen Sie sich auf den Boden, und zwar in die Mitte Ihres gerade hergestellten Kreises. Stützen Sie, wenn nötig, Ihren Kopf mit einem Kissen ab. Wenn Sie eine Kassette zu Hilfe nehmen, dann plazieren Sie den Kassettenrecorder neben sich, so daß Sie die Starttaste bequem erreichen können. Streifen Sie die Kopfhörer über, bedecken Sie die Augen und entspannen Sie sich. Denken Sie an die Absicht Ihrer Reise, formulieren Sie nochmals das genaue Ziel und wiederholen Sie es viermal für sich. Entspannen Sie sich und denken Sie an Ihren persönlichen Eingang in die Untere Welt. Lassen Sie den Tunneleingang ganz klar vor Ihrem geistigen Auge erscheinen. Wenn Sie dann bereit sind, drücken Sie einfach auf die Starttaste Ihres Kassettenrecorders.

Wenn das Trommeln beginnt, überlassen Sie sich ganz entspannt dem Trommelrhythmus. Stellen Sie sich vor, wie Sie am Eingang der von Ihnen ausgewählten Erdöffnung stehen und hineinklettern. Lassen Sie sich dann vom Trommelrhythmus weitertragen. Zunächst mag der Tunnel nur schwarze Dunkelheit sein, und vielleicht haben Sie das Gefühl, wie auf einem Luftpolster sanft weitergezogen zu werden. Möglicherweise haben Sie auch das Gefühl von Drehungen und Wendungen im Tunnel oder fühlen sich in spiraliger Bewegung weitergetragen. Es ist eine warme, angenehme Empfindung und ganz normal. Möglicherweise werden sich Ihre»Augen« allmählich an die Dunkelheit gewöhnen, und Sie können die Tunnelwände erkennen.

Diese Wände können gerippt oder gefurcht und wie aus Stein aussehen. Falls Sie Markierungen, Zeichnungen oder Symbole sehen, dann versuchen Sie, sie sich sehr genau einzuprägen. Zeichnen Sie sie hinterher auf. Sollten Sie auf irgendein Hindernis oder eine Blockade stoßen, dann tasten Sie oder sehen Sie sich nach einer Möglichkeit um, darum herumzukommen, und es wird sich ein Weg zeigen. Schließlich werden Sie in der Ferne einen Lichtfunken wahrnehmen. Bewegen Sie sich darauf zu. Wenn dann der Lichtschein immer größer wird und Sie sich dem Tunnelende nähern, wird alles heller erscheinen.

Haben Sie das Tunnelende erreicht, dann schauen Sie durch die Öffnung und betrachten Sie die Landschaft, die sich vor Ihnen auftut. Treten Sie aus der Öffnung heraus. Machen Sie ein paar Schritte nach vorn und werfen Sie einen Blick zurück auf den Tunneleingang. Schauen Sie sich sein Umfeld sehr genau an. Sehen Sie sich dann gründlich um. Versuchen Sie, jede Einzelheit in sich aufzunehmen. Betrachten Sie das Gelände, die Flora, die Farben. Sehen Sie sich nach etwas um, das Ihr Interesse erweckt und das Sie zurückbringen könnten – einen Stein, einen Edelstein, ein Schmuckstück oder irgendeinen anderen kleinen Gegenstand.

Ihr Signal zur Rückkehr erfolgt, wenn das ständige Trommeln plötzlich aufhört und danach vier einzelne Trommelschläge ertönen. Dann verabschieden Sie sich und kehren sofort zur Tunnelöffnung zurück. Den Gegenstand, den Sie zurückbringen möchten, halten Sie sanft an Ihren Solarplexus gedrückt. Nach dem Signal zur Rückkehr wird der Trommelrhythmus sehr viel schneller sein als bei Ihrer Hinreise ins Innere. Überlassen Sie sich wieder ganz entspannt dem Trommeln, lassen Sie sich von seinem Klang weitertransportieren. Sie werden vielleicht überrascht sein, wie schnell Sie auf dieser Rückreise wieder Ihren Ausgangsort am Tunneleingang erreicht haben.

Wenn das Trommeln aufhört, strecken Sie die Glieder und atmen ein paarmal tief durch, bevor Sie das Tuch von Ihren Augen nehmen. Das schamanische Trommeln hat wohltuende Auswirkungen auf das menschliche Energiesystem und Gemüt. Es stimuliert die Blutzirkulation, löst Verspannungen und befördert die Regenerierung des Körpergewebes, doch es ist ebenso wichtig, daß Sie sich über die Entspannung aus dem schamanischen Bewußtsein herauslösen, genauso wie es wichtig ist, über die Entspannung in das schamanische Bewußtsein einzutreten. Beeilen Sie sich also nicht mit dem Aufstehen. Stellen Sie sich langsam wieder auf Ihre Umgebung ein. Strecken Sie sich nochmals, erheben Sie sich, und strecken Sie nun Beine und Arme noch einmal. Schreiben Sie einen Bericht über Ihre Erfahrungen, während sie Ihnen noch frisch im Gedächtnis sind. Dies ist nicht nur wichtig, damit Sie sie künftig wieder nachlesen können, sondern es ist auch ein Bestandteil des »Erdens«.

———————————————— * ————————————————

Während des Trommelns werden Sie vielleicht eines Tons oder Lauts zwischen den Trommelschlägen gewahr, der Ihre Aufmerksamkeit auf sich zieht und Sie die Trommelschläge gar nicht mehr wahrnehmen läßt. Dies kann ein Echo Ihres eigenen Tons oder Lieds sein. Jeder Schamane und jede Schamanin hat ein Kraftlied. Es ist ein Ausdruck des persönlichen Energiesystems und inneren Potentials.

Alles Existierende hat seinen eigenen Ton oder sein eigenes »Lied« – seinen ganz persönlichen Beitrag zur universellen Harmonie. Der Ton oder das Lied mancher Geschöpfe ist leicht auszumachen. Die verschiedenen Vogelarten haben zum Beispiel ihr für sie charakteristisches Lied. Die verschiedenen wilden Tiere haben ihren spezifischen Ruf oder Schrei. Ganz ähnlich hat die Seele jedes einzelnen Menschen eine Schwingungsfrequenz – einen Ton oder eine Kombination von Tönen –, die als Kraftlied zum Ertönen gebracht werden kann. Dies ist Ihr eigenes Lied, Ihre eigene Verbindung von Tönen, von Worten begleitet oder auch nicht.

Mein erstes Kraftlied bestand nur aus drei Noten, die sich mit der Wiederholung später auf sechs erweiterten. Dann kamen Worte hinzu, die der Intention dieses Liedes/Klangs Ausdruck verliehen – der Intention, schamanisch zu reisen:

> Flügel hab ich wie ein Vogel.
> Fliegen kann ich hoch hinauf.
> Bis zum Himmel steig ich auf.

Wie finden Sie Ihr eigenes Kraftlied? Eine Möglichkeit ist die, daß Sie ganz einfach auf einen Ton oder auf Töne zwischen den Trommelschlägen oder dem Schütteln der Rassel lauschen. Dies verlangt Achtsamkeit und Konzentration und ein bißchen Übung. Öffnen Sie ein wenig den Mund und lassen Sie ganz natürlich einen Ton entstehen. Zwingen Sie sich nicht dazu, einen Ton zu produzieren – haben Sie Geduld. Zunächst wird es wahrscheinlich nur ein ganz bestimmter Ton sein; dann kann er die Tonleiter hinauf- oder hinunterklettern und sich dann wiederum verändern. Am besten ist es, wenn die Töne in Vokalen Ausdruck finden: *Aaaaaa, Eeeeee, Iiiiii, Oooooo, Uuuuuu*. Bekümmern Sie sich zunächst nicht um Worte, die die Töne begleiten könnten – sie kommen später. Es kann sein, daß sie sich nicht reimen, ja nicht einmal poetisch sind, aber sie werden eine besondere Bedeutung für Sie haben.

---
*

ÜBUNG 18

SUCHE NACH DEM KRAFTLIED

Sie können sich ganz speziell auf die Suche nach Ihrem Kraftlied begeben. Dazu müssen Sie eine gewisse Zeit an einem Ort in unbeschadeter freier Natur verbringen können, ein Ort, wo Sie ungestört sind und laut singen können, ohne Sorge haben zu müssen, daß Sie jemand hört. Setzten Sie sich kein Zeitlimit. Vielleicht brauchen Sie nur eine halbe Stunde, es kann aber auch eine oder zwei Stunden oder noch länger dauern. Essen Sie nur eine Kleinigkeit, bevor Sie sich auf den Weg machen, oder besser noch, fasten Sie. Suchen Sie sich, wenn Sie an Ihrem Ort angekommen sind, eine Stelle, wo Sie sich frei bewegen können und nicht Gefahr laufen, über etwas zu stolpern oder zu fallen.

Sitzen Sie mit dem Rücken an einen Baum gelehnt und meditieren Sie eine Weile. Konzentrieren Sie Ihre Gedanken auf Ihre Aufgabe. Sie sind mit der Absicht an diesen Ort gekommen, Ihr persönliches Kraftlied zu finden. Sie haben vor, sich dabei vom Geist der Natur unterstützen zu lassen. Da Sie in Ihrer Intention bestimmt und klar sind, können Sie darauf vertrauen, daß Sie mit Ihrer Suche Erfolg haben werden.

Gehen Sie dann eine Weile im Kreis herum. Fühlen Sie sich in den Ort ein. Sie haben ihn sich ausgesucht, aber paradoxerweise hat er Sie gewählt und irgendwie zu sich gerufen, als ob er wüßte, was in Ihrem Herzen vorgeht. Nehmen Sie also die Atmosphäre in sich auf. Atmen Sie sie tief ein. Fühlen Sie, wie sie Teil von Ihnen wird und Sie in ihr aufgehen.

Konzentrieren Sie sich dann darauf, daß Sie einen Ton hören und eine Melodie, die sowohl aus Ihrem Innern wie von außen kommt. Sie mag aus dem Lied eines Vogels entstehen, aus dem Ruf eines Tieres, aus dem Rascheln der Blätter im leichten Wind, oder aus dem sanften Geplätscher eines Baches oder Flüßchens. Lassen Sie den Ton aus Ihrem tiefsten Innern hervortreten. Machen Sie sich keine Gedanken darüber, wie er sich für andere anhören könnte. Niemand kann Sie hören. Lassen Sie also den Ton einfach frei heraus.

Sie suchen nach Ihrem eigenen »stillen« Ton, nach der Melodie Ihrer Seele. Wenn Sie aufsteigt, dann singen Sie sie laut und wiederholen Sie sie immer wieder. Bewegen Sie dann die Füße nach dem Rhythmus der Melodie, »tanzen« Sie Ihre Melodie. Sie werden ein geradezu kindliches Vergnügen daran haben. Lassen Sie sich gehen – haben Sie Spaß daran.

Lassen Sie dann, während Sie sich bewegen, Worte kommen, die zu den Tönen passen. Ganz einfache Worte, die eine direkte Aussage enthalten und so oft wie nötig wiederholt werden können.

So ist aus der Melodie ein Tanz geworden, und aus dem Tanz ein Lied – ein Lied Ihrer eigenen Quelle der Kraft. Wenn Sie dieses Lied gefunden haben, kann es zu einer mächtigen und wirkungsvollen Hilfe bei der Verlagerung Ihrer Bewußtseinsebene werden, Hilfe für den Eintritt in jenen veränderten Bewußtseinszustand, in dem schamanische Arbeit geleistet werden kann. Sie können Ihr Kraftlied mit auf die schamanische Reise nehmen, indem Sie es innerlich singen, während der Trommelrhythmus Sie dahinträgt.

————————————— ✳ —————————————

Eine andere sehr wirkungsvolle Technik ist der schamanische Tanz. Das schamanische Tanzen stimuliert den freien Fluß der Bioenergie, so daß Verkrampfungen und Verspannungen gelöst werden, daß Sie Kraft aus anderen Existenzebenen schöpfen und sie auf das Heilen und Harmonisieren und andere schamanische Tätigkeiten richten können. Schamanen setzen dieses Tanzen ein, um etwas von der Energie ihrer Krafttiere, Helfer und Führer in der Mittleren Welt zu manifestieren, und auch zur Kanalisierung ihrer Vision und Träume – was alles zum »Träume wach tanzen« gehört, damit sie physische Wirklichkeit werden.

Der Tanz hat zwei Hauptziele: Reinigung und Induktion. Der Reinigungsprozeß findet sowohl auf physischer wie nichtphysischer Ebene statt, indem nicht nur die Muskelverspannungen und Energieblockaden im physischen Körper, sondern auch emotionale, mentale und spirituelle »Knoten« und Verkrampfungen gelöst und Behinderungen ausgeräumt werden. Deshalb fühlen Sie sich auch nach einem schamanischen Tanz immer gut. Der Induktionsprozeß befreit *den Geist* aus seinem Käfig in der materiellen Existenz, so daß er sich mühelos auf andere Ebenen begeben kann. Mit anderen Worten, das schamanische Tanzen kann eine andere Form des schamanischen Reisens sein; es kann zu einem veränderten Bewußtseinszustand und zur Erfahrung nichtalltäglicher Wirklichkeiten führen.

Für den äußeren Beobachter mag der schamanische Tanz gar nicht wie ein Tanz aussehen, denn er folgt keinem Muster. Es handelt sich um spontane Bewegungen in jedwelche Richtung. Machen Sie folgende Übung und Sie werden es selbst erfahren.

Wenn Sie allein sind, brauchen Sie eine Rassel als akustischen Antrieb für den Tanz. Arbeiten Sie in einer Gruppe, dann sollte für das Trommeln und Rasseln gesorgt sein, aber es ist doch hilfreich, wenn Sie dazu selbst noch die Rassel schütteln.

✱

ÜBUNG 19
SCHAMANISCHES TANZEN

Stellen Sie vor Beginn sicher, daß Sie einen freien Raum zur Verfügung haben, wo Sie sich ungehindert bewegen können. Nehmen Sie die Rassel in die rechte Hand und schütteln Sie sie. Beginnen Sie dann, wenn Sie zu einem Rhythmus gefunden haben, Ihren Körper auszuschütteln. Schütteln Sie erst das rechte, dann das linke Bein. Bewegen Sie die Hüften, dann die Schultern. Bewegen Sie den Kopf hin und her. Machen Sie dann zunächst langsame Vorwärtsbewegungen, werden Sie dann schneller, während Sie nach wie vor Ihre Rassel schütteln. Sie sollen sich hier bitte nicht in Raserei hineinarbeiten, sondern die Energie soll frei durch Sie hindurchfließen, während Sie sich sanft im Einklang mit ihr bewegen. Sie sollten mit dem ganzen Fuß auftreten und nicht auf Zehenspitzen stehen, damit Sie in festem Kontakt mit dem Boden bleiben.

Wenn Sie Ihr Kraftlied bereits entdeckt haben, dann lassen Sie es kommen. Vielleicht verspüren Sie auch den Wunsch, eine Art Singsang anzustimmen oder Tierlaute von sich zu geben. Lassen Sie sich ganz einfach gehen und lassen Sie alles geschehen! Machen Sie so weiter, bis Sie genug haben, »erden« Sie sich dann, indem Sie zu Boden sinken und sich entspannen, damit die überschüssige Energie vom kosmischen Reservoir wieder aufgenommen werden kann.

Das Erden stellt sicher, daß Sie sich vom Alpha- oder Thetarhythmus und der nichtalltäglichen Wirklichkeit wieder vollkommen auf den Betarhythmus der alltäglichen Wirklichkeit umstellen. Leider werden viele Menschen, die sich mit mystischen, spirituellen oder medialen Aktivitäten befassen, vor allem deshalb zu unpraktischen Theoretikern und Idealisten, die ständig mit »dem Kopf in den Wolken« schweben, weil ihnen die Ausgewogenheit des praktischen Wesens abgeht. Der Schamanismus ist zwar im wesentlichen eine spirituelle Aktivität, aber trotzdem sehr praktisch und realitätsbezogen. Schamanen und Schamaninnen wissen, wie wichtig es ist, die Balance zu halten, indem sie in der Mittleren Welt der physischen Realität voll »geerdet« sind, und deshalb ist das Erden nach jeder schamanischen Aktivität so wichtig.

✳

In diesem Kapitel habe ich mich auf die Reise in die Untere Welt konzentriert, da vorzugsweise zunächst dort Erfahrungen gesammelt werden sollten, bevor man sich auf die Reise in die Obere Welt begibt. Auch bei der Reise in die Obere Welt ist der Ausgangspunkt ein vorgestellter idyllischer Ort in der Natur, wobei Sie aber hier von einem erhöhten Punkt aus – einem Berggipfel, einer Hügelspitze oder einem hohen Baumwipfel – abreisen. Die ersten Reisen sollten sich nur auf die Begegnung mit einem Lehrer oder Führer beschränken. Spezielle Fragen sollten erst dann gestellt und besprochen werden, wenn dieser Kontakt ganz klar hergestellt ist.

8.

KRAFTTIERE

Jedes Tier, ob es nun läuft, kriecht, schwimmt oder fliegt, hat seinen Sinn und Zweck. Denn jedes Geschöpf ist ein Gedanke im Bewußtsein des Großen Geistes und auf irgendeine Weise Ausdruck von Wakan-Tanka. Wir können auf einer schamanischen Reise »Krafttieren« begegnen, die gleichfalls ein solcher Ausdruck von Wakan-Tanka sind und ihren Sinn und Zweck haben. Äußerlich mögen sie die Gestalt eines physisch existierenden oder mythischen Tieres besitzen, aber sie existieren nicht in der physischen Welt. Sie existieren in der nichtalltäglichen Wirklichkeit, wenngleich sich ihre Auswirkungen auch im Alltagsleben bemerkbar machen. Ein Krafttier kann also als »imaginäres« Wesen betrachtet werden, ist aber trotzdem »real« und eine Quelle nützlicher Kraft.

Versuchen wir zu verstehen, was ein Krafttier ist und worin seine Funktionen im Rahmen schamanischer Erfahrung bestehen.

Es gibt im wesentlichen vier Arten von Kraft beziehungsweise Macht *(power)*:

o die Kraft/Macht als *energetisierende Kraft,*

o die Kraft/Macht als *Macht/Stärke,* die über alles, worauf sie angewandt wird, Kontrolle ausübt,

o die Kraft/Macht als Fähigkeit oder Vermögen, etwas zu *tun* und zu *bewirken,*

o die Kraft/Macht als Bestandteil von *Autorität.*

Im Lexikon wird das Tier als ein mit Intelligenz, Empfindungsvermögen und Beweglichkeit begabtes Geschöpf definiert. Ein Krafttier könnte als Quelle energetisierender Kraft in Form eines mit Intelligenz und Bewegungsfähigkeit ausgestatteten Tieres beschrieben werden.

Es ist also Ausdruck einer ungreifbaren, spirituellen Energie/Kraft in Tiergestalt. Es ist ein der unter- und unbewußten Ebenen entstammendes Geistmuster, dem durch *den* menschlichen *Geist* Leben verliehen wurde. Mit anderen Worten, seine Tiergestalt charakterisiert die Natur, die Eigenschaften und das Verhalten einer wesensmäßig spirituellen Kraft, die eine bestimmte Arbeit verrichten und ihr in der materiellen Existenz Ausdruck verleihen kann, und die zudem einen Aspekt unserer eigenen »animalischen« Natur darstellt.

Ein Krafttier ist ein Energiemuster, das seine ihm eigenen charakteristischen Fähigkeiten zur Verfügung stellt.

Dabei handelt es sich nicht um die Qualitäten und Eigenschaften eines einzelnen Tieres, sondern wir begegnen hier dem »Echo« der vervollkommneten Gruppenseele einer ganzen Tierspezies innerhalb unseres eigenen Energiesystems, einem Aspekt unserer eigenen animalischen Natur. Es ist die Lebenskraft in archetypischer Tiergestalt, die in menschlichen Begriffen Ausdruck finden kann. Ein Krafttier besitzt zwar alle Qualitäten seines irdischen Ebenbildes, liefert aber eine physische, emotionale, mentale und spirituelle Energie, die sich auf menschliche Weise äußern kann. Und verbinden wir uns mit dieser Kraftquelle, dann können wir uns seine charakteristischen Qualitäten zunutze machen.

Wir alle haben Krafttiere, ob wir uns nun dessen bewußt sind oder nicht. Wir können sogar eines durch Krankheit, durch ein emotionales Trauma, durch mentalen Streß oder irgendeine Art von Mißbrauch »verlieren«. Es kann uns auch unbemerkt von einer anderen Person, die unsere Energie anzapft, weggenommen werden. Das Auffinden und Zurückholen eines »verlorengegangenen« Krafttieres gehört zur schamanischen Grundpraxis und einer Form von Heilung, die eine Person wieder ins Gleichgewicht bringen kann.

Ein Krafttier steigert die physische und emotionale Energie und die mentale und spirituelle Wachheit, da eine Verbindung mit der kraftgebenden Frequenz dieser speziellen Quelle hergestellt wird. Die Schwingung unseres Aurakokons und Kraftfeldes verstärkt sich und arbeitet harmonischer.

Ein Krafttier hilft auch, jeglicher Art von Eingriffen durch schädliche mentale, emotionale und spirituelle Einflüsse oder physische Infektionen oder Krankheiten zu widerstehen. Stellen wir noch einmal klar: Ein Krafttier ist keine außenstehende Wesenheit.

Es ist eine mit Energie aufgeladene Verbindung mit Ihrer eigenen Geist-Quelle – ein Geist-Energiemuster. Es ist nicht etwas, das von Ihnen Besitz ergreift. Vielmehr ist es etwas, das Sie besitzen! Durch die religiöse Terminologie und religiöse Mitbedeutungen, durch Aberglaube und Vorurteile ist das Wort »Geist« *(spirit)* reichlich mißbraucht worden, und es herrscht hier viel Verwirrung. *Geist* ist ganz einfach die persönliche Lebens-Kraft. Der *Geist* ist die Quelle der Kraft und des Ausdrucks jedwelcher physischer Form. In jedem Menschen, in allen Tieren, allen Bäumen, allen Pflanzen, in Felsen und Steinen existiert *Geist*, weil in allen Lebens-Kraft existiert, wenngleich in jeweils *unterschiedlich organisierter* Form. Auch in der Erde existiert *Geist*, in der Sonne, im Mond und in den Sternen. Wenn also die Schamanen von »*Geistern*« sprechen, dann beziehen sie sich auf eine unmanifestierte Lebensquelle, die alles Manifestierte durchdringt und zur Existenz befähigt.

Ein Krafttier ist ein Kommunikationsmittel, das mit Aspekten Ihrer sterblichen Natur im Gegensatz zur »spirituellen« Natur Ihres unsterblichen Höheren Selbst verbunden ist. Es repräsentiert ein Potential oder Talent, eine Fähigkeit oder Stärke, die zum Ausdruck Ihrer Persönlichkeit gehört. Jedes Krafttier soll Ihnen zum Verständnis seiner Eigenschaften und zur Einsicht in das verhelfen, was Sie entwickeln, in sich zähmen oder trainieren müssen. Wenn Sie ein Krafttier als solches erkennen, heißt das noch nicht, daß Sie seine Eigenschaften schon *nutzen*, sondern nur, daß sie *vorhanden* sind und nach Ausdruck und Entwicklung verlangen. Identifizieren Sie sich mit einem Krafttier, dann kommen seine erwünschten Qualitäten in Ihrem Energiesystem besser in Fluß. Krafttiere schenken Kraft und beschützen diese Kraft. Sie geben ihre Kraft oder »Medizin«, um Ihre persönliche Kraft zu ergänzen und zu stärken oder um Ihre Energie vor Erschöpfung durch Eingriffe von außen zu schützen.

Die Hauptkraftquelle eines Krafttiers stimmt mit den wesentlichen Qualitäten des physischen Tieres überein, dessen Gestalt es angenommen hat. So mag zum Beispiel die Haupteigenschaft eines Löwen »Stärke« sein, die eines Adlers »Weitsichtigkeit«, die eines Fuchses »Listigkeit«, die eines Bibers ein »konstruktives Wesen«, die einer Schildkröte »Beharrlichkeit«, die einer Schlange »Transformation« und so weiter. Wenngleich solche Verallgemeinerungen ganz hilfreich sein mögen, ist es aber gewöhnlich doch so, daß ein Krafttier selbst in irgendeiner Form auf seine Haupteigenschaften hinweist.

In Mythen, Legenden und Volksmärchen werden Tiere und manchmal auch Bäume und Pflanzen vermenschlicht und zeichnen sich durch gewisse Persönlichkeitsmerkmale aus. Hier kommunizieren alle Lebensformen in der Natur miteinander und bilden eine Gemeinschaft. Und genauso verhält es sich auch in der nichtalltäglichen Wirklichkeit der Schamanen.

Solche uns überlieferten Geschichten haben ihren Ursprung in den schamanischen Wurzeln unserer kulturellen Vergangenheit. In ihnen finden wir ein reiches Erbe an Wahrheiten über die holistische Natur der Schöpfung, die schließlich durch eine rein materielle Sichtweise verdunkelt wurde.

Ein auf einer schamanischen Reise gesichtetes Tier wird dann als Krafttier identifiziert, wenn es bei *vier* verschiedenen Gelegenheiten auftritt. Als weiteres Kennzeichen gilt, daß es sich immer freundlich und nie irgendwie bedrohlich zeigt. Nach der vierten Erscheinung sollte es gefragt werden: »Bist du mein Krafttier?« Es wird in irgendeiner Weise antworten.

Ein Schamane, der auf seiner Reise einem Krafttier begegnet, wird es als Freund begrüßen und mit ihm ebenso leicht kommunizieren wie mit einem menschlichen Wesen. Wie können sich Krafttiere mit Ihnen verständigen?

o Sie können mit Ihnen verbal *sprechen*.

o Sie können Ihnen *telepathisch* Worte übermitteln.

o Sie können Ihnen *Bilder* übermitteln.

o Sie können Sie zu *Symbolen* führen, die Sie entschlüsseln müssen.

Und in welcher spezifischen Weise können Ihnen Krafttiere behilflich sein?

o Indem sie Ihnen Energie, Kraft, Stärke und Enthusiasmus verleihen, damit Sie sich einer herausfordernden Situation, mit der Sie konfrontiert sind, stellen können – zum Beispiel ein

Vorstellungsgespräch, ein für Ihre längerfristigen Interessen außerordentlich wichtiges Treffen, eine tiefgreifende Entscheidung, ein mit einem Risiko verbundenen Ereignis, und so weiter.

o Indem sie Ihnen Ideen für ein Projekt, an dem Sie arbeiten, oder Lösungsmöglichkeiten in einer schwierigen und Sie belastenden Situation liefern.

o Indem sie Invasionen in Ihrem Körper abwehren und Ihren Widerstand gegen physische Krankheiten stärken, vor allem bei einer Epidemie.

o Indem sie Ihre Gesundung von einer Krankheit beschleunigen.

o Indem sie Ihnen helfen, an eine von Ihnen gesuchte wichtige Information zu gelangen oder einen verlorengegangenen Gegenstand wiederzufinden.

o Indem sie Sie vor physischem Schaden oder einer Verletzung bewahren.

o Indem sie Ihre Beziehungen mit anderen Menschen verbessern.

o Indem sie Ihr Selbstvertrauen stärken, weil Ihre Energie oder Kraft erhöht wird.

Weil ein Krafttier über bestimmte Eigenschaften verfügt und uns bei der Verwirklichung dieser Eigenschaften behilflich sein kann, müssen wir für den praktischen Nutzen unbedingt wissen, um welche Eigenschaften es sich handelt. Ein männlicher oder weiblicher Stammesschamane lebt in engem Kontakt mit der Natur, ist vertraut mit den Gewohnheiten wilder Tiere und kann so rasch die spezifische Bedeutung eines Krafttieres erkennen. Wir, die wir in einer Stadt aufgewachsen sind und unsere Kenntnisse über wilde Tiere nur aus zweiter Hand bezogen haben – aus Bücher, Filmen, Videos und den Erzählungen anderer Leute –, können ihre Botschaften nicht so leicht deuten.

Die nun folgenden Informationen sollen Ihnen bei der Bewältigung einiger dieser Schwierigkeiten helfen, damit Sie sich leichter auf ein Krafttier beziehen und seine Bedeutung für Ihr Leben erkennen können. Die hier in alphabetischer Reihenfolge aufgeführten Tiere sind diejenigen, die uns auf schamanischen Reisen am häufigsten begegnen. Die entsprechenden Kommentare sind nicht als explizite Deutung gedacht, sondern nur als *Hinweis* auf ihre wahrscheinliche Bedeutung. Bei jeder schamanischen Arbeit können letztlich nur Sie oder Ihre inneren Lehrer die Bedeutung von etwas interpretieren. Ein Schamane oder eine in der schamanischen Arbeit etwas fortgeschrittenere Person vermag allenfalls Anregungen oder Anleitungen zu geben. Eine Klärung der intendierten Bedeutung findet dann oft durch reale Erfahrungen im Alltagsleben statt oder durch scheinbare »Koinzidenzen«, durch plötzliche Eingebungen, oder durch schamanische Reisen in die Obere Welt, um dort ganz direkt eine Interpretation des inneren Lehrers – Ihres Höheren Selbst – zu erhalten.

Die Bilder, die Sie auf einer schamanischen Reise wahrnehmen, sind Informationsmuster, die vom Bewußtsein von einer Seinsebene zur anderen getragen und dort nutzbar gemacht werden können. Diese Bilder sind die Sprache der Aspekte Ihres Gesamtwesenes, die wir als das verborgene Selbst und als Höheres Selbst bezeichnen, und müssen in die verbale Sprache des menschlichen Selbst übersetzt werden.

ADLER

Der Adler hilft Ihnen, über die profanen Ebenen sichtbarer Existenz hinauszusehen, denn der Adler als Krafttier stellt Ihre Verbindung mit Ihrem Seelen-Selbst, Ihrem Höheren Selbst dar. Er kann Ihnen helfen, den Himmel zu erreichen, während Sie doch fest mit beiden Beinen auf der Erde stehen, und so hohe Ideale mit der praktischen Realität zu verbinden. Er kann Ihnen zeigen, daß Prinzipien und Handlungen gleichermaßen Ausdruck *des Geistes* sind.

Gemäß der indianischen Kosmologie kommt der Adler »auf seinem Flug der Sonne am nächsten«, womit das erhellende Licht des Großen Geistes gemeint ist. Von daher bringt er als Krafttier Erhellung, das heißt eine plötzliche Erleuchtung in bezug auf spirituelle Wahrheiten, die bislang im dunkeln geblieben oder unbekannt waren.

Grundbedeutung: Fliegen Sie wie ein Adler.

ANTILOPE

Die Antilope ist ein gejagtes Tier, dessen Zukunft stets ungewiß ist. Die Antilope befaßt sich hauptsächlich mit dem »Jetzt« und mit der Sterblichkeit und dem Überleben.

Als Krafttier betont sie, daß es wichtig ist, aus der uns zur Verfügung stehenden Zeit und dem, was wir haben, das Beste zu machen, und an Versorgung und Nahrung, nicht so sehr in physischer, als vielmehr in mentaler, emotionaler und spiritueller Hinsicht zu denken. Sie kann Ihnen Kraft zur Stärkung Ihres Geistes und Herzens geben. Sie kann Ihnen helfen, den nötigen Mut zum Fällen der richtigen Entscheidungen aufzubringen. Sie hebt mit Nachdruck hervor, daß es wichtig ist, genau zu wissen, was man will, und dann auch positive Schritte zu unternehmen, um ans Ziel zu gelangen.

Die Antilope deutet auf einen höheren Sinn und Zweck jenseits des Augenscheinlichen. Hören Sie also auf das, was sie Ihnen bei Ihrer schamanischen Reise zu sagen hat, und sehen Sie sich sehr genau an, was Sie Ihnen zu zeigen versucht.

Grundbedeutung: Die Notwendigkeit entschiedenen Handelns.

BÄR

Der Bär ist ein Tier, das in einer Höhle Winterschlaf hält und sich für diese Zeit von der Außenwelt zurückzieht. Als Krafttier verweist er darauf, daß Sie im Innern suchen müssen, wenn Sie Ihre Hoffnungen und Bestrebungen zur Erfüllung bringen oder Lösungen für Ihre Probleme finden wollen. Dem Bären geht es um das Erreichen von Zielen. Und wie er sich, wenn er Winterschlaf hält, von der Außenwelt zurückzieht, sollten Sie sich aus Ihren Verstrickungen zurückziehen und im Innern Zuflucht suchen – in der Stille, wo die Macht des Wissens zu finden ist, und wo die Antworten, die Sie brauchen, und die Harmonie, die Sie suchen, verborgen sind.

Der Bär als Krafttier hebt auch die Wichtigkeit der Traumzeit hervor – eine stille Zeit, in der Sie Ihre Träume und Sehnsüchte nähren und nach Wegen suchen, sie sich »zu eigen« zu machen, damit sie praktische Wirklichkeit werden können.

Er steht für die Kraft des meditativen Zustands. Wenn Sie einen Bären als Krafttier haben, dann bitten Sie ihn um Hilfe, damit Sie die Mitte Ihres Seins finden – den Ort vollkommener Ausgewogenheit und Harmonie –, und stellen Sie sicher, daß Sie eine gewisse Zeit für die Innenschau zum Bestandteil Ihrer Alltagsroutine machen.

Grundbedeutung: Stärke kommt aus der Innenschau.

BIBER

Der Biber ist der Baumeister der Tierwelt, und seine Methoden zur Errichtung von Dämmen sind charakteristisch für seine Fleißigkeit und Produktivität. Als Krafttier hebt er den Aspekt der Arbeitskraft und hier vor allem die Teamarbeit hervor, damit das Nötigste getan und erreicht wird und das Gefühl entsteht, etwas geleistet zu haben.

Als Krafttier kann er Ihnen bei der Entwicklung einer harmonischen Beziehung mit anderen Menschen helfen und Sie darin unterstützen, daß Sie sich mit einem Gefühl des Engagements an irgendwelchen Projekten beteiligen. Seine Praxis, sich alternative Ein- und Ausgangswege zu und aus seinem Bau zu schaffen, erinnert an die Tatsache, daß Sie mehr als eine Möglichkeit haben, um Ihre Probleme zu lösen. Er macht Sie auch darauf aufmerksam, daß Sie das, was Sie durch Ihre Mühe und Anstrengung erreicht oder erworben haben, schützen sollen.

Sollten Sie momentan mit einer kreativen Unternehmung befaßt sein, dann ermuntert er Sie dazu, Ihre Ideen in die Praxis umzusetzen. Nur ein Träumer zu sein reicht nicht aus: Sie müssen auch aktiv werden, wenn sich Ihre Träume verwirklichen sollen.

Seien Sie bei all Ihren Unternehmnungen konstruktiv und suchen Sie immer auch nach Alternativen.

Grundbedeutung: Arbeiten Sie daran.

BÜFFEL

Der Büffel war den nordamerikanischen Indianern das heiligste aller Tiere, weil er alles von sich gab und nicht nur die Nahrung lieferte, sondern auch Material für Kleidung, Kochutensilien, Ausrüstungsgegenstände und Waffen.

Als Krafttier ist der Büffel daher mit Vorsorge und Fülle, mit Lebensunterhalt und dem Teilen mit anderen verbunden. Er betont, wie wichtig die Bereitschaft ist, andere an den eigenen Energien teilhaben zu lassen und die Bedürfnisse anderer Menschen anzuerkennen.

Der Büffel ist ein Symbol für Wakan-Tanka – den Großen Geist in manifestierter Form, auch Alles-Was-Ist genannt – und erinnert daran, daß, was immer wir an Talenten und Fähigkeiten haben, aus *der Quelle dessen* kommt, was uns alle ernährt. Als Krafttier bringt uns der Büffel auch in Erinnerung, daß all unser Besitz vergänglich und wahres Glück nie allein zu erlangen ist; wir erreichen es nur, wenn wir das, was wir haben und sind, mit anderen teilen.

Grundbedeutung: Teilhaben lassen und fürsorglich sein.

DACHS

Der Dachs ist ein flinkes und aggressives Tier, das um das, was es will, hitzig kämpft. Er lebt in seinem Bau und ernährt sich von Pflanzenwurzeln.

Als Krafttier lehrt er Sie, um Ihre Rechte zu kämpfen und Ihre Prinzipien gegen Angriffe zu verteidigen.

Er betont, daß Sie in einer schwierigen Situation die Initiative ergreifen und sie nicht einfach lahm hinnehmen sollen. Geht es um ein emotionales Problem, dann ermuntert er Sie dazu, Ihre Gefühle nicht im Innern unter Verschluß zu halten, sondern Dampf abzulassen. Weinen Sie sich aus. Toben Sie sich aus. Sie werden sich danach besser fühlen.

Der Dachs hilft beim Heilen und Harmonisieren und fordert Sie auf, notfalls nach unkonventionellen Mitteln zu suchen, um eine Heilung oder bestimmte Resultate herbeizuführen. Wurzeln und Kräuter können bei der Wiederherstellung Ihrer Gesundheit hilfreich sein. Handelt es sich um ein Problem im Arbeitsbereich oder bei menschlichen Beziehungen, dann kann die Lösung an der Wurzel gefunden werden.

Grundbedeutung: Angreifen und verteidigen.

DELPHIN

Der Delphin ist ein schönes, heiteres Säugetier mit einem schnabelartig verlängertem Maul, das in allen Meeren der Welt zu finden ist. In der indianischen Kosmologie gilt er als der Bewahrer des heiligen Atems, der das Prana oder Mana, die Lebens-Kraft, enthält, die Essenz der Großen Geistes. Als Krafttier wird er daher mit dem Energierhythmus sowohl in der Natur wie in Ihrem Körper und mit Wiederbelebung assoziiert.

Der Delphin ist ein Symbol für den Atem. Mit Hilfe einer Veränderung unseres Atemrhythmus können wir uns auf andere lebendige Dinge des Universums einstimmen. Deshalb ist das rhythmische Atmen so wichtig.

Weiterhin ist der Delphin mit Kommunikation befaßt, die ja ebenfalls Muster und Rhythmus beinhaltet, und in diesem Zusammenhang vor allem mit Schallschwingung und der Harmonisierung von Schallschwingungen. Auch Träume und das Träumen werden mit ihm assoziiert, und er weist Sie darauf hin, daß Sie die Ozeane Ihrer eigenen Traumzeit erkunden und genau untersuchen sollten, was immer Sie dort vorfinden. Der Delphin wird Ihnen bei der Entschlüsselung der Bedeutung helfen.

Grundbedeutung: Der Atem des Lebens.

DRACHE

Der Drache ist ein mythisches Tier, das gewöhnlich als riesige, geflügelte, eidechsenartige Kreatur mit schuppigem Körper und gegabeltem Schwanz dargestellt wird. Bibeleiferer haben den Drachen mit dem Teufel und dem Bösen assoziiert, doch in alten Zeiten galt er in den meisten Kulturen als Wohltäter, der im Inneren der Erde – in Höhlen und in Seen – haust.

Das Wort »Drache« leitet sich vom griechischen Wort für »Schlange« ab, was darauf deutet, daß er eher einer Schlange ähnelte. Dieses Wort hat aber auch die Bedeutung von »sehen«, und dem Drachen wurde oft ein forschender Blick zugeschrieben, eine Eigenschaft, die er als Krafttier tatsächlich besitzt. Die Chinesen betrachteten ihn als einflußreiches, wohlwollendes Wesen. In ihrer Kosmologie war der azurblaue Drache der »Hüter« des östlichen Palastes und mit den Kräften der aufgehenden Sonne, des Frühlings und des Holzes verknüpft, was auf eine Verbindung mit Neuanfängen und Wachstum hinweist. Der Drache ist einer der zwölf Tiere der chinesischen Astrologie, wo er mit Stärke und Furchtlosigkeit, mit Energie und Gesundheit und mit Wohlhabenheit und Erfolg assoziiert wird. In der Mythologie der Britischen Inseln und des europäischen Festlandes stand er für die elementare Erdkraft und die Vitalität des Landes.

Der Drache des Altertums wurde keineswegs gehaßt oder gefürchtet, sondern vielmehr verehrt. Erst die christlichen Missionare machten aus ihm, wie auch aus anderen gütigen »Gottheiten«, einen Diener des Teufels und ein Symbol für die übelwollenden Mächte, die von den »Heiligen« besiegt wurden.

Erscheint Ihnen ein Drache als Krafttier, so brauchen Sie ihn nicht zu fürchten. Schließlich war er in alten Zeiten oft ein Symbol für Reichtum. Aus schamanischer Sicht mag dieser Reichtum allerdings eher spiritueller dann materieller Natur sein, denn der Drache gilt als Hüter des in der Tiefe des Unbewußten verborgenen Schatzes, ein Schatz, der nur schwer zu bergen ist. Ein Drache wird oft mit flammendem Atem dargestellt, doch dieses Schlangenfeuer ist die »elektrische« Energie in der Chrakra-»Höhle« an der Steißbeinspitze, die aufsteigt, wenn das Höhere Bewußtsein erweckt worden ist. Mit anderen Worten, der Drache ist ein Zeichen für Initiation!

Grundbedeutung: Initiation.

EICHHÖRNCHEN

Einer Sache können Sie sich in einer ungewissen Welt sicher sein, und das ist die Unvermeidlichkeit von Veränderung und Wandel. Seien Sie also anpassungsfähig und bringen Sie sich mit den Zyklen des Wandels in Übereinstimmung. Das ist ein Teil der Botschaft des

Eichhörnchens als Krafttier. Es betont die Notwendigkeit, vorauszuplanen und einen Vorrat an Dingen anzulegen, die in Zukunft benötigt werden könnten. Das bedeutet, daß Sie auf Veränderungen und sogar widrige Zeiten vorbereitet sind und in positiver Weise darauf reagieren können.

Das Eichhörnchen lehrt Sie, immer etwas in Reserve zu haben – nicht im Sinne, daß Sie horten oder geizig sind, sondern etwas für den künftigen Bedarf beiseitelegen, auch wenn es unter Umständen später gar nicht benötigt werden sollte.

Vielleicht haben Sie bisher nur in den Tag hinein gelebt. Das Eichhörnchen lehrt Sie, mit Ihrer Zeit und Energie etwas haushälterischer umzugehen.

Grundbedeutung: Vorausschau.

EIDECHSE

Die Eidechse ist ein Geschöpf, das sich in der Hitze des Tages im Schatten aufhält. Sie ist ein Symbol für die schattige Seite der Wirklichkeit – für den Ort, wo das, was zur Manifestation gelangt, gestaltet wird. Diese Sphäre wird manchmal als die Traumwelt bezeichnet – die Astralebene der sich ständig wandelnden Muster und Formen. Die Eidechse hat mit Ihren Zukunftsträumen und der Formulierung dessen zu tun, was Sie auf physischer Ebene verwirklicht sehen möchten.

Von daher ist sie mit Ihrem Unterbewußten und mit Ihren Hoffnungen und Ängsten verknüpft. Sie kann Ihnen helfen, jene sich ständig wiederholenden Probleme auszumachen, die Ihnen wie ein Schatten folgen; Sie müssen sich mit ihnen auseinandersetzen, um sich von ihnen verabschieden zu können. Ihren Wünschen und Bestrebungen muß Emotion eingehaucht werden, wenn sie sich manifestieren sollen.

Wenn Sie das nächste Mal auf einer schamanischen Reise einer Eidechse begegnen, dann schauen Sie hinter sich und prägen sich sehr genau ein, was Sie sehen. Notieren Sie Ihre Beobachtungen in einem Notizbuch und achten Sie vor allem auf sich wiederholende Symbole und Zeichen. Bitten Sie die Eidechse, Ihnen zu helfen, damit Sie verstehen, was Sie sehen. Führen Sie auch ein Traumjournal, um sich der Geschehnisse im Traumzustand wie auch im schamanischen Bewußtseinszustand bewußt werden zu können.

Grundbedeutung: Lassen Sie Ihre Träume wahr werden.

EINHORN

Das Einhorn ist ein mythisches Tier mit dem Körper eines schlanken weißen Pferdes, den Beinen einer Antilope und dem Schwanz eines Löwen und verkörpert somit die Eigenschaften all dieser Geschöpfe. Dazu verfügt es noch über etwas von großem magischem Nutzen – ein einziges aus seinem Kopf wachsendes Horn, Symbol für höchste magische Kraft. Fangen Sie Ihr Einhorn ein, und alles, was Sie sich wünschen, kommt Ihnen zu! Gewöhnlich ist das Horn an seinem Ansatz von reinem Weiß, in seiner Mitte gold und schwarz und an seiner scharfen Spitze von tiefem Rot.

Der Legende nach kann das Einhorn nur von einem jungfräulichen Mädchen eingefangen werden. Das bedeutet, daß die Grundessenz des eigenen Wesens nicht mit physischen Mitteln, sondern nur durch unschuldige Empfänglichkeit eingefangen werden kann, mit anderen Worten, durch die weibliche Seite unserer Natur, gleich, welchem Geschlecht wir angehören. Das Einhorn hat mit der Vereinigung vom menschlichen und verborgenen Selbst zu tun; mit der Kreativität, die Sie jeden Tag aus Ihrem Leben etwas machen läßt, statt die Zeit nur einfach »rumzubringen«.

Als Krafttier kommt dem Einhorn somit eine große Bedeutung zu, denn es ist mit der inneren Welt des Geistes und der Imagination und deren Beziehung sowohl zur physischen wie zur spirituellen Wirklichkeit befaßt.

Grundbedeutung: Bringen Sie Magie in Ihr Leben.

ELCH

Der Elch betont Freundschaft und Kooperation – das Gefühl von Einheit, das aus der Zugehörigkeit zu einer Gruppe oder Gemeinschaft erwächst. Er verweist auf die Notwendigkeit, Beziehungen zu knüpfen. Falls Sie sich gerade in irgendeiner Art von Konkurrenzsituation befinden, ob nun im Arbeitsleben oder in einer persönlichen Beziehung, fühlen Sie sich vielleicht bedroht und unter Druck. Sie müssen wieder ins Gleichgewicht kommen. Der Elch zeigt Ihnen den Wert der Freundschaft und des gegenseitigen Austauschs von Interessen und Erfahrungen.

Er weist Sie darauf hin, wie wichtig es ist, sich Zeit zur Erholung, zum Nachdenken und zur Erneuerung der Kräfte zu nehmen. Der Elch hat viel mit Vitalität zu tun und mit der Notwendigkeit, sich zur Unterstützung an Personen des eigenen Geschlechts zu wenden.

Grundbedeutung: Bündnis und Erneuerung.

EULE

Die Eule ist ein Geschöpf der Nacht und wurde symbolisch mit Weisheit assoziiert, weil sie sehen kann, was andere nicht sehen können. Sie ist der einzige Vogel, der völlig lautlos fliegt.

Als Krafttier ermuntert Sie die Eule zur Entwicklung Ihrer intuitiven Fähigkeiten und inneren Sinne, und zur Suche nach einem Wissen, das den meisten Menschen verborgen bleibt. Sie ist eine Beschützerin und hilft Ihnen, die Motive und Absichten anderer schneller zu erkennen, vor allem die jener Menschen, die Sie zu betrügen oder irgendwie zu übervorteilen suchen. Auch verhilft sie Ihnen zur Erkenntnis, daß es in Ihrem Wesen eine dunkle Seite gibt, die Sie nicht ignorieren oder unterdrücken sollten. Sie müssen die Existenz dieser Seite erkennen, um mit ihr umgehen zu können.

Die Eule steht symbolisch für Scharfblick und Urteilsvermögen und für die Notwendigkeit, sich vor Täuschung zu hüten.

Grundbedeutung: Um zu wissen, müssen Sie sehen.

FALKE

Als Krafttier »erweckt« der Falke nicht nur das Erinnerungsvermögen, sondern auch die Elemente und Reiche, und er lehrt Sie hinzusehen. Er kann Ihnen helfen, achtsamer zu sein und Auswege aus schwierigen Situationen zu finden. Er ermuntert Sie dazu, das Leben von einer höheren Perspektive aus zu betrachten, so daß Sie neue Möglichkeiten und auch mögliche Gefahren für Ihren Fortschritt ausmachen können.

Er fordert Sie dazu auf, sich Ihr Alltagsleben genauer anzusehen und vor allem auf »Botschaften« zu achten, die in ganz gewöhnlichen Alltagsbegebenheiten versteckt sind. Die Botschaften des Geistes finden sich oft in naher Reichweite, verbergen sich aber hinter dem Augenscheinlichen.

Sollten Sie auf einer schamanischen Reise den schrillen Schrei des Falken hören, so kann das eine Warnung bedeuten, eine Warnung vor einem sich ankündigenden Ereignis, das Sie aus dem Gleichgewicht bringen könnte. Er kann aber auch die Aufforderung zu kühnem und entschlossenem Handeln bedeuten, wenn sich eine unerwartete, günstige Gelegenheit zeigt. In jedem Falle fordert der Falke Sie dazu auf, den Befehlen Ihres Herzens zu folgen.

Grundbedeutung: Schauen Sie genauer hin.

FLEDERMAUS

Die Fledermaus ist ein geheimnisumwobenes Tier, das manche Menschen nervös macht, weil es mit der Dunkelheit und dem Unbekannten verbunden ist. Manche fürchten sich vor ihr, vielleicht weil sie im Zusammenhang mit dem Übernatürlichen und rituellen Toden in Horrorfilmen auftaucht.

Die Fledermaus lebt in Höhlen oder dunklen Gemäuern; diese symbolisieren den Mutterschoß, und die mit dem Kopf nach unten hängende Fledermaus erinnert in dieser Position an das noch von Dunkelheit umgebene, ungeborene Selbst. Die Begegnung mit der Fledermaus als Krafttier verweist daher auf den Initiationsprozeß – die Beendigung der alten Lebensweise und die Wiedergeburt in ein neues Lebensmuster. Die Fledermaus hilft Ihnen, alte Gewohnheiten und die bisherige Lebensweise aufzugeben und einer neuen Morgendämmerung entgegenzusehen. Sie können keine Fortschritte machen, wenn Sie sich an Dinge klammern, die Sie zurückhalten. Konfrontieren Sie sich also direkt mit Ihren Ängsten, und sie werden sich verflüchtigen.

Die Fledermaus hilft Ihnen, in der Dunkelheit zu sehen und Ihren Weg zu neuem Verstehen zu finden.

Grundbedeutung: Konfrontieren Sie sich mit Ihren Ängsten.

FROSCH

Der Frosch ist ein Symbol des Schamanismus. Er lehrt Sie, wie Sie von einer Ebene zur anderen – vom Materialismus zur Spiritualität und von einer Lehre zur anderen –»hüpfen« und die Verbindung zwischen ihnen finden können.

Wenn der Frosch ausgewachsen ist, steigt er aus seiner Wasserwelt (die Welt des Fließenden) und lebt an Land (Erde – Festigkeit und Sicherheit). Als Krafttier kann er Ihnen helfen, sich an eine neue Lebensweise oder Anschauung zu gewöhnen. Mit seiner Kraft bringt er Sie in Übereinstimmung mit jeglicher neuen Situation. Er hat auch mit Regenerierung zu tun – dem Nähren des Selbst –, mit Fürsorgepflicht in bezug auf die eigene Person. Er kann Ihnen also beistehen, wenn Sie sich von negativen Dingen befreien und Geist und Seele erfrischen wollen.

Wasser ist mit Absorbierung und Verteilung oder Zerstreuung assoziiert, und der Frosch kann Ihnen helfen, Ideen und Eindrücke, die Sie in Ihrer Entwicklung behindern, wegzuwaschen. Er kann Sie unterstützen, wenn Sie den Sprung wagen, wenn Sie den Mut für ein neues Unternehmen und, damit verbunden, eine neue Lebensweise aufbringen wollen.

Grundbedeutung: Springen Sie.

FUCHS

Der Fuchs wird mit Schlauheit assoziiert, vor allem wegen seiner Fähigkeit, die Bewegungen anderer zu beobachten, ohne selbst gesehen zu werden. Als Krafttier betont er Anpassungs- und Integrationsfähigkeit, gepaart mit raschem Denken und Entschlossenheit, wenn die Zeit reif ist.

Krafttiere drücken immer die positiven Aspekte der Eigenschaften ihrer physischen Ebenbilder aus, und der Fuchs bildet da keine Ausnahme. Als Krafttier lehrt Sie der Fuchs nicht List und Verschlagenheit, sondern in bildhafter Sprache Klugheit, nicht hinterhältige Schlauheit, sondern die Bereitschaft zur Unauffälligkeit. Er weist Sie auch darauf hin, wie wichtig es für Sie ist, mit Geduld die geeignete Gelegenheit abzuwarten, um dann Ihre Schritte zu tun.

Möglicherweise entstehen Ihre Hauptprobleme aus einem Wunsch, sich selbst etwas zu beweisen und anderen Ihre Gegenwart deutlich kundzutun. Sollten Sie sich als Opfer einer Kontroverse und von Kritik oder von Neid und Eifersucht bedroht fühlen, dann brauchen Sie die Hilfe des Fuchses, um weniger auffällig zu sein und Ihre Ziele von anderen unbehelligt und unbehindert erreichen zu können.

Grundbedeutung: Tarnung und größere Unauffälligkeit.

GEFLÜGELTES PFERD

Das geflügelte Pferd ist ein mythisches Tier – ein herrliches Geschöpf, das durch die Luft galoppieren und seinen Reiter oder seine Reiterin in andere Dimensionen transportieren kann. Es steht symbolisch für die Inspiration, die ja aus einer anderen »Welt« zu kommen scheint, weil sie uns Ideen schenkt, die noch nicht bearbeitet und mit Hilfe der Vernunft verwirklicht worden sind. Das geflügelte Pferd symbolisiert zudem die Unsterblichkeit der Seele und die Fähigkeit, sowohl in der physischen Welt der Materie wie im unsichtbaren Reich des Geistes zu agieren.

Das geflügelte Pferd findet sich in Mythen und Legenden aller Kulturen. Bei den nordischen Völkern war es Sleipnir, das magische, achtbeinige Pferd, das die schamanische Gottheit Odin in die Anderwelten trug. In seine Zähne waren Runen eingeritzt, was bedeutet, daß es die Sprache des Kosmos in seinem Maul trug.

Als Krafttier befähigt Sie das geflügelte Pferd zum Aufschwung in große Höhen und zur Erfahrung in Bereichen, die die Kraft des Intellekts übersteigen. Sollte das geflügelte Pferd auftauchen, dann schwingen Sie sich auf seinen Rücken und lassen Sie sich von ihm in Sphären jenseits der Sterne tragen.

Grundbedeutung: Schwingen Sie sich in die Höhen hinauf.

GREIF

Der Greif ist ein mythisches Geschöpf mit dem Kopf und den Schwingen eines Adlers, dem Körper eines Löwen und dem Schwanz einer Schlange, was heißt, daß er die Qualitäten all dieser

Tiere in sich verbindet. Er ist im wesentlichen ein Hüter und Beschützer und in dieser Eigenschaft auf vielen europäischen Wappenschilden zu sehen. Der Greif fand sich auch auf dem persönlichen Siegel Edward III., der von 1327 bis 1377 König von England war. Edward verfolgte das Ziel einer Vereinigung von England und Schottland und erhob über seine Mutter Anspruch auf den Thron Frankreichs, wodurch er den Hundertjährigen Krieg auslöste.

Der Greif wurde mit Hoheit und Herrschaft assoziiert. Als Krafttier befaßt er sich damit, daß unter Wahrung gewisser Prinzipien die Kontrolle über eine Situation übernommen wird. Er sieht über das Augenscheinliche hinaus und handelt mit Stärke und Entschiedenheit, mit Klugheit und Gerechtigkeitssinn.

Grundbedeutung: Der weise Gebrauch von Macht.

HASE

Der Hase ist ein schwer zu fassendes Geschöpf mit einem geradezu unheimlich sensiblen Wahrnehmungsvermögen für seine Umgebung. In der keltischen Mythologie galt er als ein Führer der Anderwelt und Überbringer von verborgenen Lehren und intuitiven Botschaften.

Der Hase ist eines der wenigen Tiere, das sich bei Vollmond weit ins freie Feld wagt. Er kann bei Mondlicht besser sehen und wurde deshalb bei den alten Kelten mit der Göttin assoziiert, was ihn zum Tabutier machte, das nur zu gewissen Zeiten gejagt werden durfte. Hasen sind keine ängstlichen Tiere wie die Kaninchen (mit denen sie gewöhnlich verwechselt werden).

Sein Nestplatz ist nicht leicht zu finden (und so versteckt wie die Ostereier des Osterhasen), und die Jungen tauchen erst im schon fast ausgewachsenen Zustand auf, so als kämen sie aus dem Nichts. Als Krafttier ist der Hase mit dem Unbewußten assoziiert.

Grundbedeutung: Botschaften aus dem »Nirgendwo«.

HIRSCH

Als Krafttier betont der Hirsch, daß es andere Wege gibt als die Gewalt. Er zeigt, daß im sanften Wort und in der sanften Berührung große Kraft liegt, und daß Stärke durch Anteilnahme entsteht. Sie sind mit Menschen konfrontiert, deren Haltung Ihnen Schmerz und Kummer bereitet und Sie sogar zuweilen ängstigt. Aber gerade diese Menschen sind verwundet, und wer immer ihnen zu helfen versucht, macht die Sache nur noch schlimmer. Wenn Sie sie besänftigen wollen, müssen Sie ihr Herz mit dem heilsamen Balsam *des sanften Geistes* und mit Freundlichkeit berühren.

Der Hirsch verweist Sie auf die Notwendigkeit von Mitgefühl und Freundlichkeit anderen wie auch Ihrer eigenen Person gegenüber. Treiben Sie sich nicht so hart an! Seien Sie sanft mit sich selbst, und Sie werden aufhören, Ihre Ängste auf andere zu projizieren. Der Hirsch ist ein Krafttier, das Sie zur Heiterkeit des Herzens, des Geistes und der Seele anleitet.

Grundbedeutung: Sanftheit hat die Macht, ein steinernes Herz zum Schmelzen zu bringen.

KANINCHEN

Das Kaninchen ist ein Krafttier, das sich mit Befürchtungen und Ängsten befaßt. Es verleiht die Fähigkeit zu wissen, wann etwas nicht stimmt. Vielleicht wurden Sie vom Kaninchen angezogen, weil Sie ein Mensch sind, der das Beste erhofft, aber das Schlimmste befürchtet. Das Kaninchen zeigt Ihnen, daß es nicht darum geht, so zu tun, als existierten diese Ängste nicht, oder sie gar zu unterdrükken. Sie müssen graben, um sie an die Oberfläche zu bringen und loszuwerden – übergeben Sie sie dem Universum.

Dabei können Sie sich folgender Methode bedienen: Schreiben Sie Ihre Ängste auf ein Blatt Papier, halten Sie eine kleine Feuerzeremonie ab und zünden Sie das Papier an. Sie können dann zusehen, wie Ihre Befürchtungen und Ängste vor Ihren Augen ins Universum entschwinden. Lassen Sie die Asche in einen kleinen Metallbehälter oder in eine Schale fallen. Gehen Sie ins Freie, graben Sie ein kleines Loch in die Erde und begraben Sie die Asche darin. Dieser kleine symbolische Akt zeigt, daß Ihre Ängste keinen Platz mehr in Ihrem

Leben haben. Fast alle Ihre Ängste sind eingebildeter Natur; jetzt, da sie begraben sind, können Sie Vertrauen in die Zukunft haben.

Sehen Sie, das Kaninchen kann die Schwäche der Angst in die Stärke des Vertrauens verwandeln, wenn Sie seine Herausforderung annehmen.

Grundbedeutung: Stärke aus der Schwäche.

KOLIBRI

Der Kolibri ist ein prächtiges kleines Geschöpf, das, anders als jeder andere Vogel, in jede Richtung fliegen und sogar in der Schwebe verharren kann. Mit seinem langen, spitzen Schnabel kann er Nektar aus einer Vielfalt von Blumen saugen. Sein Flug von einer Blume zur anderen ist ein Tanz des Entzückens und sein Gesang ist eine Melodie der Ekstase.

In indianischen Märchen wird der Kolibri mit Liebe und Freude assoziiert. Seine Erscheinung als Krafttier deutet auf reine Freude am Leben und die Wonne eines Lebens in Liebe. Er beinhaltet die Fähigkeit, Schönheit in allen Dingen zu sehen, und das Beste in den Menschen und das Gute in jeder Situation zum Vorschein zu bringen.

Der Kolibri vertritt die höchsten Prinzipien und bringt die Magie des spirituellen Reichs in die irdischen Aktivitäten. Er kann Ihnen helfen, aus den Lebensvorgängen einen Tanz der Schönheit zu machen.

Grundbedeutung: Tanzen Sie in Schönheit.

KOYOTE

Der Koyote ist das nordamerikanische Äquivalent des Schakals. Bei den Indianern galt er als Spaßvogel wegen seiner außerordentlich amüsanten Possen und seiner Gewohnheit, das Offensichtliche scheinbar nicht zur Kenntnis zu nehmen. Als Krafttier wird er Sie mehr über Sie selbst lehren und Ihnen helfen, aus Ihren Fehlern zu lernen. Er läßt Sie über Ihre eigenen Narreteien lächeln und nicht immer alles so schrecklich ernst nehmen. Der Koyote ist mit dem Sieg über das Ego befaßt, das Ihren spirituellen Fortschritt hemmt, und bringt Sie trickreich in Situationen, die Sie möglicherweise schwierig finden, die aber für Ihre Weiterentwicklung notwendig sind.

Er ermuntert Sie zur Erkenntnis, daß Sie sich Ihr Schlamassel weitgehend selbst zuzuschreiben haben. Bitten Sie den Koyote um Hilfe, damit Sie hinter die äußere Fassade einer Situation blicken und Ihren Handlungsweg aus einer anderen Perspektive sehen können. Hören Sie auf, falls es Ihnen möglich ist, anderen Menschen, den Umständen, dem Schicksal oder dem Pech die Schuld zu geben. Der Koyote wird Sie schon in der Lektion Ihrer Erfahrung unterrichtet haben. Sehen Sie die komischen Seiten und lachen Sie über Ihre Fehler.

Der Koyote wird Ihnen immer eins aufs Haupt geben, wenn Sie darauf bestehen, den gleichen Fehler zu wiederholen!

Grundbedeutung: Was für ein Narr war ich doch!

KRÄHE

Die schamanische Fähigkeit des »Gestaltwechselns« – magische Akte, um willensgemäß erwünschte Veränderungen zu bewirken – wurde von den Indianern manchmal als Krähen-Medizin bezeichnet, denn die Krähe hilft bei der Veränderung der Zukunft.

Als Krafttier drängt Sie die Krähe dazu, die Vergangenheit als Ihren Lehrer anzunehmen. Sie können sie nicht ändern, aber Sie können sie sich anschauen und jene Glaubensvorstellungen ausmachen, die Ihnen Leid brachten und die Sie nun aufgeben können. Die Gegenwart ist die einzig wahre Realität, denn im Jetzt wird die Zukunft geschaffen und gestaltet. Verändern Sie Ihre Gedanken und Sie verändern Ihre Zukunft. Die Krähe fordert Sie auf, den gegenwärtigen Moment effizienter zu nutzen und die Zukunft zur Inspiration werden zu lassen.

Sie weist Sie auch auf die Notwendigkeit hin, das richtige Gleichgewicht zwischen Idealen und praktischer Realität zu finden, und enthüllt die Fähigkeit, sich die Art von Zukunft zu erschaffen, die Sie sich wünschen – wenn Sie Ihre Willenskraft darauf verwenden.

Grundbedeutung: Gestalten Sie die Zukunft.

KRANICH

In alten Zeiten wurde der Kranich von den Schamanen sehr verehrt und als Hüter der Geheimnisse und des verborgenen Wissens betrachtet. Manchen Legenden zufolge stakste der Schöpfergott mit sehr langen Beinen über die Ursümpfe. In Skandinavien war der Kranich Odin zugeordnet, dem die lebendigen Chiffren des Universums in Form von Runen enthüllt wurden. Die Schamanen im alten Nordeuropa und Britannien hatten »Medizinbeutel« aus Kranichhaut, die sie manchmal »Kranichbeutel« nannten – ein runder Beutel, der oben von einer Schnur zusammengehalten wurde und Runen und andere Kraftgegenstände enthielt.

Man sagt, daß Kraniche und Reiher als erste Vögel die Morgendämmerung begrüßen, und in Skandinavien gelten nistende Kraniche als Schutz gegen Feuer. Bezeichnenderweise ist im Medizinrad der Osten die Richtung des Feuerelements und mit spiritueller Erleuchtung verbunden.

Der Kranich oder Storch wurden mit Geburt und neugeborenen Babys assoziiert, weil sie in alten Zeiten einer Fruchtbarkeitsgöttin zugeordnet waren, die die sich inkarnierenden menschlichen Seelen in die Mittlere Welt geleitete. Für die Schamanen war der Kranich sowohl dem Gott wie der Göttin heilig.

Sie betrachteten ihn als Führer in die Unterwelt – das Reich des Unbewußten und Körperbewußtseins. Und so eng war er mit den Chiffren der Schöpfungsmythen verbunden, daß das Auftauchen des Kranichs als Krafttier ein klarer Hinweis darauf ist, daß Sie, wenn Sie die Mühe auf sich nehmen, in Ihre eigenen verborgenen Tiefen vordringen und zu einem Verständnis der Runen gelangen werden.

Grundbedeutung: Verborgene Tiefen.

LACHS

Der Lachs kann gegen die stärksten Strömungen anschwimmen und ist der Meister des Wasserelements. Er kann Ihnen zeigen, wie Sie mit den Wassern der Emotionen umgehen, Ihre emotionalen Verletzungen heilen und sich ohne Widerstände durchs Leben bewegen können.

Als Krafttier ist der Lachs mit Langlebigkeit und dem Altern in Anmut verbunden. Er kann Ihnen auch behilflich sein, wenn Sie zu Ihrem Nutzen in Kontakt mit Ihrer Erblinie kommen und sich an vergangene Leben erinnern wollen.

Grundbedeutung: Sehen Sie sich nach Umgehungsmöglichkeiten um.

LÖWE

Der Löwe ist schon lange ein Symbol herrscherlicher Macht und königlicher Weisheit und nimmt in Mythen, Legenden und in der religiösen und säkularen Geschichte einen herausragenden Platz ein. Und überall wurde dabei auf das Herz des Löwen verwiesen. Als Krafttier hat er vor allem mit dem Herzen zu tun und damit, daß er das Beste in Ihnen zum Vorschein bringt. Heißen Sie ihn also als echten Freund willkommen.

Die Regenerierungsfähigkeit gehört zu seinen vielen Qualitäten. Die Fähigkeit, nach physischer Erschöpfung rasch wieder zu Kräften zu kommen, sich nach einem Schlag des Gegners zu erholen, die Wunden emotionaler Verletzungen zu heilen – dies alles sind Bereiche, in denen Ihnen der Löwe von praktischem Nutzen sein kann. Er steht auch symbolisch für die sexuelle Energie, und die »Zähmung des Löwen«, von der in vielen alten Geschichten die Rede ist, meint sinnbildlich ausgedrückt das Kontrollieren der eigenen sexuellen Energie.

Als Krafttier bringt der Löwe Wärme, Aufrichtigkeit und Selbstsicherheit.

Grundbedeutung: Leben Sie wie ein König.

LUCHS

Der Luchs ist ein großes, katzenhaftes Geschöpf mit einem hübschen und lächelndem Gesicht. Manche Schamanen beschreiben es als »wissendes« Lächeln, vergleichbar mit dem selbstzufriedenen Lächeln einer Person, die etwas weiß, was Sie nicht wissen.

In der mystischen Tradition einiger nordamerikanischen Indianerstämme gilt der Luchs als »Hüter der Geheimnisse« und als der,

der um das Verborgene weiß. Deshalb wird er mit den tieferen Wahrheiten, mit Hellsichtigkeit und den Fähigkeiten der Weissagung assoziiert.

Als Krafttier kann er Sie Dinge über Sie lehren, die Sie nicht wissen oder vergessen haben. Der Luchs ist ein stilles Tier und verweist darauf, daß wir uns in die Stille begeben müssen, wenn wir »verborgenes« Wissen verstehen und an Aspekte alter Weisheit gelangen wollen.

Beobachten Sie auf Ihrer schamanischen Reise das Verhalten des Luchses sehr genau, denn er wird, wenn überhaupt, nur selten sprechen. Achten Sie sorgsam darauf, wohin er Sie führt, und von wo er Sie wegführt. Und achten Sie, wenn Sie dann später Ihre Eindrücke zu Papier bringen, auf die Gedanken und inneren Bilder, die in Ihnen aufsteigen. Dem Anschein nach mögen sie zunächst keine Bedeutung haben, aber das gehört möglicherweise zur Art des Luchses, Ihnen verborgenes Wissen zu übermitteln.

Der Luchs kann Sie auch zu verlorengegangenen oder versteckten Dingen führen oder die Erinnerung an einen vergessenen Vorfall wecken, der nun in Ihrem Leben Bedeutung gewinnt. Es mag sich um den Ort handeln, wo Sie einen gesuchten Gegenstand finden, oder um eine Person, mit der Sie den Kontakt verloren haben. Vielleicht fordert Sie der Luchs auf, ein Orakel um Rat zu fragen oder auf irgendeine Weise einen Blick in die Zukunft zu tun.

Grundbedeutung: Geheimdienst.

MAUS

Die Maus ist ein Tier, das über seine Schnurrbarthaare mit einem überaus empfindlichen Tastsinn begabt ist. Und da sie eine Quelle der Nahrung für viele Tiere ist, verfügt sie auch über ein gutes Gespür für Gefahr.

In der Medizin-Lehre der Indianer wird die Maus mit der Fähigkeit assoziiert, die Dinge aus der Nähe und in großem Detail erforschen zu können. Als Krafttier ermuntert sie Sie also dazu, mehr aufs Detail zu achten und sich auch ganz genau das »Kleingedruckte« anzusehen. Das beinhaltet, daß Sie sich auch die Details Ihres Lebens genauer vornehmen und die »kleinen« Dinge nicht verachten, denn sie alle sind Bestandteil Ihres Lebens und Lehrer für Ihren spirituellen Fortschritt. Die Maus rät Ihnen, das Offensichtliche nicht zu ignorieren, denn das, wonach Sie suchen, könnte sich direkt vor Ihrer Nase befinden.

Außerdem verhilft Ihnen die Maus zur Wachsamkeit. Die Dinge und Menschen sind nicht immer das, was sie nach außen hin zu sein scheinen. Hüten Sie sich davor, in die Falle zu gehen und in Situationen zu geraten, die für Sie schädlich sind, oder von attraktiv erscheinenden Angeboten verführt zu werden, die möglicherweise verborgene Fallstricke enthalten. Prüfen Sie alles sehr sorgfältig.

Grundbedeutung: Passen Sie auf und schauen Sie genau hin.

OTTER

Der Otter ist ein verspieltes und vergnügtes Tier mit starkem Familiensinn und ausgeprägtem Beschützerinstinkt für seine Jungen, das sowohl im Wasser wie an Land heimisch ist. Als Krafttier betont er die Notwendigkeit mitfühlenden Verständnisses, ausgewogenen Urteils und großzügigen Teilens mit anderen. So hilft er Ihnen nicht nur, bereit zu sein, die guten Dinge Ihres Lebens mit anderen zu teilen, sondern sich auch über die Erfolge und das Glück anderer zu freuen. Wenn Sie sich um anderer willen freuen, werden Sie auch mehr Freude in Ihrem eigenen Leben finden.

Der Otter ist ein Gegenmittel für Kummer und Sorgen. Er zeigt Ihnen, wie wichtig es ist, sich nicht allzu intensiv um den Erwerb von noch mehr materiellen Gütern oder den Aufstieg auf der Karriereleiter zu kümmern. Vielmehr ermuntert er Sie, mit dem zufrieden zu sein, was Sie haben und sich am Leben zu erfreuen, statt es nur zu tolerieren.

Grundbedeutung: Genießen Sie.

PFERD

Unter allen war das Pferd vielleicht der engste Partner des Menschen aus dem Reich der Tiere. In der alltäglichen Wirklichkeit trug es seinen Reiter über weite Entfernungen und ermöglichte so die Kommunikation. Es half, schwere Lasten zu transportieren und den Acker zu pflügen. In der nichtalltäglichen Wirklichkeit trug das Pferd den schamanisch Reisenden zur Kommunikation in andere Existenzbereiche, zu Bewußtseinsverlagerungen und zum Beakkern der »Erde« tieferer Bewußtseinsschichten.

Die Indianer ehrten das Pferd als heiliges Tier. Im alten Nordeuropa und Britannien praktizierten einst magische Bruderschaften einen Pferdekult mit den damit verbundenen natürlichen und übernatürlichen Kräften.

Als Krafttier ist das Pferd vor allem ein Überbringer von Botschaften und hat oft mit dem Überschreiten einer Schwelle zu tun. Es wird mit Macht und Verantwortung sowie mit Weisheit und Ausgewogenheit bei der Ausübung von Autorität assoziiert. Auf emotionaler Ebene verbindet es sich mit der Notwendigkeit mitfühlenden Verstehens.

Das Pferd wird vor allem mit der Kraft des Wissens und der Weisheit, mit Kommunikation und Teilen mit anderen in Zusammenhang gebracht.

Grundbedeutung: Pflegen Sie die Kommunikation.

PUMA

Der Puma, auch Kuguar oder Silberlöwe genannt, ist der Berglöwe des nordamerikanischen Westens. Er hat ein schönes, katzenhaftes Gesicht und einen schlanken, eleganten, gelbbraun oder grau gefärbten Körper. Als Krafttier ermuntert er Sie dazu, die Kontrolle über problematische Situationen zu übernehmen und sich der Kräfte der Führerschaft zu bedienen, um Einfluß auf die Ereignisse zu nehmen. Er drängt Sie dazu, Ihre Unsicherheit und Zurückhaltung aufzugeben, persönliche Verantwortung zu übernehmen und die Sache in die Hand zu nehmen.

Der Puma schenkt Stärke, Entschlußkraft, Voraussicht und die Sicherheit, daß richtiges Handeln zu den richtigen Resultaten führt. Er ist bemüht, Ihnen zu zeigen, wie Sie zu Ihrer eigenen Führungskraft werden können.

Grundbedeutung: Sie haben die Verantwortung.

RABE

Aufgrund seiner schwarzen Farbe galt der Rabe im westlichen Kulturkreis oft als Unglücksbote, den man auch mit dunklen Taten in Verbindung brachte. Doch den indianischen Medizin-Lehren zufolge kommt das Licht aus der Dunkelheit, ist Schwarz mit der Leere – der Quelle aller Energie – assoziiert, und ist der Rabe ihr Bote. So ist er mit Magie und dem Schicksal verknüpft, denn er ist ein Bote des Künftigen.

Der Rabe verkündet die Notwendigkeit, drastische Veränderungen in Ihrer Einstellung und Wahrnehmung vorzunehmen. Er ermuntert Sie dazu, echte Magie in Ihr Leben zu bringen – auf das Unerwartete gefaßt zu sein und sich auf Fülle vorzubereiten. Lassen Sie von Ihrer negativen Einstellung, die Sie so lange blockiert hat, und ersetzen Sie sie durch Eifer und Begeisterung über das Lebendigsein. Freuen Sie sich darüber, daß Sie lebendig sind.

Der Rabe als Krafttier ist der Kurier des Energieflusses, der Veränderungen bewirkt und neue Realitäten schafft. In der mystischen Tradition der Indianer war er der Hüter der zeremoniellen Magie und der Fernheilung. Deshalb stand er für die Kraft, die die Botschaft oder Absicht einer Zeremonie an ihr Ziel trägt und so ihre Manifestation herbeiführt.

Grundbedeutung: Die Ankündigung von Veränderungen.

RENTIER

Das Rentier gehört zur Spezies der Karibus, die in den nördlichen Gefilden beheimatet ist, in Alaska, Kanada, Grönland, Skandinavien, Lappland und Rußland. Das Rentier liefert Milch, Fleisch und Felle. Es ist das »Pferd« des Nordens, das schwere Lasten tragen und Schlitten ziehen kann. Manche Rentiere legen, den Pfaden ihrer Vorfahren folgend, jährlich Hunderte von Kilometern zu ihren Sommerplätzen zurück.

In den Märchen und Legenden der nordischen Völker spielt das Rentier eine große Rolle, und es ist das Tier, das den Schlitten des Weihnachtsmanns zieht, des Überbringers von Geschenken und Fröhlichkeit.

Als Krafttier ist es mit den Qualitäten des Nordens assoziiert – mit geistiger Klarheit, reiner Absicht, mit Wiedergeburt und Erneuerung. Es überbringt die Geschenke von Wissen und Weisheit aus der eigenen Erblinie. Es bedeutet die Freude am Wissen, am Teilen mit anderen und an engen Beziehungen. Desweiteren verweist es auch auf die Notwendigkeit, sich in die Vergangenheit zu begeben und Nahrung und Stärkung auf alten Pfaden zu finden.

Grundbedeutung: Die Freude, die im Wissen liegt.

SCHILDKRÖTE

In der indianischen Mythologie repräsentiert die Schildkröte die Erde, die Mutter, aus deren Substanz die Körper aller auf Erden lebender Geschöpfe geformt wurden, und die nährende Kraft, die dem menschlichen Geist die Möglichkeit zur Weiterentwicklung bietet.

Als Krafttier lehrt Sie die Schildkröte die Notwendigkeit von Schutz. Auch wenn Sie Ausdrucksmöglichkeiten für Ihr inneres kreatives Potential finden und Ihren Gedanken erlauben sollten, bis zu den Dingen des »Himmels« vorzudringen, müssen Sie doch gut geerdet und mit den Kräften der Erde verbunden bleiben. Mit anderen Worten, Sie sollen mit beiden Beinen auf dem Boden des Praktikablen stehen. Die Schildkröte verweist auch darauf, wie wichtig ein ausbalancierter physischer Körper und ein Bewußtsein darüber ist, daß dieser Körper das Vehikel unserer Lebenserfahrung auf Erden bildet.

Sie lehrt Sie die Weisheit einer Ausrichtung auf den zyklischen Fluß des Lebens, und daß der schnellste Weg nicht immer der beste ist, denn Ideen brauchen Zeit, um richtig reifen zu können.

Die Schildkröte verweist Sie auf die Erdharmonie und lenkt Ihre Aufmerksamkeit auf alles, was heil und ganz und gut und reichlich ist.

Grundbedeutung: Beeilen Sie sich langsam.

SCHLANGE

Die Schlange ist ein Reptil, das seine Haut abstreifen und eine traumatische Erfahrung von Leben-Tod-Wiedergeburt durchleben kann. Als Krafttier ist sie mit der Kontinuität des Lebens und der Verwandlung durch Erfahrungen assoziiert.

Sie lehrt Sie die Erkenntnis, daß Sie ein unsterbliches Wesen sind, das die Sterblichkeit erfährt, daß Sie ständig alles, was seinen Zweck erfüllt hat, abstreifen zugunsten von etwas, das von größerem Wert ist.

Die Schlange besitzt die Fähigkeit zur Transformation und verleiht die Kraft, auf richtige Weise mit der Feuerenergie umzugehen.

Grundbedeutung: Kontinuität.

SCHMETTERLING

Die Stammesschamanen betrachteten den Schmetterling als Hüter und Beschützer von Kraftplätzen oder Kraftorten in der Natur. Wo sich Schmetterlinge aufhielten, war keine negative Energie wahrzunehmen, was heißt, daß ihre Anwesenheit auf einen von negativen Einflüssen freien Kraftort verwies.

Der Schmetterling ist ein Insekt, das verschiedene Verwandlungen durchmacht: vom Ei zur Larve, von dieser zur Raupe und schließlich zum fliegenden Geschöpf. Als Krafttier betont er die Bedeutung der Transformation im kontinuierlichen Prozeß der Entwicklung und spirituellen Evolution. Er lehrt, wie wichtig die Freude an der Lebensreise ist, und daß man sich von seinen »Zielen« nicht auffressen lassen soll. Ein Schmetterling lebt nur drei Tage und hebt so die Notwendigkeit hervor, sich am Jetzt zu erfreuen.

Er zeigt, wie wichtig es ist, daß wir uns nicht selbst Zwänge auferlegen und geistige Klarheit bewahren, damit wir Probleme und Schwierigkeiten aus einer umfassenderen Perspektive betrachten können.

Als Krafttier kann er Sie lehren, den Schmerz der Veränderung zu akzeptieren, wenn Sie alte Vorstellungen und Einstellungen hinter sich lassen, und den Mut aufzubringen, auf Flügeln der

Hoffnung neuen Situationen und frischen Herausforderungen entgegenzufliegen.

Grundbedeutung: Lassen Sie sich von den Winden des Wandels tragen.

SCHWAN

Der Schwan ist vielleicht der königlichste und eleganteste aller Vögel, auch wenn er, wenn er noch jung ist, zunächst als »häßliches Entlein« bezeichnet wird. Als Krafttier ist er ein Symbol für die Träume, in denen Wissen zur persönlichen Weiterentwicklung, zur spirituellen Evolution und zur Entwicklung zu einem Geschöpf von großer Schönheit übermittelt wird.

So hilft Ihnen der Schwan bei transformativen Prozessen und lehrt Sie die Notwendigkeit, Veränderungen mit Anmut zu akzeptieren.

Grundbedeutung: Anmutige Akzeptanz.

STACHELSCHWEIN

Noch nie war ich jemandem begegnet, der Erfahrungen mit dem Stachelschwein als Krafttier gemacht hatte, bis es mir auf einer meiner eigenen Reisen erschien. Seither ist es immer mal wieder aufgetaucht und übt inzwischen einen starken Einfluß auf mein Leben aus. Ich hatte es anfangs, obwohl es eigentlich sehr viel größer war, mit einem Igel verwechselt. Das Tier war bemerkenswert verspielt, und daß es ein Stachelschwein war, merkte ich schließlich daran, daß seine Stacheln nicht pieksten.

Es lehrte mich, das Leben nicht gar so ernst zu nehmen. Das Leben ist nicht da, um erlitten und ertragen zu werden, sondern wir sollen es wertschätzen und uns daran erfreuen. Das Stachelschwein zeigte mir, daß wir als Erwachsene die Freude eines Kindes wiederentdecken müssen, das das Leben als Abenteuer und vergnügliche Entdeckungsreise nimmt.

Das Stachelschwein mag ja vielleicht nicht das attraktivste aller Tiere sein, aber seine kindliche Neugier hat etwas sehr Liebenswertes. Es ist ein bescheidenes Tier, das uns die Notwendigkeit von

Demut und Bescheidenheit, aber auch die Kraft der Freude lehren kann.

Grundbedeutung: Neugier in aller Bescheidenheit.

WAL

Der Wal, ein sehr altes Geschöpf, spielt in den Geschichten aller Kulturen eine große Rolle. In indianischen Legenden wird er mit einer Zeit assoziiert, in der die Ozeane noch nicht in einer riesigen globalen Naturkatastrophe ganze Kontinente verschlungen hatten. Deshalb gilt er als Träger uralten Wissens.

Der Wal als Krafttier hat mit der Überbringung von Botschaften aus den Tiefen Ihres Wesens zu tun – Erinnerungen aus der Kette Ihrer Vorfahren, die tief in Ihrem DNS-Code eingebettet sind. Die Antworten auf viele der größten Rätsel des Lebens liegen hier verborgen, wie auch die Aufzeichnungen Ihrer eigenen Vergangenheit und Hinweise auf Ihr Schicksal. Der Wal kann Ihnen helfen, in die Tiefen der Ozeane der Zeit zu tauchen und die alte Weisheit zu entdecken und zu verstehen.

Er kann Ihnen auch behilflich sein, Ihr ganz persönliches und einzigartiges Klangmuster und Ihr eigenes Kraftlied zu finden, das Sie mit dem »Herzschlag« des Universums in Kontakt bringen kann. Der Wal hat sein eigenes Kraftlied, das, wie Silver Bear mir sagte, »Sirius mitteilt, was die Erdenkinder treiben«!

Grundbedeutung: Die Weisheit der Vergangenheit.

WIESEL

Das Wiesel hat einen sehr feinen Gehörsinn und kann durch die Oberfläche hindurchblicken. Als Krafttier hilft es Ihnen, Ihr inneres Gehör zu entwickeln, damit Sie Ihre innere Stimme vernehmen können, und Ihr Wahrnehmungsvermögen zu schärfen, so daß Sie hinter die Worte und Taten anderer blicken und ihre wahren Motive und Absichten erkennen können.

Es kann Ihnen auch behilflich sein, die verdeckten Gründe einer bestimmten Situation zu sehen. Bitten Sie also das Wiesel um Hilfe in den Lebensbereichen, in denen Verwirrung herrscht oder die

Ihnen Sorge bereiten, und bitten Sie es um Hinweise, warum Sie in einer bestimmten Situation die Gefühle haben, die Sie haben.

Grundbedeutung: Durchschauen Sie die Oberfläche.

WOLF

In der indianischen Kosmologie wird der Wolf nicht als Tier angesehen, von dem eine tödliche Bedrohung ausgeht, sondern als Lehrer und Wegführer. Die Sinne des Wolfs sind hoch entwickelt. Seine Nase zum Beispiel ist hundertmal feiner als die des Menschen. Er kann den Unterschied zwischen wirklicher und eingebildeter Gefahr riechen.

Wenn Sie dem Wolf als Krafttier begegnen, so ist das ein Hinweis darauf, daß Sie zu Ihrem inneren Lehrer geführt werden, um in direkter, persönlicher Weise unterrichtet zu werden. Der Wolf wird Ihnen zeigen, daß jeder und alles ein Lehrer sein kann. Sie können von Bäumen, Pflanzen, Tieren, Vögeln, Felsen und Steinen lernen, sogar vom Wind und vom Regen. Sie müssen nur achtsam sein und lernen zu hören.

Der Wolf verweist auf ein Wissen, das aus einer Schicht unterhalb der Bewußtseinsebene kommt und im Unbewußten liegt.

Grundbedeutung: Lassen Sie sich belehren.

DER KRAFTTANZ

Wenn Schamanen auf einer schamanischen Reise ein Krafttier »erworben« haben, wenden sie, um seine Energie an die Oberfläche zu bringen, manchmal die Technik des sogenannten Krafttanzes an. Bei diesem Tanz versuchen sie nicht nur, die spezifische Energie des Krafttiers, dem sie in der nichtalltäglichen Wirklichkeit begegnet sind, zu erfühlen, sondern sich auch in seinem Fluß zu bewegen und in der alltäglichen Wirklichkeit eins mit ihm zu werden. Diese Bewegungen sind der »Tanz«. Indem sie auf diese Weise versuchen, sich mit der Energie des Krafttiers zu identifizieren, die Bewegungen seines Ebenbildes auf physischer Ebene in sich hervorzurufen und vielleicht auch seinen Ruf oder Schrei nachzuahmen, bringen sie sich mit dem Krafttier in Übereinstimmung.

Durch den Krafttanz wird auf der Ebene des Alltagsbewußtseins der Existenz einer Kraftquelle Ausdruck gegeben, die in einem veränderten Bewußtseinszustand angesiedelt ist. Mit anderen Worten, der Tänzer befindet sich in einem Zustand des Grenzübergangs, in einer Zwielichtzone, in der zwei Dimensionen aufeinanderstoßen. Aus diesem Grund kneifen Sie am besten bei Ihrem Tanz die Augen etwas zusammen, um einen »Zwielichtblick« zu bekommen und das innere Auge ins Spiel zu bringen, damit Sie sehen können, was dem physischen Auge verborgen bleibt.

Entspannen Sie sich, damit Sie sich frei in jegliche Richtung bewegen können. Bewegen Sie sich zum Rhythmus einer Trommel (falls Sie mit anderen Personen zusammenarbeiten) oder benutzen Sie einfach eine Rassel, wenn Sie allein sind. Bewegen Sie sich, die Rassel schüttelnd, mit federndem Schritt, treten Sie aber mit dem ganzen Fuß auf, damit Sie in festem Kontakt mit dem Boden bleiben. Verlagern Sie Ihr Gewicht von einem Fuß auf den anderen und geben Sie der »Stimmung« der Energie mit Ihrem ganzen Körper Ausdruck, nicht nur in Ihrem Geist. Machen Sie sich frei von Hemmungen und lassen Sie sich gehen – oder besser, überlassen Sie sich dem Fluß.

Sie verspüren vielleicht den Wunsch, die Bewegungen des Tieres nachzuahmen – zu tänzeln wie ein Pferd, sich anzuschleichen wie ein Löwe, dahinzugleiten wie ein Falke, zu springen wie ein Affe, zu rennen wie ein Hirsch und so weiter. Überlassen Sie sich der Bewegung, die Ihnen das Tier diktiert. Dies ist ein Aspekt der animalischen Seite Ihrer Natur, der sich auf wohlwollende Weise Ausdruck verschaffen möchte. Ein Krafttanz ist mehr als eine etwas primitive Darstellung der Bewegungen eines Tieres, er ist der uneingeschränkte Ausdruck der Energie, die aus unterbewußten und unbewußten Tiefen an die Oberfläche steigt, so daß sie erkannt und genutzt werden kann.

Es geht nicht nur einfach um eine befriedigende Erfahrung, wenn Sie auf einer schamanischen Reise einem Krafttier begegnen und seine wesensmäßigen Eigenschaften erkennen möchten. Es geht vielmehr darum, daß Sie anschließend dieses Energiepotential nutzbringend einsetzen können. Durch den Krafttanz können Sie ein »Gefühl« dafür bekommen, sich mit ihm identifizieren und so besser mit ihm arbeiten.

9.
FÜHRER, LEHRER UND HÜTER

Abgesehen von den Krafttieren, Totems und Kraftgegenständen haben Schamanen innere Lehrer, die sie unterweisen, Führer, die sie beraten, und Hüter, die sie beschützen. Innere Führer und Lehrer treten bei schamanischen Reisen gewöhnlich in menschlicher Gestalt auf, manche davon als archetypische Gestalt, als der weise alte Mann oder die weise alte Frau, der wilde Mann im Wald, die mittelalterliche Dame oder sogar auch als Kinder oder Feen. Hüter zeigen sich in menschlicher und nichtmenschlicher Gestalt.

Schamanische Führer und Lehrer sind keine eingebildeten, in der geistigen Vorstellung »erzeugte« Gestalten, die nur als Illusion existieren. Sie sind Gestalten einer anderen Wirklichkeit, die mit der Alltagswelt unseres Wachbewußtseins koexistiert. Lassen Sie mich nun den Versuch machen, den Unterschied zwischen einem schamanischem Führer und einem inneren Lehrer zu erläutern.

Ein Führer ist ein jenseits des normalen physischen Wahrnehmungsbereichs operierendes Energiemuster, das Ihnen für Ihr Wachstum und Ihre Entwicklung wesentliche Informationen liefert. Visuelle Eindrücke, die wir in diesem Zusammenhang empfangen, kommen über das Unterbewußte vom verborgenen Selbst, und zwar in einer Form, die sowohl für das verborgene Selbst wie für das Bewußtsein des menschlichen Selbst erkennbar ist.

Ein Hüter repräsentiert einen schützenden Einfluß, der den Schamanen bei der Bewältigung ihrer Aufgabe hilft und sie bei der Geistreise in die Anderwelten und bei physischen Aktivitäten vor Schaden bewahrt. Ein Hüter entspricht dem, was gläubige Menschen einen »Schutzengel« nennen. Er ist immer bei Ihnen, versucht Sie vor Schaden zu bewahren, ob nun bei physischer, emotionaler, mentaler oder spiritueller Gefahr, und rät Ihnen durch das, was manchmal als »die Stimme des Gewissens« bezeichnet wird.

Die in Kapitel 8 besprochenen Krafttiere dienen als Führer, Helfer und Hüter und liefern die für spezielle Aufgaben benötigte Energie.

Ein innerer Lehrer hingegen ist eine Intelligenz, die einst als menschliches Wesen inkarniert war und sich in ihren Leben auf Erden weiterentwickelt hat. Sie macht nun als Führer ihre Erfahrungen im Bereich spiritueller Evolution, und ihre Fortschritte sind mit Ihrer Weiterentwicklung verknüpft. Sie kanalisiert Energie in den physischen Bereich, die Sie als »Inspiration« erfahren. Ein innerer Lehrer kann als Verbündeter des Höheren Selbst betrachtet werden, das seine Existenz im spirituellen Reich oder »Nagual« hat. Manche Schamanen sehen das Höhere Selbst als das höhere Bewußtsein an – eine unsterbliche »Persönlichkeit«, eine Art »Oberaufseher« auf einer anderen Ebene oder in einer anderen Dimension der Existenz. Manche Schamanen nennen das Höhere Selbst »Der, der Oben alles in seiner Obhut hat«. Die Kahuna bezeichnen es als *Aumakua* (»*Ay-u-mah-hu-ah*« ausgesprochen). Das Sanskritwort *Adhyatma* bedeutet etwas ähnliches – der Kern oder Urquell der eigenen wahren Existenz, der wahre Lehrer.

Das Höhere Selbst ist also das unsterbliche »Nagual«-Selbst, das mit den feinen und höheren Nagual-Kräften des Medizinrads in Verbindung steht, während das sterbliche menschliche Selbst – das bewußte Selbst des Alltags – mit den »Tonal«-Kräften der physischen Existenzebene hier auf Erden verbunden ist. Das Höhere Selbst begreift sich selbst als vom menschlichen Selbst unterschieden – es sieht sich nicht als eine gesonderte Persönlichkeit mit bestimmten Merkmalen und Eigenschaften, Vorlieben und Abneigungen, sondern als Teil des göttlichen Ganzen, der aber doch über eine individualisierte Identität verfügt. Die Erde, die uns die Umwelt schenkt, in der wir im Prozeß spiritueller Evolution die materielle Existenz erfahren, hat selbst ein hoch entwickeltes Höheres Selbst. Sie hat keine menschliche Gestalt, sondern die Form eines Planeten als Vehikel ihrer eigenen Entwicklung angenommen. Sie verfügt, ebenso wie wir, über Eigenschaften und Merkmale, Aspekte ihres Wesens, und hat, wie wir, ein eigenes Bewußtsein.

Doch wir identifizieren uns unmittelbar mit dem bewußten menschlichen Selbst, dem »Selbst« unserer materiellen Existenz mit seinen Vorlieben und Abneigungen. Ein »Selbst«, das selten zufrieden ist, fortwährend Vergleiche anstellt, Urteile fällt, egoistisch und voller Erwartungen ist und ständig seinen Vorteil sucht.

Das Höhere Selbst stellt Ihre persönliche Verbindung mit dem Göttlichen dar, weil es der Höchsten Quelle von Allem-Was-Ist näher steht. Es befaßt sich mit Ihrem höchsten Wohl und liefert Ihnen Gelegenheiten für Ihre spirituelle Weiterentwicklung. Es stellt keine Forderungen an Sie, erzwingt kein Handeln und kontrolliert Sie auch nicht. Denn Ihr freier Wille – die Freiheit, selbst zu entscheiden, was Sie tun und unterlassen und aus Ihren Erfahrungen lernen möchten – ist unantastbar. Spirituelle Evolution kann nur durch das stattfinden, was wir aus den Konsequenzen unserer Gedanken und Handlungen lernen. Das Höhere Selbst, das im Nagual angesiedelt ist, kann jederzeit Ihr Leben überblicken, kann in alle Richtungen schauen – in die Vergangenheit, Gegenwart und unmittelbare Zukunft –, kann erkennen, wie all die Puzzlestückchen Ihres Lebens zusammenpassen.

Die Qualitäten des Höheren Selbst können im menschlichen Selbst Ausdruck finden. Bedingungslose Liebe zum Beispiel ist ein Merkmal des Höheren Selbst – das heißt Liebe, die geschenkt wird, ohne etwas dafür zu erwarten. Besitzergreifende und fordernde Liebe ist keine Liebe, sondern nur die Selbstnachgiebigkeit des egoistischen menschlichen Selbst.

Tatsächlich besteht einer der größten Irrtümer und eine der größten Tragödien der menschlichen Geschichte im Glauben der meisten Menschen, daß Liebe etwas ist, das von *außen* an uns herangetragen wird – eine Qualität, die uns von jemand anderem zukommt. Deshalb die ewige, verzweifelte Suche nach ihr. In Wahrheit kommt Liebe aber aus dem *Innern*, aus dem Kern unseres Seins, und möchte nichts weiter als sich geben, sich mit-teilen. Ihre Quelle ist das Höhere Selbst. Liebe ist eine Aktivität des Geistes, nicht nur eine Übung des Bewußtseins oder des Körpers. Wenn Sie diese Entdeckung machen, kann die Liebe befreit werden, kann sie frei von uns und auch zu uns zurückfließen.

Ihr Höheres Selbst liebt Sie absolut, trotz Ihrer selbst. Es bekümmert sich darum, was mit Ihnen geschieht, und möchte, daß Sie Ihr Lebensziel hier und jetzt erfüllen. Es ist immer für Sie, unterstützt Sie immer, ist immer »da«, ständig gegenwärtig, aber selten sichtbar oder wahrnehmbar. Tatsächlich merken die meisten Menschen nicht einmal, daß sie ein Höheres Selbst haben, sie sind sich nur ihres Persönlichkeits-Selbst bewußt.

Das Höhere Selbst entwickelt sich seinerseits durch die – positiven und negativen, »guten« und »schlechten« – Erfahrungen des menschlichen Selbst zu größerer Vervollkommnung. Es gehört zum Anliegen eines vergänglichen Lebens auf Erden, daß wir willentlich eine Verbindung zwischen dem menschlichen Selbst, dem verborgenen Selbst und dem Höheren Selbst herstellen. Wir müssen das Höhere Selbst aktiv am Alltagsleben unseres menschlichen Selbst teilnehmen lassen. Und wenn wir das tun, wandelt sich unsere Beziehung zum »Göttlichen« von einer nebulösen Vorstellung von »himmlischer« Übernatürlichkeit zu einer handfesten praktischen Wirklichkeit, wird aus dem »da oben« ein »hier unten« in der Schöpfung um uns und in uns, inniger und uns näher als unser Herz. Das verborgene Selbst ist der Angelpunkt zwischen Seele, Geist und Körper. Der physische Körper wird in seiner Existenz vom Körper-Selbst aufrechterhalten, um eine evolutionäre Entwicklung zu ermöglichen. Deshalb sind wir hier – um zu gedeihen und zu überdauern.

Jegliche Erwartung, daß unser Leben von anderen für uns »geführt« werden sollte – von Eltern, Lehrern, spirituellen Führern oder auch von »Gott« –, muß frustiert werden. Wir müssen erkennen, daß wir die Verantwortung für unser Leben zu akzeptieren haben. Dazu gehört auch, daß wir das akzeptieren, was wir hier auf Erden durch unsere Erfahrungen lernen sollen. Diese Verantwortung haben wir gegenüber dem Höheren Selbst, und als Antwort darauf läßt es uns innere Belehrung und Führung zukommen.

Ein innerer Lehrer agiert zwar im *Nagual*reich *des Geistes*, arbeitet aber manchmal partnerschaftlich mit einem physischen Lehrer auf der materiellen Existenzebene zusammen. Das ist mit dem alten Spruch gemeint: »Wenn der Schüler bereit ist, tritt der Lehrer in Erscheinung.« Ein Schüler des Schamanismus kann heute mündliche wie auch schriftliche Belehrung von einem auf der physischen Ebene agierenden Schamanen und esoterisches Wissen von einem Lehrer der inneren Ebene erhalten, die beide partnerschaftlich auf einer spirituellen Ebene zusammenarbeiten. Zum Beispiel wurde dieses Buch wie auch die anderen Bücher der *Earth Quest*-Reihe aus einem Wissen heraus geschrieben, das ich teils durch mündliche Instruktionen von praktizierenden Schamanen, teils über meine persönlichen Erfahrungen und Forschungen, aber auch durch Belehrungen auf der inneren Ebene erhielt. Durch den inneren Lehrer erhält ein männlicher oder weiblicher Schamane die Befähigung, das Reservoir uralten Wissens und uralter Weisheit anzuzapfen. Tatsächlich waren historisch gesehen die Schamanen und Schamaninnen Hüter der »Mysterien« des Lebens, weil sie das Unsichtbare wahrnahmen, die »ungesprochenen« Worte hörten. Und das ist einer der Gründe, warum heute die Wiederbelebung des Schamanismus so wichtig ist. Der Schamanismus ist nicht nur ein Weg zu Wissen und Kreativität, durch ihn können wir auch mit dem Göttlichen im Inneren in Kontakt kommen. Das Göttliche ist den Schamanen kein ferner Fremder, sondern ein liebender Gefährte.

LEHRER

Eine schamanische Reise in die Obere Welt – in jenes mystische Reich der Seele – gibt uns die Möglichkeit, über Lehrer und Führer, denen wir dort begegnen mögen, den Kontakt mit dem Höheren Selbst herzustellen.

Wie sehen diese Lehrer und Führer aus? Manchmal erscheint ein Lehrer in männlicher, manchmal in weiblicher Gestalt und manchmal erscheint er männlich und weiblich zugleich. Das Höhere Selbst ist eine Dualität und besitzt sowohl männliche wie weibliche Aspekte. Das Yin- und Yang-Symbol ist nicht nur Ausdruck des der Natur, sondern auch dem Höheren Selbst inhärenten Dualitätsprinzips. Es repräsentiert das Höhere Selbst als männlichen »Seelengefährten« und weibliche »Seelengefährtin«, die zu einem Wesen vereint sind, aber doch ihre geschlechtsspezifischen Eigenschaften beibehalten.

HELFER

Helfer sind bei der schamanischen Arbeit behilflich oder verleihen die Kraft oder Fähigkeit zur Ausführung bestimmter Funktionen. Bei der schamanischen Reise treten sie gewöhnlich in nichtmenschlicher Gestalt auf – manchmal in Form von Phantasiegestalten, aber häufiger in der Gestalt von Tieren, Bäumen und Pflanzen oder

Felsen, Steinen oder Edelsteinen. In den letzen drei Fällen weisen sie eine ungeheure Bedeutungsvielfalt auf, wenn wir den Blick dafür haben. Wir können Bilder aus dem Reich der Minerale in unser Bewußtsein holen und uns nach einer »Reise« ihre drei Aspekte von Textur, Form und Farbe genauer anschauen.

Textur: Ein glatter Stein oder Fels fühlt sich sanft und beruhigend an, besänftigt die Emotionen und zerstreut Ängste und Befürchtungen. Treffen Sie während einer schamanischen Reise auf einen glatten Stein, so deutet er auf Trost und Unterstützung. Ein rauher, zerklüfteter Stein oder Fels ist durch Erfahrungen verwittert, was heißt, daß er die Weisheit der Zeitalter in sich birgt. Manchmal sieht er aus wie ein gegerbtes Gesicht, manchmal erinnert er auch an ein Tier. Hat der Stein ein »menschliches« Gesicht, dann fragen Sie sich, welche Emotion oder Qualität es porträtiert und übertragen Sie dies dann auf Ihre Umstände. Ähnelt ein Fels oder Stein eher einem Tier, dann gibt er vermutlich den Eigenschaften dieses Tieres Ausdruck. Setzen Sie auch hier diese spezifischen Eigenschaften mit Ihrer Situation in Beziehung.

Form: Ein runder Stein deutet auf Zufriedenheit durch die Bereitschaft zur Flexibilität und Anpassungsfähigkeit, wohingegen ein ovaler Stein darauf verweist, daß Sie nach Veränderungen streben sollten. Pyramidenförmige Steine oder Felsen symbolisieren Intuition und inneres »Wissen«, während quadratische Felsen auf eine Verläßlichkeit deuten, die das Resultat von Selbstdisziplin und Bemühen ist. Fünfeckige Felsen sind ein Zeichen für Erfindungsreichtum und Kreativität, und sechseckige Felsen betonen Aufrichtigkeit und Entschiedenheit. Ein Stein mit einem Loch hat schützende und erhebende Qualitäten.

Farbe: Rötliche Steine verleihen Stärke und Vitalität und haben Einfluß auf die physische und emotionale Energie. Grün ist die Farbe der Harmonie, und Steine in dieser Farbe erinnern daran, daß Liebe die große Bindekraft ist. Gelbe Steine haben mit der für die Übermittlung von Gedanken und Ideen nötigen Klarheit zu tun. Blaue und graue Steine betonen Frieden und Heiterkeit und werden mit Hingabe und Pflicht assoziiert. Weiße Steine übermitteln die

Reinheit der Absicht und des Ziels und verweisen auf die Notwendigkeit, zu geben, mit anderen zu teilen und den Blick nach außen zu richten. Schwarze Steine haben mit dem Absorbieren, dem Empfangen und dem Blick nach innen zu tun.

Wenn wir auf unserer schamanischen Reise auf einen Edelstein stoßen, so hat das ebenfalls eine symbolische Bedeutung. Hier einige Hinweise dazu:

Achat:	mentale Anregung
Amethyst:	emotionale Hilfe
Bergkristall:	spirituelle Entwicklung
Bernstein:	Wachstum und Entwicklung
Diamant:	Wohlstand
Jade:	ausgewogenes Urteil
Jaspis:	erdverbundene Weisheit
Mondstein:	Intuition und Empfänglichkeit
Obsidian:	Vertreibung
Onyx:	praktische Dinge
Opal:	Wahrnehmungsfähigkeit
Rosenquarz:	Freundschaften
Rubin:	Loyalität
Saphir:	Fülle
Türkis:	innerer Friede

Muscheln haben mit Karriereangelegenheiten und *Korallen* mit persönlichen Beziehungen zu tun.

Auch Metalle, auf die Sie bei einer schamanischen Reise stoßen, können bedeutsam sein, *Gold* zum Beispiel verfügt über große Anziehungskraft und übt einen stabilisierenden Einfluß aus. Es verweist auf materielle Belange und die Gegenwart. *Silber* hingegen betont spirituelle Werte und verbindet die Vergangenheit mit der Gegenwart. *Eisen* hat verbindende Qualitäten und ist mit dem befaßt, was die Dinge zusammenhält. *Kupfer* hat mit Eliminierung und Heilen zu tun – mit dem Herausziehen und Abwerfen von dem, was nicht länger gebraucht wird, damit es keinen Schaden anrichtet. Ein *Magnetstein* wird mit Magnetismus und der Übermittlung von Energie – ihrem Aussenden wie ihrem Empfangen – assoziiert.

HÜTER

Wir haben uns mit der Hilfe befaßt, die wir von Krafttieren bekommen können, wir haben über Lehrer auf inneren Ebenen und über Helfer aus dem Reich der Minerale gesprochen. Wenden wir uns nun den Hütern im Reich der Pflanzen zu, den Bäumen und Pflanzen in den Wäldern, die bei schamanischen Reisen so oft in Erscheinung treten. Sie können uns viel Wissen und Weisheit übermitteln, wenn wir bereit sind, uns auf sie einzustimmen.

Bäume können Hüter und Führer sein, weil Menschen eine starke Beziehung zu ihnen haben, wenngleich viele eine solche Verbindung nicht zur Kenntnis nehmen. Wie bei den Bäumen hat auch unser Leben mit einem kleinen Keim begonnen, der unser individuelles Potential in sich barg. Wie die Bäume werden auch wir von der Erde und der Sonne genährt. Wie die Bäume gedeihen und wachsen wir, um, wenn wir erwachsen sind, anderen Obdach und Schutz zu gewähren. Und wie die Bäume widerstehen auch wir den Sürmen und Traumata des Lebens.

Auf der physischen Ebene ist das Behüten und der Schutz der irdischen Umwelt die Hauptaufgabe der Bäume. Ohne sie würde der Überschuß an Kohlendioxyd die Atmosphäre verunreinigen und schließlich die Umwelt vergiften. Auf einer anderen Ebene sind Bäume Sinnbilder für schützende Kräfte und Symbole für energetisches und ruhendes Potential. Diese Sinnbilder steigen im veränderten Bewußtseinszustand aus den verborgenen Tiefen des Unterbewußten und Unbewußten auf und gelangen so ins Bewußtsein.

Wie schon früher erwähnt, hat alles, was sich auf einer schamanischen Reise ereignet, eine Bedeutung. Der Anblick einer bestimmten Baumart oder von verschiedenen Bäumen bildet hier keine Ausnahme. Solche Bilder sind »Boten«, die etwas Wichtiges zu übermitteln haben. Wie können wir ihre Bedeutung entschlüsseln? Einmal, indem wir uns mit den physischen Eigenschaften eines Baumes vertraut machen und sie in menschliche Begriffe übertragen, zum andern durch eine weitere Reise, um zu umfassenderen Erklärungen zu kommen.

Hier nun eine Liste mit den Eigenschaften von Bäumen und einigen anderen Pflanzen, die bei schamanischen Reisen häufig eine

Rolle spielen. Sie soll Ihnen zu einem tieferen Verständnis Ihrer schamanischen Erfahrungen verhelfen.

Apfelbaum: Schamanen haben den Apfelbaum mit dem Fällen von Entscheidungen, dem Treffen von richtigen Entscheidungen und mit Herausforderungen assoziiert. Der Apfelbaum schützt und hilft in den Bereichen menschlicher Aktivität, in denen mit Sorgfalt und durch ständige Praxis Talente und Fähigkeiten genährt und entwickelt werden müssen. Er betont die Konzentration.

Buche: Die Buche ist mit dem die Seele nährenden Wissensdurst verbunden, ist eine Hüterin der »verlorengegangenen« Weisheit und zugleich Zugangstor zu ihr für all jene, die liebenden Herzens nach ihr suchen. Sie bewahrt vor der Wiederholung von Fehlern und hilft bei der Errichtung einer stabilen Grundlage für künftiges Handeln.

Efeu: Die Energie des Efeus ist die des Wanderers und somit mit Reisen und der Erkundung von unbekannten Orten assoziiert. Er ist mit dem nach vorn gerichteten Blick und der Wahrnehmung von Dingen verbunden, die nicht unmittelbar anstehen. Er ist der Hüter der Regenerierung.

Eibe: Die Eibe ist eine der langlebigsten Bäume – sie kann über tausend Jahre alt werden – und daher mit Langlebigkeit verknüpft. Sie betont die Kontinuität im Angesicht ständigen Wandels, die Notwendigkeit, den Tod als Ratgeber und jede Veränderung als Übergang zu einem weiteren Neubeginn zu verstehen.

Eiche: Die besonderen Qualitäten der Eiche sind Stärke und Dauerhaftigkeit. Sie wächst langsam, aber entwickelt sich sicher und stetig, und betont so die Wichtigkeit von Geduld und der Einsicht in die Tatsache, daß große Dinge aus kleinen Anfängen hervorgehen. Sie ist die Hüterin der Kraft zu inneren Erfolgen und Leistungen und verweist auf die Notwendigkeit, Hoffnungen und Bestrebungen nicht mit auf Logik basierenden Systemen, die eine Imitation von Wissen darstellen, zu ersticken.

Erle: Die Erle ist mit Übergang und Transformation verbunden und verweist darauf, daß widrige Umstände den Keim zu neuen Anfängen in sich bergen. Sie übermittelt Heiterkeit und die Kraft, sich nicht von Wogen der Emotion wegschwemmen zu lassen. Sie lehrt die Notwendigkeit von Ruhe, Gelassenheit und von Stärke, die aus dem Überblicken einer Situation entsteht.

Esche: Die Esche liefert einen Schlüssel zum Verständnis der holistischen Natur des Universums und zur Erkenntnis, wie das Materielle und Spirituelle miteinander verbunden sind. Sie zeigt auch, wie das innere Denken schließlich in der äußeren Welt physischer Manifestation Ausdruck findet. Die Esche deutet auf die Notwendigkeit, den Lebensstil zu ändern, zur richtigen Beziehung mit der Erde zu kommen und die äußere und innere Welt miteinander zu verbinden. Ihre besondere Qualität ist Elastizität.

Geißblatt: Die verschlungenen Zweige des Geißblatts und der starke Duft seiner Blüten wurden mit Sinnenhaftigkeit und Erotik und dem allmählichen Enthüllen von Geheimnissen assoziiert. In manchen Kulturen war es ein Symbol für das Labyrinth und die Suche nach den Geheimnissen der Seele. Das Geißblatt hat also damit zu tun, daß Sie einen Weg zu Ihrer spirituellen Mitte finden und die Aufregungen dieser Erfahrung genießen. Es bewahrt vor Ablenkungen.

Haselnußstrauch: Schamanen benutzten die biegsameren Zweige des Haselnußstrauchs als Wünschelrute und machten aus den stärkeren Zweigen ihre Stäbe. Der Haselnußstrauch verweist auf die Kräfte der Divination, auf die Fähigkeit, die subtilen Einflüsse der Natur wahrzunehmen und auf das nötige Geschick zur Willenslenkung. Er lehrt den Wert stiller Kontemplation in bezug auf die Lenkung kreativer Energien und die Selbstopfer, um sich der Bedürfnisse anderer anzunehmen.

Heidekraut: Das bodennahe Heidekraut wird mit einem praktischen Wesen und praktischen Dingen assoziiert. Es galt auch als »Glücksbringer«, weil seine besänftigenden Eigenschaften die angenehmen Aspekte von Träumen und Wunschvorstellungen, aus denen das Unterbewußte die Zukunft gestaltet, befördern. Das Heidekraut schützt die »Traumzeit« vor negativen Einflüssen und bringt so Glück und eine gute Zukunft mit sich.

Pappel: Aus dem Holz der Pappel wurden einst Schilde hergestellt, was darauf verweist, daß der Baum nicht nur Attacken widersteht, sondern auch die Entschlußkraft angesichts von Schwierigkeiten stärkt. Die Pappel ist ein Symbol für Hoffnung und ermuntert Sie dazu, das zu tun, was Ihr Herz Ihnen als richtig eingibt. Ihre Blätter wispern im Wind, als ob sie sich alle miteinander unterhielten. Und so ermuntert sie Sie dazu, Ihren stillen Gedanken flüsternd und Ihren Gefühlen in sanfter Weise Ausdruck zu geben.

Schilfrohr: Die langen, geraden Stengel des Schilfrohrs wurden mit Pfeilstäben verglichen, die der Krieger und Jäger mit großer Sorgfalt aussuchen mußte, wenn sie so geradlinig sein sollten wie seine Absichten. Das Schilfrohr lehrt Sie, daß Sie Ihre Richtung finden und in Ihrer Absicht klar sein müssen. Es verweist auch auf innere Stärke in Verbindung mit der nötigen Biegsamkeit und Anpassungsfähigkeit an Veränderungen.

Stechginster: Der Stechginster wird mit Reinigung, Läuterung und mit Auffüllung und Ergänzung assoziiert. Er beschützt Ihre Bemühungen und Anstrengungen, sich die Fähigkeiten anzueignen und die Bedingungen herzustellen, die zur Verwirklichung Ihrer Wünsche erforderlich sind.

Stechpalme: Die Stechpalme befördert die Qualitäten von Durchschlagskraft und Aggressivität und betont die Notwendigkeit einer direkten Vorgehensweise in Verbindung mit ausgewogenem Urteil. Sie ist die Hüterin des Augenblicks und verweist auf die Notwendigkeit, die Realität der Gegenwart zu akzeptieren und aus ihr zu lernen.

Tanne: Im Reich der Pflanzen ist die Tanne das Äquivalent zum Adler. Sie ist die Hüterin des Blicks in die Ferne und der Fähigkeit, das wahrscheinliche Resultat gegenwärtiger oder beabsichtigter Aktivitäten vorauszusehen und die Perspektive zu erweitern. Sie ist der Baum der Visionäre und Seher beiderlei Geschlechts.

Weide: Aus den biegsamen Zweigen der Weide wurden Körbe geflochten, Palisaden und Dachstützen errichtet. So betont sie, wie wichtig empfängliche und nährende Qualitäten und Schutz und Unterstützung sind, und daß wir die Dinge im richtigen Gleichgewicht zusammenbringen müssen. Sie lehrt die Notwendigkeit von Anpassungsfähigkeit und verweist darauf, daß wir in einer Welt sich wandelnder Werte Befriedigung im Entwicklungsprozeß und nicht allein im Endziel finden sollen.

Weißbirke: Der silbrig weiße Stamm der Weißbirke symbolisiert die Reinheit der Absicht, die Entschiedenheit *des Geistes* und weist darauf hin, daß eine klare Zielvorstellung für den Erfolg jeglicher schamanischen Mission unerläßlich ist. Die Weißbirke hilft bei der Stärkung und Klärung des Bildes von dem, was erwünscht wird, bei der scharfen Konzentration auf diese Absicht, und sie bewahrt das Bild vor Verschwommenheit oder Auflösung. Sie deutet auf Anfänge und einen Energieschub, der gewöhnlich mit frischen und neuen Dingen in Verbindung gebracht wird.

Lassen Sie mich, bevor ich das Kapitel abschließe, betonen, daß diese Beschreibungen nur Hinweise und keine Interpretationen sein sollen. Ich biete sie als mögliche Anhaltspunkte für die zugrundeliegende Bedeutung an, die nicht in objektiver Vereinzelung, sondern im Zusammenhang mit allem, was Sie bei Ihrer schamanischen Erfahrung hören und sehen, entschlüsselt werden muß. Diese Anhaltspunkte lösen dann möglicherweise eine Reaktion aus, die Sie schneller zu einer produktiven Interpretation Ihrer Erfahrungen gelangen läßt.

Ist der Kontakt mit einem männlichen oder weiblichen inneren Lehrer einmal hergestellt, dann können Sie eine schamanische Reise in die Obere Welt unternehmen und ihn oder sie um Rat oder Informationen bitten. Überdenken Sie jedesmal sehr sorgfältig die Angelegenheit, in der Sie Hilfe erbitten, aber formulieren Sie Ihre Frage nicht so, daß sie zu einer einfachen Ja- oder Nein-Antwort einlädt. Ihr innerer Lehrer ist nicht da, um für Sie Entscheidungen zu treffen. Sie selbst entscheiden über Ihre Handlungen und müssen die Verantwortung dafür übernehmen. Bei einer Frage an den inneren Lehrer geht es um Führung. Sie wollen zum Beispiel wissen, wie sich eine bestimmte Vorgehensweise vermutlich auswirkt, welche Haltung Sie am besten einnehmen sollen, um ein bestimmtes Ziel zu erreichen, welche Lektion Sie aus einer gegebenen Situation lernen sollen, oder wie Sie am besten auf einen Vorfall, der Ihnen zu schaffen macht, reagieren.

Die klare Definition des Ziels Ihrer Mission ist ein wesentlicher Bestandteil der schamanischen Reiseerfahrung. Konzentrieren Sie sich also auf Ihre Frage, indem Sie sie erst aufschreiben und dann nach reiflicher Überlegung modifizieren, bis sie klar und präzise gestellt ist. So gehen Sie sicher, daß Sie jedesmal eine bedeutsame Antwort erhalten.

10.

Die Lehre von den Richtungen

Der menschliche physische Körper ist symmetrisch strukturiert, was heißt, daß wir die Welt um uns herum aus der Perspektive von jeweils einer von vier Richtungen wahrnehmen – der Blick ist nach vorn oder nach hinten, nach links oder rechts gerichtet. Diese vier Hauptrichtungen lassen sich noch präziser in diagonale Richtungen unterteilen. Alles um uns herum ist Energie. Mit unseren fünf physischen Sinnen reagieren wir auf diese Energie, die wir dann als »Realität« wahrnehmen. Im Grunde aber nehmen wir die Dinge nicht in ihrer »Realität« wahr, sondern nur in ihrer »Erscheinung«.

In den alten Kulturen nahmen die geographische Richtung und der Standort Einfluß auf die individuelle Wahrnehmung vom Leben und spielten bei Entscheidungen eine große Rolle. Ging es zum Beispiel darum, ob ein Mädchen einen bestimmten Bewerber heiraten sollte, dann konnten die Implikationen ausschlaggebend sein, die sich aus der Richtung, in der der Bewerber in Relation zu diesem Mädchen lebte, ergaben. Der voraussichtliche Erfolg einer geplanten Unternehmung war unter Umständen von der Richtung abhängig, aus der die den Vorschlag unterbreitende Person kam, oder von der Richtung, in die man reisen mußte, um ein Abkommen zum Abschluß zu bringen. Die Lage des Zugangs zu einem Stammesdorf oder zu Stadttoren hatte ihre Bedeutung, wie auch die Position der Türen und Öffnungen der einzelnen Behausungen innerhalb einer Gemeinschaft. Auch die Eigenschaften des vorherrschenden Windes etwa wurden von der Richtung beeinflußt, aus der er blies.

Die Richtungen verbanden sich mit großen, intelligenten Mächten, deren Kräfte man sich nutzbar machen konnte, und ließen sich auf einer kreisrunden »Landkarte« – dem Medizinrad oder Kreis der Kraft – markieren. Diese diente dann als Hilfsmittel, um sich mit diesen spirituellen Kräften in Übereinstimmung zu bringen und etwas von ihnen in sich aufzunehmen.

In Korrespondenz mit der augenscheinlichen Bewegung der Sonne, mit den Phasen eines Tages – Morgendämmerung, Mittag,

Abenddämmerung und Mitternacht – und auch den Jahreszeiten konnte ein Kreis in vier Abschnitte unterteilt werden. Diese Unterteilung ließ sich in zweierlei Weise vornehmen, einmal durch Linien, die sich vom Zentrum aus zu den vier Kardinalpunkten Norden, Süden, Osten und Westen erstreckten, zum anderen durch Linien, die die vier diagonalen Richtungen Nordost, Südost, Südwest und Nordwest miteinander verbanden. Zusammengenommen ergab diese Aufteilung in acht Abschnitte je ein Viertel, das eine der vier kardinalen Richtungen abdeckte. Der Norden umfaßte also den Nordwesten bis Nordosten, der Osten den Nordosten bis Südosten und so weiter. Zudem hob diese achtfaltige Unterteilung das Harmoniegesetz der Oktaven hervor, ein für das Verständnis vom Kosmos und seinen Auswirkungen auf das menschliche Leben fundamentales Gesetz.

Wird das Medizinrad in der Form einer zweidimensionalen »Landkarte« aufgezeichnet, dann befindet sich der Norden »oben«. Ähnlich war auch der Weltenbaum nach Norden ausgerichtet, den man sich als »vor« dem Baum dachte (oder »oben« bei einer zweidimensionalen graphischen Darstellung). Einer der Gründe dafür war die Tatsache, daß nach Eintritt der Dunkelheit der Nord- oder Polarstern der primäre Bezugspunkt für die Richtungsorientierung war, der Angelpunkt, um den sich das ganze Universum zu drehen schien. Für die Schamanen, die ihren Weg im normalerweise »Verborgenen«, in der »Dunkelheit« des »Unbekannten« zu finden suchten, war somit der Norden ganz offensichtlich der primäre Bezugspunkt, mit dessen Hilfe sie ihre Position in Raum und Zeit bestimmen konnten. Ein weiterer Grund ist der, daß wir, wenn wir dem Norden zugewandt sind, vom Süden herkommen, das heißt, der Süden liegt hinter uns. In der indianischen Kosmologie wird der Süden mit Vertrauen und Unschuld assoziiert und durch ein Kind symbolisiert. Mit anderen Worten, die Annäherung von Süden her impliziert eine Haltung kindlicher Unschuld und Empfänglichkeit – ein vorurteilsloses Erkunden und Erforschen, das keinen Zynismus der Desillusionierung kennt. Sehen wir die Welt wie ein Kind, dann lieben wir das Leben um des Augenblicks willen und nicht als das, was es vielleicht in Zukunft einmal sein könnte.

Die Richtungsorientierung anhand des Medizinrads kann für die Interpretation der Bedeutung all der Bilder und Gestalten, die

Ihnen (oder einer anderen Person) bei einer schamanischen Reise begegnen, sehr hilfreich sein, da das Medizinrad kosmischen Ursprungs und somit für alle Existenzebenen bedeutsam ist. Als schamanische Landkarte benutzt, kann es Ihnen behilflich sein, Energien und korrespondierende Kräfte in ihrer Beziehung zu Ihnen auszumachen. Die Orientierungspunkte des Medizinrads unterscheiden sich ein wenig von denen anderer Systeme. Die heutigen Astrologen zum Beispiel bedienen sich einer Himmels-karte, wenn sie ein Geburtshoroskop erstellen, das heißt, sie orientieren sich am Blick zum Himmel von einem bestimmten Wahrnehmungspunkt auf der Erde aus. Hier liegt der Beobachter quasi auf der Erde mit dem Kopf nach Norden und den Füßen gen Süden, dem Osten links und dem Westen rechts. In der graphischen Darstellung befindet sich somit der Süden oben, der Norden unten, der Osten links und der Westen rechts.

In beiden Systemen steht die beobachtende Person in der Mitte ihres persönlichen Gewahrseinskreises, aber beim Medizinrad befindet sich der Wahrnehmungspunkt im Zentrum, der Norden vor, der Süden im Rücken, der Westen links und der Osten rechts. Graphisch dargestellt heißt das, daß der Norden oben, der Süden unten, der Osten rechts und der Westen links ist.

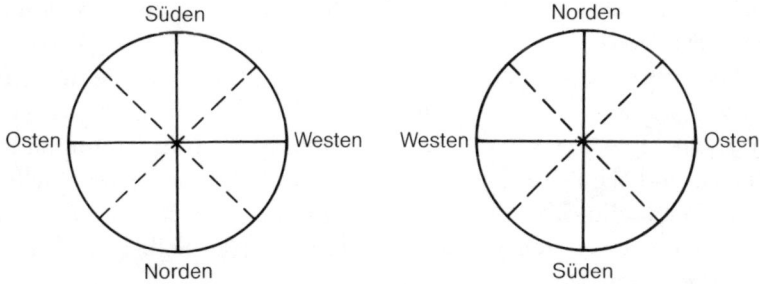

Abb. 16 Die Richtungen in einem Horoskop (links) im Vergleich zu den Richtungen eines Medizinrads.

Der Kreis der Kraft oder der magische Kreis, der manchmal (im Gegensatz zur »östlichen« Tradition Indiens, Tibets, Chinas und Japans) als »westliche« Tradition bezeichnet wird, stellt ebenfalls eine solche Landkarte dar. Er entstammt nicht dem Stammesschamanismus der Ureinwohner weiter Gebiete der nördlichen Hemisphäre, der sich an der Natur orientierte und holistisch war, sondern den Einflüssen der Glaubensvorstellungen und Mythologien des Mittleren Ostens, die das Übernatürliche und den Separatismus zur Grundlage hatten. Die westliche Tradition übernahm allerdings einige schamanische Prinzipien, wie das Christentum auch.

Dies ist keine Kritik. Jedes System, sei es nun seinem Wesen nach spirituell, philosophisch oder metaphysisch, das für eine Person »funktioniert«, hat seine Gültigkeit und verdient Respekt. Ich möchte nur die Aufmerksamkeit auf die unterschiedlichen Wurzeln lenken – das eine System entstammt der schamanischen, das andere im wesentlichen der magischen Tradition.

Sehen wir uns nun die vier Kardinalrichtungen in bezug auf die vier Elemente und ihre korrespondierenden Aspekte an. Obwohl die Luft überall ist und als Wind aus jeder Richtung wehen kann, haben viele Stämme der nördlichen Hemisphäre, und nicht nur ein paar Indianerstämme, das Luftelement mit dem Norden assoziiert, weil die Winde aus dieser Richtung am stärksten zu blasen schienen. Sie brachten dieses Element mit dem Geist in Verbindung, weil er gleichermaßen unfaßbar, ungreifbar und ständig in Bewegung zu sein scheint. Ebenso kann das Luftelement mit dem Bewußtsein des egoistischen menschlichen Selbst in Verbindung gebracht werden.

Das Feuer, dessen Schein dem der Sonne gleicht, wurde mit dem Osten assoziiert, weil jeden Tag die Sonne im Osten zuerst erscheint. Das Feuer ist zudem, wie *der Geist*, transformierender Natur, und seine Flammen streben nach oben wie die spirituellen Prinzipien und Ideale. Deshalb kann dieses Element mit dem spirituell orientierten Bewußtsein des Höheren Selbst in Verbindung gebracht werden.

Wasser erfrischt und erneuert und wird mit dem Nährenden und der Verteilung von Nahrung assoziiert. Deshalb wurde es dem Süden zugeordnet, der seinerseits mit schnellem Wachstum und dem Fluß der Gefühle und Emotionen in Verbindung gebracht wurde. Das Wasser verfügt zudem über Qualitäten, die sich mit denen des Bewußtseins des verborgenen Selbst vergleichen lassen, das seinerseits als anhaftend beschrieben werden kann.

Das Element der Erde kann dem Westen zugeordnet werden. Dort geht die Sonne unter, und in der Abenddämmerung werden die Früchte der Mühen des Tages eingesammelt. Dieses Element wurde mit dem physischen Körper, den materiellen Dingen und mit dem Bewußtsein des Körper-Selbst mit seinen Einschränkungen und Grenzen in Verbindung gebracht.

Natürlich können Sie auch die Elemente von Luft, Feuer, Wasser und Erde jeder Ihnen genehmen Richtung zuordnen und gute Gründe dafür vortragen. Und jeder dieser Gründe wäre »richtig«, denn jedes Element existiert überall und ist nicht auf eine bestimmte Gegend beschränkt. Ihre Unterteilung in bestimmte Segmente und die Zuweisung korrespondierender Qualitäten und Verhaltensweisen sind lediglich ein Hilfsmittel zum besseren Verständnis unsichtbarer spiritueller Kräfte und um sich mit ihnen in Übereinstimmung zu bringen.

Die Zuordnung einer Qualität zu einer bestimmten Richtung ist hier aber nicht das entscheidende Prinzip. Wesentlich ist vielmehr, wie diese Qualität genutzt werden soll, und wie die ihr zugeordnete Richtung die Absicht beeinflußt. Mit anderen Worten, die Richtung der Absichten und der Weg, den die spirituellen Kräfte nehmen sollen, sind relevant, nicht die geographische Gegend, der sie zugeschrieben werden. Die Richtung, in die wir diese spirituellen Kräfte, ihre Eigenschaften und korrespondierenden Aspekte lenken, bestimmt unseren Weg und was aus uns wird, denn was auf den inneren Ebenen geschieht, findet letztlich Ausdruck in der physischen Realität.

Unser Leben auf Erden ist eine Zeit der Übung und des Trainings. Wir alle lernen bewußt oder unbewußt in dieser Zeit das Praktizieren der Kontrolle über die Energie, ohne in den meisten Fällen sofort mit den Konsequenzen unserer Handlungen konfrontiert zu werden. In den »höheren« Sphären manifestieren sich die Energiemuster rascher und sind deshalb schwieriger zu handhaben.

Weil sich die Energie auf der irdischen Ebene langsamer bewegt, entsteht eine zeitliche Verzögerung zwischen der Schöpfung einer gedanklichen Form und ihrer Manifestation in der physischen Realität, was bei uns dann den Anschein erweckt, daß Ereignisse der Kontrolle außenstehender Kräfte unterstehen. Eine etwas simple religiöse Anschauung geht so davon aus, daß die guten

Ereignisse von Gott und widrige oder feindliche Einflüsse und Kräfte von einem Antigott, dem »Satan« kommen. Eine etwas philosophischere Anschauung schreibt solche äußeren Kräfte vielleicht dem »Schicksal« oder bloßem Zufall zu.

Ein Gedanke drückt sich auf den inneren Ebenen als Energie aus. Diese Energie erschafft dann die sich in der physischen Welt manifestierenden Ereignisse und Umstände, ob nun in unserer »persönlichen« Welt oder in der Welt im allgemeinen. Und weil sich normalerweise unsere Gedankenformen in ihrer Konsequenz auf der irdischen Ebene etwas langsamer manifestieren, haben wir Zeit, Anpassungen vorzunehmen, bevor wir sie als physische Realität erfahren. Unsere individuellen und kollektiven Welten sind somit Spiegelbilder unserer »inneren« Umwelt.

Wir sind für den gegenwärtigen Zustand der Welt, für ihre Entwicklung verantwortlich. Gewalttätigkeit in der äußeren Welt ist eine Widerspiegelung der Gewalt, die wir uns selbst im Innern angetan haben. Neid und Gier sind innere Realitäten, bevor sie in der Außenwelt Ausdruck finden. Wenn die Erde verwüstet ist und krank dahinsiecht, dann deshalb, weil unsere inneren spirituellen Wirklichkeiten vom Druck der Sucht nach Selbstbefriedigung und Selbstnachgiebigkeit vergiftet und ausgebeutet wurden. Wenn sich der Planet erholen und unsere Umwelt wieder ins Gleichgewicht kommen soll, dann muß sich in unserer eigenen Einstellung ein dramatischer Wechsel vollziehen, und wir müssen unseren wahren Lebenssinn wieder neu begreifen. Ganz besonders die westliche Zivilisation hat willentlich zum Zweck physischer Befriedigung die Energien ausgebeutet.

Obgleich das vom Kreis umschlossene Kreuz der westlichen mystischen Traditionen und das Medizinrad der Indianer identische Symbole sind, unterscheiden sie sich doch in ihren Zuordnungen. Die westlichen Traditionen assoziieren zum Beispiel das Luftelement mit dem Osten, das Feuerelement mit dem Süden, das Wasserelement mit dem Westen und das Erdelement mit dem Norden. Beim Medizinrad hingegen ist das Luftelement mit dem Norden, das Feuerelement mit dem Osten, das Wasserelement mit dem Süden und das Erdelement mit dem Westen verbunden – ein Unterschied von 90 Grad oder gleichsam eine Verschiebung um eine volle »Phase« innerhalb des Kreises.

Es stellt sich nicht die Frage, ob das eine richtig oder das andere falsch ist. Es handelt sich hier um unterschiedliche Orientierungen, die unterschiedliche Reaktionen und Assoziationen auslösen. In Wirklichkeit sind die Kräfte, von denen wir hier sprechen, natürlich nicht im Rahmen streng definierter Richtungsgrenzen aufgeteilt, wie die graphische Darstellung vielleicht suggeriert. Auch der Kosmos – ob nun Makro- oder Mikrokosmos – ist ja nicht in Abschnitte unterteilt. Die Elemente treten nicht gesondert und isoliert voneinander in nur jeweils einer speziellen Richtung auf. Ein jedes Element existiert überall, manifestiert und unmanifestiert, innen und außen, hier und dort. Die einem Element oder einer Qualität zugeordnete Richtung dient nur als Hilfsmittel, damit wir mit diesen Kräften Beziehung aufnehmen und uns in Übereinstimmung mit ihnen bringen können. Das vom Kreis umschlossene Kreuz der westlichen Tradition und das Medizinrad sind identische Symbole, enthüllen aber unterschiedliche Erfahrungsweisen dieser Kräfte, und das bedeutet in der Konsequenz, daß diese Erfahrungen auch in unterschiedlicher Form ausgedrückt werden.

Wir haben uns unbewußt gewisser Richtungsorientierungen bedient, um die Natur unter unsere Kontrolle bringen und zu unserem persönlichen Gewinn Einfluß auf Ereignisse nehmen zu können. Als Resultat ist die Natur aus dem Gleichgewicht geraten und die Disharmonie überall nur allzu deutlich zu spüren. Wir müssen unbedingt den Nachdruck vom Geist *(mind)* auf *den Geist (spirit)* verlagern und nach Harmonie und Ausgewogenheit im Zusammenspiel mit allen Dingen streben. Die taoistischen Weisen wußten, wie wichtig dies ist, und gaben deshalb ihren Schülern den Rat: »Höre nicht auf den Geist, sondern auf *den Geist*.«

Das, was an Wissen auf diesen Seiten vermittelt wird, leitet sich von den sich auf allen Ebenen harmonisierend auswirkenden Orientierungspunkten des Medizinrads ab. Deshalb können sie auch Ihnen zur Orientierung bei Ihren schamanischen Reisen dienen und zu Einsichten in die Bedeutung der Erfahrungen in der Anderwelt führen.

Wie erkennen Sie nun im veränderten Bewußtseinszustand die verschiedenen Richtungen? Und können Sie sie lokalisieren, dann stellt sich noch die Frage, welche Bedeutung sie für das Geschehen haben.

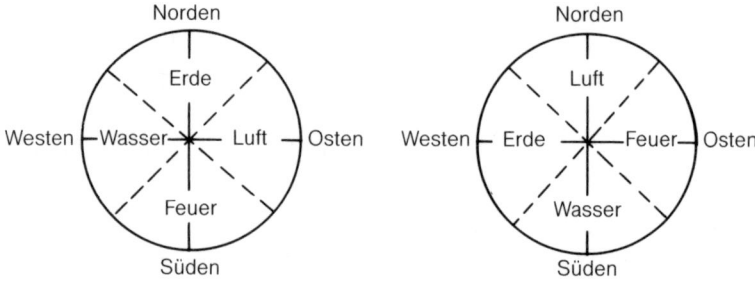

Abb. 17 Das »Rad« der westlichen Tradition (links) und das Medizinrad (rechts).

Sie sollten nicht vergessen, daß die Richtungen, wenn Sie eine schamanische Reise unternehmen, nicht im geographischen, sondern im *mystischen* Sinn zu verstehen sind, das heißt, sie haben eine symbolische, keine buchstäbliche, eine spirituelle, keine materielle Bedeutung. Möglicherweise haben Sie bei vielen Reisen überhaupt keinen Richtungssinn, Sie erkennen nur das, was sich vor und was sich rechts und links von Ihnen befindet. Gibt es keine eindeutigen Hinweise – wie etwa eine aufgehende Sonne vor Ihnen, die somit den Osten anzeigt, oder eine untergehende Sonne vor Ihnen, die auf den Westen deutet –, dann gehen Sie von der Annahme aus, daß Sie vor sich den Norden haben, da Sie aus dem mystischen Süden auf dem Pfad des Vertrauens und der Demut in diese Anderwelt eingetreten sind. Zu Ihrer Rechten haben Sie dann den Osten und zu Ihrer Linken den Westen. Versuchen Sie diese Orientierung beizubehalten. Wenn Ihnen plötzlich Zweifel kommen, dann fragen Sie sich: »In welche Richtung blicke ich?« Gewöhnlicherweise bekommen Sie dann irgendeinen Hinweis.

Ein weiterer einfacher Anhaltspunkt für das Verständnis schamanischer Erfahrung ist der, daß die linke Seite für die passive und empfängliche Seite Ihres Wesens steht, die auch mit der Vergangenheit verknüpft ist. Alles, was bei einer schamanischen Reise zu Ihrer Linken passiert, kann daher im Zusammenhang mit der Vergangenheit bedeutsam sein. Die rechte Seite ist die aktive, nach außen gerichtete Seite Ihres Wesens und kann auf für die Zukunft Bedeutsames verweisen. Geschehnisse zu Ihrer Rechten können Ihnen also anzeigen, was in unmittelbarer Zukunft auf Sie zukommt. Vor Ihnen zeigt sich das, was gegenwärtig relevant ist.

Nach der Richtungslehre des Medizinrads kann das, was aus der Richtung des Sonnenaufgangs, des Ostens also, auf Sie zukommt, auf einen Neuanfang oder den Sieg über eine Widrigkeit deuten. Was sich im Westen oder im Angesicht einer untergehenden Sonne abspielt, verweist unter Umständen auf das Ende einer Sache oder eine größere Veränderung der Umstände. Kommt etwas von Süden auf Sie zu, dort, wo die Sonne am höchsten steht, dann ist das ein Hinweis auf Stärkung, Freude und Wohlbefinden. Das, was aus dem Norden auf Sie zukommt, kann Hinweise auf Prüfungen und zu durchlebende Erfahrungen implizieren oder auch den Erhalt von neuem Wissen.

Diese Grundprinzipien reichen zunächst als Anhaltspunkte aus, bis Sie im schamanischen Reisen einigermaßen erfahren sind. Dann können Sie noch zusätzliche Faktoren mit einbeziehen, um zu tieferen Einsichten und einem umfassenderen Verständnis zu gelangen.

Das Medizinrad weist vier kardinale Richtungen und vier diagonale Richtungen – Nordosten, Südosten, Südwesten und Nordwesten – auf sowie ein Oben, ein Unten und die Mitte.

DER OSTEN

Da die Sonne im Osten aufgeht und den Beginn eines neuen Tages verkündet, wird diese Richtung mit Neuanfängen assoziiert. Dazu steht sie mit dem Frühling, mit frischem Wachstum und dem blauen Himmel und mit glücklichen und erfreulichen Ereignissen in Verbindung.

Die Sonne diktiert auch die mit dem Osten assoziierte Farbe, nämlich Gelb, und das ihm zugeordnete Element, das Feuer. Die Sonne ist die Mitte und der Kern unseres Universums, sie ist unsere Licht- und Lebensspenderin. Der Osten steht mit der spirituellen Sonne – *dem Großen Geist* –, der Quelle von allem, was ist, und mit dem spirituellen Selbst, der Quelle unseres individuellen Wesens, in Verbindung. Er hat also mit *dem Geist* zu tun, mit spirituellen Prinzipien und Erwägungen. Auch ist er mit Erhellung und Erleuchtung verknüpft, mit der Fähigkeit, das zu verstehen, was einst in der »Dunkelheit« oder Unkenntnis verborgen war.

DER SÜDEN

Da die Sonne die meiste Zeit im Süden steht, wird diese Richtung mit der Tageszeit und der Phase stärkster Aktivität und Entwicklung assoziiert. Im Jahreszyklus ist dies die Richtung des Sommers und so die Zeit raschen Wachstums und Gedeihens. Daher verweisen Geschehnisse, die sich bei einer schamanischen Reise im Süden abspielen, auf das Wachstum und die Weiterentwicklung der sich Ihnen präsentierenden Ideen.

Die mit dem Süden verbundene Farbe ist das Rot – die Farbe des Lebensbluts, der Vitalität und des Muts. Das dieser Richtung zugeordnete Element ist das Wasser, das ebenfalls Leben bedeutet, denn ohne Wasser würde das Leben rasch verdorren. Wasser steht symbolisch für Emotionen und Gefühle. Begebenheiten, die sich bei einer schamanischen Reise im Süden ereignen, haben wahrscheinlich in irgendeiner Weise mit Ihrem emotionalen Leben zu tun.

DER WESTEN

Im Westen geht am Ende des Tages die Sonne unter, und im Jahreszyklus verbindet sich diese Richtung mit dem Herbst. Es ist die Richtung der Reife, des Erntens der Dinge, die gesät und gehegt wurden, und die Belohnung für die Anstrengungen und Mühen in der Vergangenheit.

Die Farbe des Westens ist das Schwarz, das alle Farben in sich absorbiert und »verbirgt« und die im Innern liegende Kraft hervorhebt. Daher ist diese Richtung mit dem Rätselhaften, den geheimen, »verborgenen« Dingen und mit Tod und Übergang assoziiert. Der Westen deutet auf das Ende dessen, was seinen Zweck erfüllt, und auf das Absorbieren der Dinge, die man sich erworben hat. Er fordert zur Bereitschaft auf, Wandel und Veränderungen als Bestandteil des Lebens zu akzeptieren, und bereitet so auf Neuanfänge vor. Das dem Westen zugeordnete Element ist die Erde, die das Moment materieller Erwägungen hervorhebt.

DER NORDEN

Aus schamanischer Sicht ist der Norden die Richtung der Erfrischung und Erneuerung und des Erhalts von Wissen und Weisheit. Mit ihm werden hier keine bösartigen Einflüsse verbunden, die ihm in manchen philosophischen Systemen zugeschrieben werden. Im Jahreszyklus ist der Norden mit dem Winter verknüpft, die Zeit, in der sich das Leben augenscheinlich zurückgezogen hat, aber doch in den Keimen unter der Oberfläche aktiv ist.

Die Farbe des Nordens ist das Weiß, das, wie auch der Schnee, für Reinheit und Läuterung steht. Dies sollte nicht im moralischen Sinn verstanden werden, sondern als Reinheit der Absicht.

Das dem Norden zugeordnete Element ist die Luft, die mit dem Geist verglichen werden kann. Daher gilt der Norden als die Richtung mentaler Aktivität und der Gedanken, Ideen und Kreativität. Dort können wir die Klarheit des Geistes erreichen und spirituell erwachen.

DIE MITTE

Die Mitte ist feststehend, dort stehen Sie im Zentrum Ihres eigenen Gewahrseinskreises, des Gewahrseins Ihres bewußten menschlichen Selbst und Ihrer Wirklichkeit in der Mittleren Welt.

DER SÜDOSTEN

Der Südosten ist die Richtung Ihres spirituellen Erbes, der Gesamtheit der Erfahrungen Ihrer vergangenen Leben, die Sie dorthin gebracht haben, wo Sie jetzt, zu dieser Zeit an diesem Ort stehen. Diese Richtung enthüllt Ihnen Ihre Verbindungen mit der Vergangenheit und ihre Bedeutung für die Gegenwart.

DER SÜDWESTEN

Die indianischen Schamanen lehrten, daß das Leben in der Mittleren Welt nur ein Traum des Höheren Selbst ist, den es träumte, bevor Sie geboren wurden. Im Südwesten können Sie vielleicht Teile dieses »Traumes« erblicken, den Sie verstehen und »erwekken« sollten.

DER NORDWESTEN

Im Nordwesten können Sie die Lektionen ausmachen, die aus wiederholten Traumata und Leiden zu lernen sind. Er ist die Richtung der transformierenden Kraft, wo Sie Ihre Schwächen und Unvollkommenheiten erkennen und in Stärken verwandeln können.

DER NORDOSTEN

Der Nordosten ist die Richtung, wo der Energie Ziel und Form gegeben wird. Hier können Sie entscheiden, wie Sie Ihrem Leben Ausdruck geben und wie Sie sich auf andere beziehen möchten.

OBEN

Oben ist die Richtung des Höheren Selbst, Ihres höheren Bewußtseins, Ihres spirituellen Wesens, das mit dem spirituellen Reich in Verbindung steht. Es stellt den höchsten Aspekt Ihres Wesens dar – die Göttlichkeit im Innern. Oben ist auch das Reich des Himmelsvaters.

UNTEN

Unten ist die Richtung des verborgenen Selbst, das Sie dazu befähigen soll, aus all Ihren positiven und negativen Erfahrungen zu lernen und daran zu wachsen, sich zu entwickeln und spirituell zu reifen. Paradoxerweise stellt das verborgene Selbst Ihre Verbindung mit dem Höheren Selbst dar. Unten ist auch die Richtung des Körper-Selbst, das Ihre physische Existenz auf der irdischen Ebene sicherstellt. Und hier befindet sich das Reich der Erdenmutter.

In meinen beiden Büchern *The Medicine Way* und *Earth Medicine* habe ich die verschiedenen »Komponenten« der Richtungen ausführlicher analysiert, Informationen, die Sie zu einem tieferen Verständnis der Bilder in diesem Zusammenhang und der Bedeutung Ihrer Erfahrungen in der Anderwelt führen können. Diese beiden Bücher, wie auch dieses Buch, können Ihnen helfen, die »Sprache« schamanischer Erfahrung besser zu verstehen. Doch die

Interpretation des genauen Sinns und der Bedeutung der »Worte« dieser Sprache für Sie und die Details Ihres Lebens ist Ihnen vorbehalten und kann nur aus Ihrem Inneren kommen. Diese Dinge können nicht logisch erklärt werden, denn eine Interpretation ist mit der rationalen Vorgehensweise des Intellekts nicht möglich. Dies ist eine Sache des spirituellen Erkenntnisvermögens. Meine Bücher können Ihnen aber helfen, einen eigenen Wortschatz aufzubauen.

DAS ZWANZIGER-ZAHLENSYSTEM

Ein weiteres Hilfsmittel im Rahmen der Richtungslehre ist das Zwanziger-Zahlensystem, ein numerisches System, dessen sich einige indianische Stämme zum Verständnis der wirksamen subtilen Energien bedienen.

Es handelt sich um ein sehr altes numerisches System, das manche Forscher der südamerikanischen Inka-Zivilisation zuschreiben; doch man sagte mir, daß es sehr viel älter sei. Bei diesem System wird den Zahlen von 1 bis 20 kein quantitativer, sondern ein qualitativer Wert zugeordnet. Abgesehen von seinen vielen Anwendungsmöglichkeiten war es auch eine Methode zur Beschreibung der die Erde beeinflussenden Hauptkräfte und der wechselseitigen Beziehungen verschiedener Lebensformen sowie zur Erklärung der Aspekte menschlicher Existenz.

Dieses System wurde auch manchmal das »Zahlensystem der Kinder« genannt, weil es auf so einfache Weise mit nur zwei Symbolen auskommt – einem Punkt und einem Strich – und wir zur Demonstration nur die Finger und den Daumen einer Hand brauchen. Ein einziger Punkt bedeutete 1, zwei Punkte 2, drei Punkte 3, vier Punkte 4 und ein einziger horizontaler Strich 5. Ein Punkt und ein Strich standen für 6, zwei Punkte und ein Strich für 7 und so weiter. Die Zahlen 1 bis 10 betrafen vor allem die Realität des *Tonal*, des vergänglichen und alltäglichen Lebens, während sich die Zahlen 11 bis 20 auf das *Nagual*, die unsterblichen Wirklichkeiten des spirituellen Lebens bezogen. Abgesehen von ihrem qualitativen Wert war jeder Zahl auch ein Richtungswert und eine Position auf dem Medizinrad zugeordnet, was allem, was damit assoziiert wurde, noch eine zusätzliche Bedeutung verlieh. In der Kosmologie der Ureinwohner Amerikas wurde mit Hilfe des Medizinrad-Mandalas die Wirkungsweise des Universums gelehrt.

Das Zwanziger-Zahlensystem

0. Null Das äußerlich existierende »Nichts« oder Kein-Ding, das das Potential von allem in sich enthält. Das Alles-Was-Ist. Die Gesamtheit männlicher und weiblicher Energie. Das, woraus alles kommt und in dem alles geborgen ist.

1. . Die Kraft zu sehen. Erhellung. Die Kraft zu entscheiden. Die Kraft des Feuers und des Lichts. Das Reich der Menschen.

2. .. Die Kraft der Verbindung. Transformierende Energie. Die innere Kraft. Innenschau. Die Kraft zu halten. Die Kraft der Erde. Das Reich der Minerale.

3. ... Die Kraft des Formens und Gestaltens. Emotion. Die Kraft des Gebens. Die Kraft des Wassers. Das Reich der Pflanzen.

4. .... Balance, Übereinstimmung und Harmonie. Mentale Kraft. Wissen und Weisheit. Die Kraft der Luft. Die Kraft des Empfangens. Das Reich der Tiere.

5. ___ Die Kraft des Vermischens. Die Kraft der Familie. Bedingungslose Liebe.

6. _._ Die persönliche Geschichte und Erfahrung. Herkunft. Die Kraft der Blutsverwandtschaft. Vorstellungen vom Selbst.

7. _.._ Träume und Wünsche. Hoffnungen und Bestrebungen. Visionen von dem, was wir werden wollen. Streben nach Vollkommenheit.

8. _..._ Regeln, Gesetz und Karma. Die »Bedingungen« unseres eigenen Lebens. Unser Buch des Lebens – was wir mit dem, was wir haben und bekommen haben, tun.

9. ⁞⁞ Die Kraft entschiedener und absichtsvoller Bewegungs-
abläufe. Geplante Veränderung. Choreographie der
Energie.

10. ═ Eine Zone, in der sich das *Tonal* und *Nagual* mischen.
Das Reich des Höheren Selbst.

11. ⁞═ Spirituelle Erleuchtung. Zugang zum kollektiven Unbewußten.

12. ⁞⁞═ Strukturelle Stabilität auf einer spirituellen Ebene.

13. ⁞⁞⁞═ Die Verlagerung der Energie von einer Dimension oder
Ebene zur anderen.

14. ⁞⁞⁞⁞═ Instinktive und elementare Kraft.

15. ══ Die Kraft, mit der Seele anderer Menschen zu kommunizieren.

16. ⁞══ Die Kraft des Zugangs zu Führern und Meistern auf der
inneren Ebene.

17. ⁞⁞══ Die Kraft der Traumdeutung.

18. ⁞⁞⁞══ Kosmische und zyklische Gesetze und die Gesetze von
Ursache und Wirkung.

19. ⁞⁞⁞⁞══ Die Kraft zur Veränderung von Energiemustern.

20. ═══ Eins-sein und Vollkommenheit. Sich der Unsterblichkeit gewahr sein. Kosmisches Bewußtsein.

Dies sind nur sehr kurze Hinweise auf die »Verbindungen«, die
durch dieses Zwanziger-Zahlensystem hergestellt werden. Eine
tiefergehende und interpretierende Analyse ist nicht möglich, da
solche Einsichten und solches Wissen persönlicher Natur sind und
uns auf schamanischem Wege zukommen. Die Zahlen in diesem
System sind den Wellenlängen einer Radiostation vergleichbar. Sie
können damit eine bestimmte Frequenz auffinden und so an
Informationen kommen.

Wenn wir zum Beispiel das Zwanziger-Zahlensystem in seiner
graphischen Darstellung zu Rate ziehen, dann sehen wir, daß die

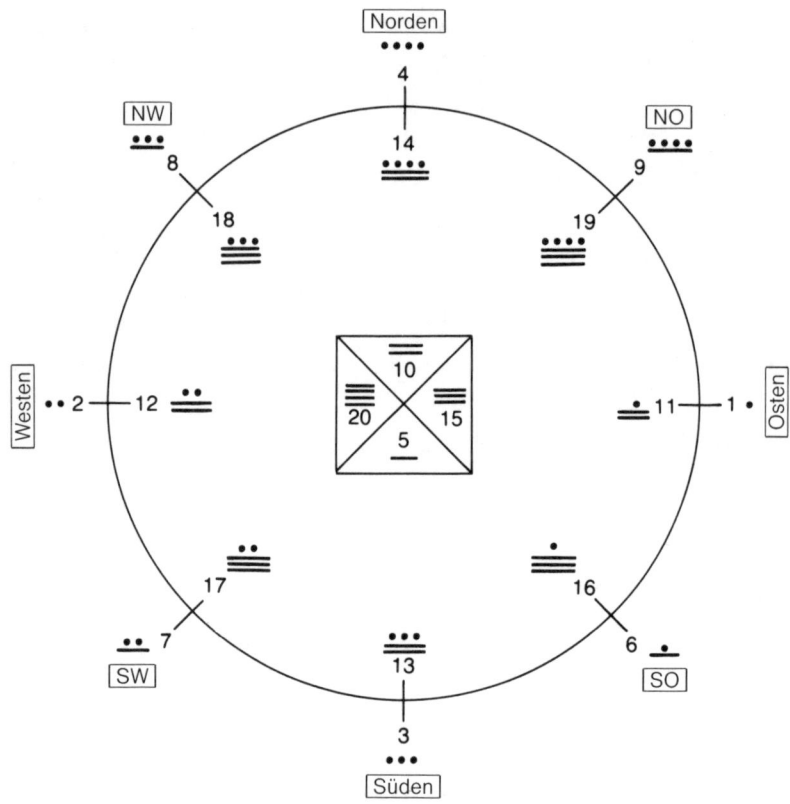

Abb. 18 Das Zwanziger-Zahlensystem in Verbindung mit dem Medizinrad. Die Zahlen 1 bis 10 haben mit den Realitäten des *Tonal*, die Zahlen 11 bis 20 mit den Wirklichkeiten des *Nagual* zu tun.

4 im Norden mit mentaler Kraft, mit Ausgewogenheit und Übereinstimmung, mit Wissen und Weisheit zu tun hat, und daß die 14 ein Schlüssel zur instinktiven Kraft ist. Ein Krafttier, ein Helfer oder Lehrer, der aus einer nördlichen Richtung auftaucht, deutet somit auf die Fähigkeit, Zugang zu einer Geisteskraft zu gewinnen, die in ausgewogener Weise Wissen und Weisheit schenkt. Auf einer anderen Ebene mag das instinktive Gewahrsein geschärft werden, so daß Sie mühelos an ein Wissen kommen, das weder durch ein Studium noch durch Forschung »erworben« werden kann.

212

Eine Ausrichtung nach Süden (die Zahlen 3 und 13) impliziert die Stärke des Selbstvertrauens und des Glaubens, daß alle Aspekte Ihres Lebens zu Ihrem höchsten Wohl zusammenarbeiten.

Eine Ausrichtung nach Westen (die Zahlen 2 und 12) deutet auf praktisches Handeln in Ihrem Leben und den Mut, in etwas organisierterer Weise die notwendigen Veränderungen zur Verbesserung Ihres Wohlbefindens vorzunehmen.

Der Osten (die Zahlen 1 und 11) verweist auf die Fähigkeit, eine etwas losgelöstere und objektivere Haltung einzunehmen und die Ereignisse von einer höheren Warte aus zu betrachten. Diese Richtung zeigt auch die potentielle Kraft an, in Übereinstimmung mit Prinzipien zu handeln, statt auf das zu reagieren, was dienlich oder passend erscheint.

Dies sind natürlich Verallgemeinerungen der involvierten Prinzipien, aber Sie können Ihnen doch bei Ihrer persönlichen Interpretation der Begebenheiten in der Anderwelt nützlich sein.

Die Richtung, aus der Krafttiere, Lehrer, Führer und Helfer bei einer schamanischen Reise kommen, in die sie gehen oder der sie »zugehören«, fügt so der Erfahrung eine weitere Bedeutungsdimension hinzu, denn sie ist Bestandteil der Sprache der Seele. Sie zu verstehen und zu beherrschen braucht, wie beim Erlernen einer neuen Sprache, Zeit, aber die Mühe lohnt sich sehr. Lassen Sie mich nochmals betonen, daß Ihnen die für Sie richtige Deutung und persönliche Bedeutung instinktiv von Ihrem Höheren Selbst, Ihrem wahren Lehrer zukommen wird. Meine Hinweise auf diesen Seiten sollen Ihre Intuition nur anregen und in Fluß bringen.

Führen Sie ein Tagebuch über Ihre schamanischen Reisen und notieren Sie alle von Ihnen beobachteten Zeichen und Bedeutungen im Zusammenhang mit den Richtungen, und auch die Führung und Anleitung, die Sie dadurch erhalten haben. Auf diese Weise werden Sie sich nicht nur ein unschätzbares Archiv, sondern auch den Wortschatz Ihrer Seele aufbauen.

11.

Kommunikation mit den »Selbsts«

Ihr Leben kann Sinn und Ziel bekommen. Zu diesem Ziel gehört, daß Sie Ihre vier »Selbsts« und die verschiedenen Bewußtseinsebenen erkennen und sie zu einem vereinten Ganzen zusammenbringen. Wenn die vier Selbsts als harmonisches Team zusammenarbeiten, an denselben Aktivitäten teilhaben und die gleichen Ziele verfolgen, dann werden Sie in allem, was Sie tun, einen Sinn entdecken. Sie werden imstande sein, physische, emotionale, mentale und spirituelle Blockierungen und Behinderungen auszuräumen und gleichzeitig auch Schwächen, die Sie erkannt haben, in Stärken, Fehler in Leistungen zu verwandeln. Sie werden nach und nach Ihre verborgenen Potentiale entdecken und sie zu praktischen Fähigkeiten entwickeln, was Sie produktiver und erfüllter werden läßt. Das Leben wird zum aufregenden und anregenden Abenteuer.

Wie können Sie eine solche Integration herbeiführen? Wie können Sie ganz bewußt mit anderen »Selbsts« kommunizieren? Indem Sie sie kennenlernen.

Diese Selbsts – oder »Geister«, wie sie von den Schamanen der Urvölker genannt werden – steuern die Essenz ihres Wesens zum Gesamtselbst bei und sind dessen Mitarbeiter. Man sagt, daß sie über eine ätherische Substanz mit einer faserigen oder härchenartigen Struktur miteinander und mit dem physischen Körper des Menschen verbunden sind, eine Substanz, die an allem, womit sie in Berührung kommt, haften bleibt und mit dem Faden eines Spinnennetzes verglichen werden kann.

Das bewußte *menschliche Selbst* – oder der menschliche »Geist« – formt sich durch Vorstellungen, Überzeugungen, Einstellungen und Erwartungen, die ihm durch die Konditionierung der Gesellschaft und durch individuelle, familiäre, kulturelle und andere Einflüsse eingeprägt und von ihm absorbiert wurden. Mit der Anpassung an wechselnde Umstände und Einflüsse ändert es seine Meinung häufig und es strebt nach Zustimmung und Anerkennung von seiten anderer.

Das menschliche Selbst ist hier auf Erden, um durch die Erfahrung materieller Existenz Wissen zu erwerben, Fehler und Schwächen in seinem Charakter auszumerzen und Tugenden auszubilden, die das Individuum einem vervollkommneten Zustand näherbringen. Die Spanne eines Lebens ist nicht mehr als ein einziger Tag in unserer evolutionären Entwicklung und der Unendlichkeit des Lernens.

Sie betraten die irdische Ebene, um Ihr spirituelles Wesen zu erweitern und zu einem noch umfassenderen Ausdruck der Lebens-Kraft zu werden, der »göttlichen« Kraft. Als Etappe in dieser Entwicklung wählte Ihr Höheres Selbst den Körper aus, den Sie bewohnen, den Ort Ihrer Geburt und die allgemeinen Umstände Ihrer Umgebung. Einer der Gründe, warum Sie sich dessen nicht bewußt sind, ist der, daß der menschliche Geist, der Teil Ihres menschlichen Selbst ist, erst mit Ihrer Geburt anfing, Ereignisse und Gedanken aufzuzeichnen und zu speichern. Es gab keine »Aufzeichnungen« des Gedächtnisses über das, was sich davor abspielte, die Ihren freien Willen beeinflussen könnten.

In Wirklichkeit ist das menschliche Selbst nicht der physische Körper, auch nicht die Emotionen oder der menschliche Geist. Es ist die Energie des Höheren Selbst, das die Evolution *des Geistes* im menschlichen Körper auf der physischen Ebene auf Erden erlebt, um zu einem noch umfassenderen Ausdruck der Lebens-Kraft zu werden, das, was Sie wirklich sind. Ihr evolutionärer Fortschritt hängt somit von Ihrer Fähigkeit ab, die Ebbe und Flut der Sie umgebenden und Ihr Leben beeinflussenden Energie zu kontrollieren.

Das *verborgene Selbst* betrachtet das menschliche Selbst als seinen Schöpfer und Meisterarchitekten der Lebenserfahrung. Es führt alles aus, was es als Anweisung oder Befehl betrachtet, so wie ein gehorsames Kind den Wünschen liebender Eltern nachkommt, aber nur so lange, wie diese mit dem Gedächtnismuster in bezug auf Entscheidungen, Überzeugungen, Einstellungen und Verhaltensreaktionen, die ihm vorher vom menschlichen Selbst einprogrammiert wurden, konform gehen. Das menschliche und das verborgene Selbst befinden sich häufig miteinander in Konflikt, weil die Einstellungen des menschlichen Selbst, das auf äußerliche Doppelstandards reagiert, mit denen, die das verborgene Selbst in seinem

»Gedächtnisspeicher« vorfindet, nicht übereinstimmen. Das Unterbewußte ist gleichsam eine Landkarte, auf der die Vergangenheit verzeichnet ist. Das Wachbewußtsein hingegen beleuchtet wie mit einer Fackel nur einen kleinen Ausschnitt dieser Karte; der Rest verbleibt im Dunkel des Unbewußten.

Das verborgene Selbst denkt wortwörtlich, nicht logisch oder analytisch, und kann nicht zwischen Fakt und »Fiktion« unterscheiden. Das müssen wir bedenken, wenn wir direkt mit ihm kommunizieren wollen.

Das *Körper-Selbst* oder der Körper-Geist befindet sich in einem ständigen Gewahrseinszustand. Auch wenn das menschliche Selbst schläft oder anästhesiert ist, erhält es weiterhin die physischen Körperfunktionen aufrecht, weil es um seine Verantwortung für die Aufrechterhaltung der physischen Existenz des Menschen weiß und sie akzeptiert.

Das *Höhere Selbst* ist der »Schöpfer«, der »Sie« zu einer bestimmten Zeit an einem bestimmten Ort zur physischen Existenz gebracht hat. Es ist der spirituell am weitesten entwickelte Aspekt Ihres ganzen Wesens – das Göttliche in Ihnen, Ihr Inneres Licht, Ihr gottgleiches Selbst, die Quelle der Erhellung und Erleuchtung. An anderer Stelle erwähnte ich bereits, daß sich das Gewahrseinszentrum des Höheren Selbst »oben« befindet, wo es als ein »Aufseher« über das Leben auf Erden agiert. Eine Erleuchtung des Bewußtseins tritt mit der Erkenntnis ein, daß das Höhere Selbst sozusagen »heruntergebracht« werden muß – in unserm »Inneren« leben muß –, um sich mit dem menschlichen Selbst zusammenzuschließen und es im Rahmen der Lebenserfahrung aktiv und bewußt zu beeinflussen.

Widerspricht eine solche Konzeption den Gebeten zu Gott, Jesus, Allah, Buddha oder den Göttern und Göttinnen irgendeiner Religion? Natürlich nicht; ein Gebet ist Ausdruck eines Wunsches oder einer Bitte um Hilfe, an eine göttliche Quelle gerichtet. Jedes Gebet nimmt seinen Weg über das persönliche Höhere Selbst, weil auch das Höhere Selbst nach Kontakt mit dem strebt, das »höher« – spirituell weiter entwickelt – ist als es selbst. Die Kommunikation mit dem Höheren Selbst unterminiert keineswegs den Kontakt mit dem Göttlichen, sondern stärkt ihn vielmehr, entwickelt ihn und bringt praktische Vorteile.

Schamanen erkennen an, daß sie ganz und gar von der Energie des Großen Geistes umgeben und in sie eingebettet sind, eine Energie, in der wiederum Energiesysteme existieren, von denen sie ebenfalls beeinflußt werden und mit denen sie kooperieren können. Die Kommunikationssprache mit dem Großen Geist und der Geistessenz anderer Energiesysteme ist im wesentlichen visuell und telepathisch. So besteht das »Gebet« eines Schamanen oder einer Schamanin nicht so sehr aus Worten, sondern in einer Visualisation und Klarheit der Absicht, die dann ganz bewußt durch Trommeln, Rasseln und das Kraftlied oder Gesänge bioenergetisch aufgeladen wird. Ein solcher Kontakt mit dem Höheren Selbst beinhaltet gewöhnlich eine ekstatische Erfahrung, die zu positiven und hilfreichen Bemühungen zum Wohle anderer und der eigenen Person motiviert. Sie erweitert die Fähigkeit zur Ausführung bestimmter Aufgaben. Sie erhöht die Kreativität. Sie verbessert die Konzentrationsfähigkeit, stärkt die Entschlußkraft und erweitert die Fähigkeit zu lieben und geliebt zu werden.

Ein wie in Kapitel 7 beschriebener veränderter Bewußtseinszustand bietet die Möglichkeit, bewußten Kontakt mit den anderen »Selbsts« herzustellen. Durch eine schamanische Reise in die Obere Welt der überbewußten Wirklichkeit zum Beispiel können Sie Kontakt mit dem Höheren Selbst aufnehmen, und bei einer Reise in die Untere Welt der unterbewußten Wirklichkeit können Sie dem verborgenen Selbst und dem Körper-Selbst begegnen.

Die Visionssuche bietet eine andere Möglichkeit, in Kontakt mit dem Höheren Selbst zu kommen. Dies ist eine Pilgerreise zu einem persönlichen Kraftort, um Anweisungen im Zusammenhang mit dem persönlichen, intendierten Lebensweg zu erhalten. Dies kann Sie zum Verständnis Ihres Lebenssinns oder -ziels führen, Sie die Absicht der Seele, den Grund für Ihr Hiersein verstehen lassen.

In früheren Zeiten wurden die indianischen Jugendlichen, wenn sie in die Pubertät kamen, dazu ermuntert, nach einer solchen persönlichen Zukunftsvision zu suchen. Sie mußten fasten und sich reinigen, bevor sie sich auf eine solche Visionssuche begaben. Dann machten sie sich ohne Nahrung und Wasser auf den Weg zu einem Kraftplatz, der sich in manchen Fällen auf einem hohen Hügel oder Berg befand. Waren sie dort angelangt, gruben sie ein Loch und saßen vier Tage und vier Nächte dort, den Elementen ungeschützt ausgesetzt, dem Schlaf widerstehend, beobachteten jeden Morgen den Sonnenaufgang und jeden Abend den Sonnenuntergang und warteten auf eine Vision der inneren Erleuchtung.

Wir, die wir in einer modernen Gesellschaft aufgewachsen sind, sollten uns ohne angemessene Vorbereitung nicht auf ein so schwieriges Unterfangen einlassen. Schon der gesunde Menschenverstand sollte uns sagen, daß jeder Versuch, ohne angemessene Vorbereitung, ohne Training und Führung derartige Praktiken eines in der Vergangenheit zähen und widerstandsfähigen Volkes buchstabengetreu nachzumachen, unklug und möglicherweise gefährlich wäre.

Das Prinzip ist es, das hier vor allem wichtig ist und im Rahmen heutiger Bedingungen wieder aufgenommen werden kann. Hier folgen nun einige Anleitungen, wie Sie sich auf sichere und dennoch fruchtbare Weise auf Ihre eigene Visionssuche begeben können.

---
*

ÜBUNG 20
DIE VISIONSSUCHE

Als erstes müssen Sie über das tatsächliche Ziel Ihrer Suche entscheiden. Warum wollen Sie sich auf diese Visionssuche begeben? Wollen Sie eine Richtung für Ihr Leben finden? Suchen Sie nach einer Lösung für ein größeres Problem? Lassen Sie mich nochmals betonen, daß bei aller schamanischen Arbeit die *Absicht* von entscheidender Bedeutung ist, untersuchen Sie also sehr sorgsam Ihre Motive.

Entscheiden Sie als nächstes über den Ort Ihrer Visionssuche. Am besten wählen Sie vielleicht einen relativ isolierten Ort auf dem Lande, wo Sie zumindest für einige Stunden ungestört sein können. Wählen Sie einen Ort, der Ihnen schon bekannt und lieb ist, oder suchen Sie nach einem geeigneten Ort. Wo immer er ist, er wird zu einem für Sie sehr besonderen Ort werden, und Sie werden ihn künftig als Kraftplatz benützen können.

Befindet der sich von Ihnen ausgewählte Ort in einiger Entfernung von Ihrer Wohnung, dann werden Sie Ihre Reise im voraus planen müssen. Versuchen Sie, ihn noch am frühen Morgen zu erreichen. Sollte dies Ihre erste Visionssuche sein, dann bleiben Sie am besten nicht die Nacht über dort, aber übernachten Sie nötigenfalls in seiner Nähe, damit Sie ihn schon in der Morgendämmerung aufsuchen und sich den Tag über dort aufhalten können. Es ist eine wunderbare Erfahrung, an einem friedlichen Ort in der Natur die Sonne aufgehen zu sehen, die sogar noch magischer wird, wenn sie den Beginn einer Visionssuche darstellt. Auch die Beobachtung des Sonnenuntergangs kann herrlich sein, vor allem am Ende einer Visionssuche.

Das Fasten ist eine traditionelle Praxis. Essen Sie ein paar Tage vor Ihrer Suche weniger und vermeiden Sie Alkohol, aber versuchen Sie nicht ganz ohne Essen auszukommen, wenn Sie nicht schon bereits Erfahrung im Fasten haben. Die reduzierte Nahrungsaufnahme demonstriert Ihre Entschlossenheit und stärkt Sie in Ihrer Absicht. Widerstehen Sie allerdings der Versuchung, für den Tag selbst ein Picknick mitzunehmen. Essen Sie in der Zeit Ihrer Suche gar nichts, nehmen Sie aber etwas Fruchtsaft und Wasser mit. Essen können Sie hinterher.

Sie werden Ihre Rassel und Ihre Trommel, falls Sie eine haben, brauchen. Desweiteren sollten Sie Ihr Räucherbündel, Zündhölzer, eine Decke, ein Notizheft und einen Stift, einen Kompaß, etwas Tabak oder Kräuter als »Dankesgabe« und, falls es Sommer ist, eine Sonnenbrille einpacken.

Lokalisieren Sie die genaue Lage des Kraftplatzes, wenn Sie am Ort angekommen sind, indem Sie die Rassel schwingend den Bereich abgehen. Gehen Sie langsam umher, bis Sie eine Stelle finden, die die Rassel anscheinend nicht mehr verlassen möchte. Ziehen Sie dann mit Hilfe der Rassel einen Kreis um diese Stelle. Nehmen Sie zur Bestimmung der Kardinalrichtungen nötigenfalls den Kompaß zu Hilfe und markieren Sie sie dann auf diesem imaginären Kreis mit Steinen oder Zweigen. Reinigen Sie anschließend sich selbst und den Kreis mit dem Rauch des Räucherbündels.

Machen Sie es sich in der Mitte des Kreises bequem und begrüßen Sie Ihre Umgebung wie eine Freundin. Danken Sie den Elementen, den Felsen und Steinen, den Bäumen und Pflanzen, den Insekten und Tieren, auch wenn Sie sie nicht sehen können. Laden Sie sie ein, Ihnen bei Ihrer Suche zu helfen.

Sitzen Sie dann einfach wachsam da, schauen, hören und warten Sie. Wichtig ist nicht zu vergessen, daß sich das spirituelle Reich zur Übermittlung außergewöhnlicher Botschaften natürlicher Wege und gewöhnlicher Dinge bedient, achten Sie also auf derartige Zeichen: auf den Besuch eines Vogels oder Insekts, eine Vogelschar, die über Sie hinwegfliegt, eine Feder, die in Ihrer Nähe liegt, plötzliche Wetterveränderungen, die Formen und dramatischen Bewegungen der Wolken. Suchen Sie nicht nach Sinn oder Bedeutung dieser Zeichen; sie werden sich Ihnen später eröffnen, wenn sie nicht gleich offensichtlich sind. Denken Sie daran, daß Sie sich in der schamanischen Zeit aufhalten. Notieren Sie nur einfach, was Ihnen bedeutsam erscheint, damit Sie später darüber nachsinnen können.

Wenn Sie merken, daß Sie von den Sorgen des Alltagslebens abgelenkt werden – Familiensorgen, Arbeitsprobleme, finanzielle Schwierigkeiten, emotionale Dilemmas, gesundheitliche Probleme –, dann erkennen Sie sie einfach an und schieben Sie sie sanft beiseite. Sollten in Ihnen nach einiger Zeit Zweifel am Wert Ihrer Unternehmung aufkommen, dann akzeptieren Sie sie als Bestandteil Ihrer Erfahrung und schieben Sie auch sie beiseite. Lassen Sie nicht zu, daß sie Ihre Aufmerksamkeit in Anspruch nehmen. Fühlen Sie sich gelangweilt, dann widerstehen Sie der Versuchung, Ihre Suche vor der Zeit abzubrechen. Vielleicht müssen Sie für Ihr Wachstum und Ihre Weiterentwicklung Geduld und Beharrlichkeit lernen. Erwarten Sie keine sofortigen Resultate.

Vielleicht haben Sie Glück; es kann Sie im Frieden und in der Stille schamanischer Zeit ein plötzlicher Blitz der Erkenntnis erhellen. Sie werden einen solchen Moment erkennen, denn in ihm finden Sie die Antwort für den Grund Ihrer Suche. Vielleicht haben Sie sogar noch mehr Glück, und es wird Ihnen eine visionäre Erfahrung gewährt, die Sie ebenfalls leicht erkennen werden. Es ist, als ob der Schleier der »Erscheinungen« gehoben würde, Ihnen wird gestattet, über die physische Umgebung hinauszusehen, es wird Ihnen aus dieser »anderen« Wirklichkeit heraus gezeigt, was Sie in dieser Suche verstehen sollen. Dieser Moment wird Ihnen sehr kostbar sein, und seine Bedeutung für Ihr Leben wird in den kommenden Tagen, Wochen und Monaten noch reichlich klar werden.

Danken Sie am Ende Ihrer Suche der Umgebung für die gemeinsame Zeit und ihre Hilfe. Sehen Sie sich nach einem kleinen Gegenstand um, den Sie mit nach Hause nehmen könnten, vielleicht einen Stein, eine Blume, einen Zapfen, eine Feder, ein Stock... Verstreuen Sie als Dankesgabe ein paar Kräuter oder etwas Maismehl und sorgen Sie dann dafür, daß Sie den Ort so verlassen, wie Sie ihn vorgefunden haben.

-- * --

VORAUSSCHAU

Schamanen bedienen sich der Divination, um in die Zukunft zu sehen. Mit Hilfe dieser Technik stellen sie den Kontakt zum Höheren Selbst her, das ja das Leben der Person, die es behütet und führt, überblickt. Durch die Divination können sie über das Unterbewußte und das verborgene Selbst telepathische Bilder (des Höheren Selbst) von Energiemustern empfangen, die gerade Form annehmen. Diese Formen werden dann als Wahrscheinlichkeiten von künftigen Ereignissen interpretiert.

Dabei wird vom Verständnis ausgegangen, daß sich diese Energiemuster in einem fließenden Zustand befinden und durch die Intervention unterbewußter Aktivität verändert werden können. Es kann also auf die »wahrscheinliche« Zukunft Einfluß genommen werden, und eine ganz bewußte Veränderung im Denken und Handeln vermag sie tatsächlich abzuändern. Eine andere Möglichkeit der Veränderung dieser Energiemuster ist die direkte Intervention des Höheren Selbst in Antwort auf das »Gebet«.

Das Gebet ist, wie schon früher erwähnt, eine an ein höheres Wesen gerichtete Petition oder Bitte und eine Methode, das Höhere Selbst zur Intervention in die alltäglichen Angelegenheiten der betreffenden Person zu bewegen. Obwohl das Höhere Selbst ursprünglich für die Formulierung des Lebensplans verantwortlich war und weiterhin als Überselbst oder Überseher agiert, greift es im allgemeinen nicht ein, wenn es nicht dazu aufgefordert wird.

Die Worte eines Gebetes dienen nur der Klärung der Absicht und sind im Grunde lediglich dem menschlichen Selbst nützlich, denn weder das verborgene Selbst noch das Höhere Selbst verfügen über physische Ohren, um sie zu hören. Das erklärt, warum die meisten Gebete unbeantwortet bleiben: Sie kommen nicht durch. Die Botschaft muß, um das Höhere Selbst zu erreichen, visualisiert oder in symbolische Form gekleidet und dann energetisch aufgeladen werden. Beim schamanischen Gebet ist der Bewußtseinsfokus klar auf ein geistiges Bild von dem, was erwünscht wird, gerichtet. Das visualisierte Bild wird dann mit der Absicht, mit dem festen Entschluß aufgeladen, dieses angestrebte Ziel zu erreichen, weil die Lebensenergie, die es zur physischen Existenz bringt, den Prozeß in Gang setzt. Zweifel über das schließliche Resultat gibt es nicht. Dies ist keine Frage des positiven, sondern vielmehr des schamanischen Denkens. Die Welt wird hier aus einer völlig anderen Perspektive gesehen, und es existiert ein Gewahrsein von Wirklichkeiten, die hinter der äußeren Erscheinungswelt existieren. Dies ist das Wissen, daß *Mana* die Vitalenergie der schöpferischen Kraft ist, die die Dinge zur Existenz gelangen läßt.

Mana ist die energetisierende Kraft, die einen schöpferischen Gedanken »zum Leben erweckt«. Sie kann mit dem Atem verglichen werden, denn sie ist der »Atem« des Lebens selbst. Und mit ihr muß das mentale Bild »aufgeladen« werden, das dem Höheren Selbst übermittelt werden soll.

Das Höhere Selbst agiert auf der überbewußten oder Seelenebene. Es ist nicht möglich, über den Intellekt direkt mit ihm zu kommunizieren, da es in nichtalltäglicher Weise operiert. Hier brauchen wir die Hilfe des verborgenen Selbst. Das verborgene Selbst agiert auf einer vermittelnden oder unterbewußten Ebene, auf der der Kontakt hergestellt wird und wir des Höheren Selbst bewußt gewahr werden können. Das verborgene Selbst und das Höhere Selbst arbeiten, um unserer Bitte zu entsprechen, in nichtalltäglicher Weise, wenngleich sich das Resultat unter alltäglichen Umständen und auf ganz natürliche Weise zeigt.

Beim schamanischen Gebet bittet das menschliche Selbst *(A-uhane)* das verborgene Selbst *(A-unihipili)*, bei der Öffnung des Weges zum Höheren Selbst *(Aumakua)* behilflich zu sein, damit das erwünschte Ergebnis erzielt werden kann. Deshalb ist die Absicht so wichtig und muß von Liebe motiviert sein.

Die Erhöhung des Schwingungszustands bietet uns eine weitere Möglichkeit, den Zugang zum Höheren Selbst zu finden. Dazu können Sie die Kraft der Imagination einsetzen und in einen Lichtstrom eintauchen, der Sie umhüllt und an Ihnen herabfließt, wie in Übung 9 beschrieben wurde. Auch eine Bewußtseinserweiterung, bei der Sie sich Ihres Einsseins mit Ihrer Umwelt und dem Großen Ganzen gewahr sind, oder ein Bad in den Klängen inspirierender Musik, die den Bewußtseinszustand hebt, kann zum erwünschten Resultat führen.

KONTAKT MIT DEM VERBORGENEN SELBST

Das verborgene Selbst ist eine eigene Intelligenz innerhalb einer Trinität des Bewußtseins, und indem wir es als solche erkennen, können wir all diese Bewußtseinsebenen zusammenschließen und so unseren Gewahrseinsbereich sehr weit ausdehnen. Der Kontakt mit dem verborgenen Selbst erweitert die Sinne und läßt Sie Dinge wahrnehmen, die den meisten Menschen verborgen bleiben. Ihr Wahrnehmungsvermögen wird geschärft, und Sie werden intuitiver und »sensitiver« oder das, was manche Menschen als »medial« bezeichnen.

Die schamanische Reise in die Untere Welt, das unterbewußte Reich der Aktivität, ist ein Weg zur Kontaktaufnahme mit dem verborgenen Selbst. Die Vorbedingungen sind die gleichen wie bei einer Reise in die Obere Welt – Entspannung von Körper und Geist, ein Loslassen aller Alltagsprobleme und Sorgen und eine Verlangsamung des Herzschlags, damit sich die Gehirnströme »umstellen« und Sie eine direkte Verbindung mit dem Unterbewußten herstellen können.

Da sich das verborgene Selbst von seinem Wesen her unterordnet, strebt es nach einer Identifikation mit Autorität und dem, was ihm machtvoll und auch wissend erscheint. In der Kindheit gilt seine Anhänglichkeit und Ergebenheit gewöhnlich den Eltern und Lehrern. In der Jugendzeit übernimmt dann oft eine prominente Person diese Rolle – ein Idol aus der Pop- oder Sportszene –, das sich für die Heldenverehrung anbietet. Im Erwachsenenalter ist es ein »Gott«, der als Wesen höchster Bedeutung verehrt wird. Leider ist heute für viele Menschen dieser »Gott« das Geld oder irgendein vergänglicher Besitz.

Während das menschliche Selbst in Reaktion auf äußere Einflüsse seine Meinung häufig ändert, reagiert das verborgene Selbst auf das, was ihm einprogrammiert wurde. Es reagiert auf das, was das menschliche Selbst »glaubt«, vorausgesetzt diese Überzeugung stimmt mit einem akzeptierten Erinnerungsmuster überein, denn das verborgene Selbst kann, wie gesagt, nicht zwischen Fakt und Fiktion unterscheiden. Ein Fakt ist ein in seinen Erinnerungsspeicher eingegebenes Energiemuster, und es befindet sich dort, um dem besten Interesse seiner Autorität – dem menschlichen Selbst – zu dienen. Wollen Sie wirkliche Veränderungen in Ihrem Leben bewirken, dann müssen Sie die alten Energiemuster, auf die das verborgene Selbst seine Handlungen gründet, auslöschen und sie durch neue ersetzen.

Manche indianische Schamanen nennen diese Technik »das Auslöschen persönlicher Geschichte«; das heißt, Sie werden die alten Abhängigkeiten, Hemmungen, Komplexe und Lasten los, die Sie immer wieder in einen Teufelskreis sich wiederholender Probleme ziehen, und geben neue Erinnerungsmuster ein, die zu positiven und nützlichen Ergebnissen führen werden. Diese Technik des Löschens persönlicher Geschichte habe ich zusammen mit einer sicheren und erprobten Verfahrensweise in meinem Buch *The Medicine Way* genau erklärt.

Das verborgene Selbst wird zuweilen auch als »inneres Kind« bezeichnet, eben weil es gewisse kindliche Eigenschaften hat und ihm gezeigt werden muß, was es tun soll. Wie ein Kind muß es gehegt und geduldig ermuntert werden, und Lob und Wertschätzung lassen es aufblühen. Es gilt auch als »schüchternes« Selbst, weil es sich anscheinend nicht gerne zeigt, und es braucht Verständnis, Akzeptanz und vor allem Liebe. Bedauerlicherweise wird ihm häufig aufgrund von Unkenntnis, Dogmatismus, Schuld- und Unzulänglichkeitsgefühlen sowie sozialer und kultureller Konditionierung diese Liebe vorenthalten. Schuldkomplexe, Hemmungen und andere Störungen, die die Folge dieses Mißbrauchs des verborgenen Selbst sind, unterminieren die Beziehungen mit anderen.

Sie müssen unbedingt begreifen, daß das verborgene Selbst nur ausstrahlen kann, was es vom menschlichen Selbst erhält. Aus diesem Grund fühlen sich manche Menschen unfähig, jemanden vorbehaltlos und ganz und gar zu lieben; sie haben ein ungeliebtes verborgenes Selbst. Wenn Sie Ihrem verborgenen Selbst Liebe zeigen, wird sich Ihr Bewußtsein allmählich erweitern, und die Welt wird Ihnen als ein besserer Ort erscheinen, weil Ihr persönliches Universum ein besserer Ort geworden ist. Das »Sich Verlieben« ist ein Beispiel. Verliebt sich eine Person, dann sieht alles um sie herum positiver aus. Die Tage sind heller, die Arbeit ist leichter, die Leute scheinen netter zu sein. Nicht die Welt hat sich verändert, sondern die Wahrnehmung von ihr.

Für das verborgene Selbst ist Ihr bewußtes »Ich« – das menschliche Selbst – die Autorität, der Grund seiner Existenz, sein »Gott«, so wie für das menschliche Selbst das Höhere Selbst »Gott« zu sein scheint. Nähren Sie ihr unterbewußtes verborgenes Selbst mit Liebe, und Ihr Höheres Selbst wird dementsprechend auf Ihr menschliches Selbst reagieren. Mit anderen Worten, was Sie Ihrem verborgenen Selbst »tun«, wird Ihnen von Ihrem Höheren Selbst »getan«, da das Unterbewußte und das Reich des verborgenen Selbst die Brücke ist, die die Verbindung zwischen den höheren und »niedrigeren« Ebenen Ihres Wesens herstellt.

Es gibt eine sehr effektive Methode, um das verborgene Selbst kennenzulernen: Geben Sie ihm eine Identität. In der Tradition westlicher »Geheimlehren« war der Wert dieses Prinzips bekannt, und ihre Anhänger mußten einen »magischen« Namen annehmen, wenn sie mit ritueller Arbeit befaßt waren. Auf diese Weise zollten sie dem verborgenen Selbst Anerkennung und fanden dadurch auch leichter Zugang zum Unterbewußten. Geben Sie Ihrem verborgenen Selbst einen Namen, der zu Ihrer gegenwärtigen Vorstellung von seinem Temperament und Wesen paßt – keinen dummen oder irrelevanten Namen, sondern einen, der zu Respekt und Achtung aufruft. Das Geschlecht spielt dabei keine Rolle. Wenn es Ihnen schwer fällt, einen Namen auszuwählen, dann können Sie mit der Absicht, daß Ihnen ein Name enthüllt wird, eine schamanische Reise unternehmen.

Haben Sie einen Namen gewählt, dann machen Sie auch Gebrauch davon. Sprechen Sie mit Ihrem verborgenen Selbst; Sie brauchen nicht laut zu reden. Sprechen Sie innerlich mit ihm und ziehen Sie es in Ihr Vertrauen. Sagen Sie ihm, was Sie gern erreichen möchten. Behandeln Sie es als Freund und Gefährten, denn das ist es. Versuchen Sie aber nicht, ihm Ihren Willen aufzuzwingen.

Behandeln Sie es mit Respekt, und seien Sie geduldig und rücksichtsvoll.

Eine andere Möglichkeit der Kommunikation mit dem verborgenen Selbst ist das Pendel. In erfahrenen Händen ist dieses schamanische Hilfsmittel ein erstaunlich präzises Instrument für den Zugang zum Unterbewußten. In den Händen eines Neulings sollte es zunächst nur zur Kontaktaufnahme mit dem verborgenen Selbst benutzt werden, um Selbstkenntnis und persönliche Führung zu erlangen. Schamanische Arbeit beginnt damit, daß wir erst an uns selbst arbeiten, nicht an anderen. Sie werden dann etwas über das Wesen Ihres verborgenen Selbst erfahren und Führung in praktischen Angelegenheiten erhalten – vor allem in jenen, bei denen es auf den richtigen Zeitpunkt und Ort ankommt.

---

*

ÜBUNG 21

DIALOG MIT DEM VERBORGENEN SELBST

Sie können ein einfaches Pendel herstellen, indem Sie einen kleinen Schlüssel oder Ring am Ende eines starken Fadens befestigen, aber es empfiehlt sich, einen präziser ausbalancierten Gegenstand zu erwerben. Esoterikläden haben im allgemeinen eine Reihe von Pendeln in verschiedener Ausführung auf Lager – vom eher billigen Holzpendel an einer Baumwollschnur bis zum exquisiten Kristall an einer feinen Silberkette.

Manche Okkultisten behaupten, daß ein Pendel auf sehr feine, von einem Kraftfeld ausgehende Schwingungen reagiert. Man kann ein Pendel zwar benutzen, um die positive und negative Polarität eines elektrischen Feldes festzustellen, aber Schamanen gehen von einer ganz anderen Perspektive aus. Sie benutzen das Pendel als Instrument, als ein Mittel für das verborgene Selbst, mit dessen Hilfe es ausloten kann, was seine Aufmerksamkeit auf sich zieht – das heißt, wessen es sich gewahr wird –, um dann seine Ergebnisse dem menschlichen Selbst mitzuteilen. Das Pendel ist also ein mechanisches Instrument, mit dessen Hilfe wir einen Dialog führen können, ähnlich wie ein Telefon.

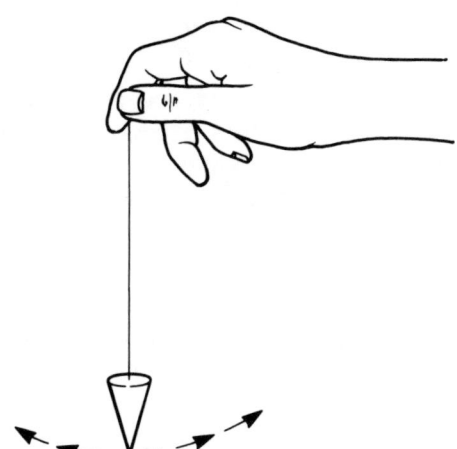

Abb. 19
Halten Sie das Pendel
zwischen Daumen
und Zeigefinger, damit
es frei schwingen kann.

Die Fragen werden so formuliert, daß sie mit einem einfachen »ja«, »nein« oder »vielleicht« beantwortet werden können, und für diese Antworten gibt es einen Code. Das ist natürlich ein persönlicher Code, und Sie müssen zu Anfang darüber entscheiden, welcher für Sie funktioniert. Sie sollten sich nicht auf die Anweisungen eines Buches verlassen, zumal wenn es von jemandem verfaßt wurde, der sich mit der schamanischen Arbeit nicht auskennt.

Um diesen Code festzusetzen, halten Sie die Pendelschnur zwischen Daumen und Zeigefinger, etwa 7 bis 8 Zentimeter über dem Pendelgewicht, so daß es frei schwingen kann. Nehmen Sie die linke Hand, wenn Sie Linkshänder sind. Nehmen Sie keine lange Schnur, weil das die Reaktion verlangsamt. Der Bewegungsverlauf des Pendels – kreisend oder hin- und herschwingend – bedeutet je nachdem eine positive, negative oder neutrale Antwort auf die gestellte Frage.

Setzten Sie sich bequem hin, stützen Sie den Ellbogen auf eine gerade, feste Unterlage, so daß der Arm und die Hand völlig entspannt sind. Sie dürfen keine Muskelbewegung oder mentale Kontrolle einsetzen, um auf das Pendel einzuwirken. Wenn Sie körperlich und geistig entspannt sind und das Pendel regungslos hängt, dann stellen Sie die Frage: »Welche Richtung bedeutet ›ja‹?« Warten Sie dann auf die Antwort.

Das Pendel wird entweder im oder gegen den Uhrzeigersinn kreisen, oder es wird vor und zurück oder in horizontaler Richtung hin- und herschwingen. Haben Sie Geduld, wenn die Antwort nicht gleich erfolgt. Wenn es reagiert, merken Sie sich die Bewegungsrichtung und stellen Sie dann die Frage: »Welche Richtung bedeutet ›nein‹?« Warten Sie wieder still die Reaktion des Pendels ab. Stellen Sie als nächstes die Frage: »Welche Richtung bedeutet ›vielleicht‹?« Wenn Sie die Antwort erhalten haben, fragen Sie als letztes: »Welche Richtung bedeutet ›weiß nicht‹?«

In den meisten Fällen schwingt das Pendel bei einer Ja-Antwort in vertikaler Richtung, so wie beim Kopfnicken. »Nein« drückt sich meist in einer horizontalen Bewegung aus, wie beim Kopfschütteln. Ein Kreisen im Uhrzeigersinn bedeutet meist »vielleicht«, und gegen den Uhrzeigersinn »weiß nicht«. Sie aber wollen herausfinden, was für Sie stimmig ist, und das kann etwas anderes sein als bei den »meisten Leuten«.

Als nächstes müssen Sie die Reaktionen, die Sie erhalten haben, bestätigen. Wenn zum Beispiel das Signal für »ja« eine vertikale Bewegung war, das Pendel also vor und zurück schwang, dann sprechen Sie: »Schwing vor und zurück, wenn du ›ja‹ meinst.« Dann: »Schwing seitwärts, wenn du ›nein‹ meinst«, und so weiter. Sollten die Reaktionen nun anders ausfallen, dann fangen Sie nochmal von vorn an und machen Sie weiter, bis alles stimmt.

---

*

Viele Schamanen bevorzugen ein kleines, präzise ausbalanciertes Pendel aus Quarzkristall oder Amethyst, das mit der Spitze nach unten an einem Faden oder an einer Schnur hängt. Ein Kristallpendel sollte vor seiner Benutzung gereinigt werden. Man legt es wenigstens vierundzwanzig Stunden in Salzwasser, wäscht es dann unter fließendem Wasser und führt es schließlich mehrmals durch den Rauch des Räucherbündels oder Räucherwerks. Es sollte dann »erweckt« werden, indem man es dem Sonnen- und Mondlicht aussetzt. Man kann es für diesen Zweck ein paar Tage und Nächte auf der Fensterbank liegen lassen, vorzugsweise um die Vollmondzeit. Dann sollte es mit der großen, harmonisierenden Bindekraft, der Liebe, »aktiviert« werden, eine ganz einfache Übung. Halten

Sie den Kristall mit der Spitze nach oben in der linken Hand auf Höhe des Herz-Chakras. Schicken Sie ein paar Minuten lang geistig Liebe in den Kristall und laden Sie ihn mit Vitalkraft auf, die Sie mit Hilfe von vier schamanischen Atemzügen in sich ansammeln. Lassen Sie dann beim vierten Atemzug die Luft ganz langsam aus Ihren Lungen strömen und hauchen Sie dabei langsam die Kraft in den Kristall. Er wird reagieren, indem er einen elektromagnetischen, kristallinen Energiefluß aus seiner Spitze entläßt. Sie können ihn erkennen, wenn Sie den Kristall etwa 5 bis 6 Zentimeter vor Ihrem Stirn-Chakra (zwischen und ein wenig über den Augenbrauen) halten. Binnen weniger Sekunden spüren Sie vielleicht an dieser Stelle ein sanftes Kitzeln auf der Haut.

Schauen Sie nun sehr konzentriert in den Kristall und bitten Sie ihn um seinen verläßlichen Beistand bei Ihrer diagnostischen Arbeit. In dieser Weise gereinigt, erweckt und aktiviert, wird der Kristall reagieren und sehr zuträgliche Resultate bewirken, da er durch Liebe konditioniert wurde.

Ein anderer Weg zur Kontaktaufnahme mit dem verborgenen Selbst ist der, daß Sie Ihrer Intuition folgen, die durch die Beschäftigung mit Ihren schamanischen Interessen zunehmend aktiver werden wird. Sie hören zum Beispiel eine innere Stimme, die Sie auf einer Reise dazu auffordert, einer anderen Route zu folgen, einen Ausflug an einen unbekannten Ort zu unternehmen oder sich in einem Laden umzusehen, den Sie vorher noch nie aufgesucht haben. Und Sie erleben eine Überraschung! Sie stoßen auf jemanden oder etwas, der oder das Ihnen einen Hinweis auf eine gesuchte Information gibt, auf ein Buch, das das von Ihnen benötigte Wissen enthält, oder einen Artikel, den Sie haben wollten, an den aber nicht leicht zu kommen war. Das ist dem verborgenen Selbst zuzuschreiben. Gehen Sie diesen »Eingebungen« nach, und Sie werden bald sehen, wie produktiv sie sind. Verwechseln Sie diese plötzlichen Eingebungen aber nicht mit dem plötzlichen Wunsch oder Impuls, Dinge zu kaufen. Dies ist etwas ganz anderes und kann Sie in finanzielle Schwierigkeiten bringen. Die intuitiven Eingebungen des verborgenen Selbst zeitigen stets positive und zuträgliche Resultate, nie negative.

KONTAKT MIT DEM KÖRPER-SELBST

Das Körper-Selbst ist für die innere »Mechanik« des physischen Körpers verantwortlich, den es schützt, bewahrt und aufrechterhält. Es kontrolliert die Atmung, reguliert den Herzschlag, regelt die Körpertemperatur, überwacht die Körperfunktionen zur Verdauung von Nahrung, Speicherung von Energie, Entscheidung über die Quantität der produzierten Hormone und chemischen Stoffe und zur Ausscheidung und Vernichtung überflüssiger Produkte. Es hält das Kommunikationsnetzwerk und Selbstregenerierungssystem des Körpers in Gang. Das Körper-Selbst ist es, das heilt. Ärzte wissen, daß sie weder über das Wissen noch die Macht verfügen, den Körper wirklich zu heilen, sie können diese Tätigkeit nur unterstützen. Das Körper-Selbst ist seinem Wesen nach instinktiv und leitet jene elementaren Lebensformen und unsichtbaren Kräfte an, die aufbauen, erhalten und zerstreuen oder auflösen. Es befaßt sich mit dem eigenen Überleben, da es sterblich ist.

Der Gegenpol des Körper-Selbst ist das unsterbliche Höhere Selbst. Währen das Körper-Selbst die physische Substanz liefert, durch die Energie zur Anwendung kommen kann, liefert das verborgene Selbst die Kraft dazu – das heißt, die Fähigkeit, wirksam zu sein, Arbeit zu tun. Das menschliche Selbst dirigiert durch seine Gedanken, Absichten und Handlungen diese Energie und wendet sie spezifisch an. Das Höhere Selbst wacht, beobachtet und beaufsichtigt.

Eine direkte Kommunikation mit dem Körper-Selbst ist nicht möglich, da es auf unbewußten Ebenen arbeitet. Die Kommunikation kann nur über das verborgene Selbst hergestellt werden. Der Versuch zu einer bewußten Kommunikation sollte nur unter erfahrener Supervision unternommen werden.

Wenn sich die vier »Selbsts« im harmonischen Zusammenspiel befinden, fühlen wir uns glücklich und gesund. Entstehen Konflikte, weicht das menschliche Selbst zum Beispiel vom Weg des Höheren Selbst ab, dann fühlen wir uns unglücklich und manchmal krank, weil die vier »Geist-Selbsts« in Disharmonie sind und sich unbehaglich fühlen.

Das verborgene Selbst ist die innere Kraft, die für Sie Energie erschafft, das heißt, es bringt die von Ihnen benötigten Bedingungen und Umstände in Ihr Aktionsfeld. Wenn diese allerdings nicht wirklich zu Ihrem Nutzen sind, sondern eher Behinderungen darstellen, werden sie Ihnen nicht die erwartete Zufriedenheit und Erfüllung, nicht das erwartete Glück bringen. Sie werden unter den Konsequenzen zu leiden haben, bis klar wird, daß diese Energie nicht Ihrem besten Interesse dient.

Es dreht sich alles darum, daß Sie die Verantwortung für und die Kontrolle über Ihr Leben übernehmen. Nicht der Staat oder die »Gesellschaft«, nicht jemand anders, nicht einmal »Gott«, sondern *Sie*. Dies bedeutet die Erkenntnis, daß Sie jetzt da stehen, wo Sie stehen müssen, und daß Ihre gegenwärtigen Umstände Ihre Realität ausmachen. Diese Realität ist ein Energiemuster, das verändert werden kann, wenn Sie die Qualität Ihrer Gedanken verändern und sie mit Ihrem höchsten Ziel in Übereinstimmung bringen. Dies bedeutet die Erkenntnis, daß Ihr Höheres Selbst Ihnen als Ihr Lehrer hilft, das Beste aus dem zu machen, was Sie haben, wo immer Sie auch sind, und die Einsicht, daß alles, was Sie zu jeglicher Zeit umgibt, da ist, um Ihnen auf irgendeine Weise zu helfen.

Dies bedeutet die Erkenntnis, daß auch andere Menschen ihre eigene Realität erfahren, die eine andere ist als die Ihre. Greifen Sie nicht uneingeladen ein. Sie können das Leben einer anderen Person nicht genau beurteilen, da Sie nicht all die Umstände, die ihr inneres Wesen beeinflußten, erfahren haben. Leider ist die Welt voll von sich einmischenden Wohltätern, wohlmeinenden Weltverbesserern und »Gschaftlhubern«, die eifrig bedacht sind, die Umstände anderer Menschen so umzumodeln, daß sie zu den ihren passen, aber nicht erkennen, daß sie sich selbst ändern müssen. Sie müssen noch lernen, daß wir, wenn wir die Welt wirklich verändern wollen, zuerst bei uns selbst anfangen müssen.

Hüten Sie sich vor Lehrern, die nach »Anhängern« suchen und behaupten, daß nur sie die *einzige* Wahrheit verkünden, denn Sie können Ihr Höheres Selbst nicht auf der Basis eines Energiemusters erreichen, das jemand anders geschaffen hat. Sie können nur über Ihre eigene Erfahrung zu ihm gelangen. Meiden Sie Lehrer, die Sie in ihre eigenen Überzeugungen verwickeln wollen und Ihnen Ihre persönliche Kraft rauben. Glaubenslieferanten, die mit Befehlen und Verboten, Zwängen und Beschränkungen arbeiten und Sie manipulieren wollen, haben trotz ihrer wortgewaltigen Gebete wenig Ahnung vom Wunder des Selbst oder von der Kommunikation mit der unerschöpflichen Quelle des Wissens.

Die Situationen, in denen Sie sich befinden, sind zum größten Teil von Ihrem inneren Wesen geschaffen worden. Ihre Gedanken und Gefühle sind Energiemuster, die die Situationen anziehen, die Ihre innere Realität widerspiegeln. Und die Glaubenssätze und Überzeugungen, die Sie konditioniert haben, beeinflussen Ihre Reaktion auf diese Situationen. Wenn Sie mit Ihrer persönlichen Welt nicht zufrieden sind, wenn Sie sich beraubt und bekümmert fühlen, dann erfährt Ihr inneres Wesen einen Mangel an Substanz und leidet. Wenn Sie Ihre Lebensqualität verbessern wollen, müssen Sie zuerst Veränderungen in Ihrem inneren Leben vornehmen. Wie? Indem Sie die natürliche Haltung eines Kindes annehmen, das nicht vom Zynismus angekränkelt und keinen Beschränkungen unterworfen ist, die ihm durch die Glaubensmuster anderer Menschen auferlegt wurden. Begreifen Sie, daß Sie von der Göttlichkeit, die manche Menschen »Gott« und andere den Großen Geist nennen, nicht getrennt, sondern ein Teil von ihr sind – ein Partikel des göttlichen Lichtstrahls, der von der großen spirituellen Sonne ausgeht, anscheinend gesondert und ganz individuell, in Wirklichkeit aber Teil von ihr.

Erkennen Sie, daß Ihnen aus Liebe eine Existenz gegeben worden ist, daß Sie aus dem Stoff der Liebe geformt sind, von der Erde erhalten werden, deren Gesicht die Liebe ist, und von der Liebe in Ihrer Existenz aufrechterhalten werden. Dann werden die vier »Selbsts« eine harmonische Beziehung eingehen, und Sie werden in sich selbst und im Universum Harmonie finden. Ihr irdisches Leben ist ein Geschenk – ein Geschenk des Höheren Selbst an Sie und an jene, deren Leben Sie auf Ihrer Wanderung auf Erden berühren, denn die Dinge, die Sie tun, wirken sich nicht nur auf Sie aus, sondern auch auf jene, mit denen Sie in Berührung kommen. Lassen Sie also Ihr Leben zu einem wahren Ausdruck Ihrer inneren Schönheit werden – dessen, was sich selbst ganz natürlich und spontan in Liebe ausdrücken möchte.

12.

Schamanismus und Heilen

In den Stammesgesellschaften hatten die männlichen oder weiblichen Schamanen Heilerfunktion. Aber unter Heilen wurde hier mehr verstanden als nur die Wiederherstellung der physischen Gesundheit: Es bedeutete »ganz machen«. Schamanen waren also vor allem Personen, die »heil und ganz machen« oder alles »in Harmonie brachten«. In den alten Kulturen verstand man Krankheit als einen Hinweis darauf, daß mit der Seele etwas nicht in Ordnung war. Der physische Zustand wurde als ein Symptom dieser Disharmonie und als Anzeichen dafür betrachtet, daß Körper, Geist und Seele nicht mehr miteinander verbunden waren. Arbeiteten der sichtbare Körper und die unsichtbare Seele in Harmonie mit dem Geist, dann hatte das eine gute Gesundheit zur Folge. Dem schamanischen Heilen liegt also das Verständnis zugrunde, daß die Grundursache eines Problems im Spirituellen oder Mentalen wurzeln kann.

Heutzutage machen schamanische Heiler in unserer Gesellschaft keinen Versuch, den Platz qualifizierter Ärzte einzunehmen. Wir könnten sie eher als »Seelentherapeuten« betrachten, weil sie an jedes Problem holistisch und harmonisierend herangehen. In der Tat hatte ich das Privileg, in Europa und Skandinavien medizinisch qualifizierte Männer und Frauen zu treffen, die ihre berufliche Tätigkeit mit ihren schamanischen Kenntnissen ergänzen.

Allgemein gesprochen möchte ein schamanischer Therapeut einem Klienten vor allem Hilfestellung geben, damit dieser herausfinden kann, ob seine gesundheitliche Störung auf eine bestimmte Lebensweise zurückzuführen ist. Oft folgt die Verbesserung des physischen Zustands der Bereitschaft, eine unzuträgliche Lebensweise zu ändern. Außerdem ist bekannt, daß sich ein Gesundheitsproblem nicht nur auf den physischen Körper auswirkt. Schamanen wissen, daß das menschliche Wesen noch verschiedene andere »Körper« hat – »Vehikel« für die Selbsts –, von denen jeder den physischen Körper beeinflußt und von ihm beeinflußt wird.

Der physische Körper ist die Domäne des Körper-Selbst: die Intelligenz, die den Körper kontrolliert und aufrechterhält und vor allem auf einer Ebene des Unbewußten agiert. Aber der physische Körper kann auch als ein sich in materieller Form ausdrückender Gedanke im Geist des Höheren Selbst betrachtet werden. Diese Vorstellung vom physischen Körper als gedankliche Schöpfung ist nicht neu, sondern sehr alt und birgt in sich den Schlüssel zum Erfolg vieler schamanischer Techniken. Gedanken sind unser persönlicher Besitz und oft Ausdruck unserer wahren Realität.

Gedanken liefern das Muster, nach dem das Physische Form annimmt. Der Energiekörper, der den physischen Körper umgibt und durchdringt und Teil des menschlichen Aurakokons ist, entstammt dem ursprünglichen Gedanken des unsterblichen Höheren Selbst. Er wird in der Folge durch die Gedanken, Einstellungen und Überzeugungen des menschlichen Selbst beeinflußt und verändert, die unterbewußt in ihn projiziert werden. Der Energiekörper ist in erster Linie das Vehikel des verborgenen Selbst und setzt sich aus ständig wechselnden Tönen und Farben, Klangfarben und Farbtönen zusammen, während er die Gedanken und Gefühle des menschlichen Selbst absorbiert. Das Körper-Selbst operiert in erster Linie durch den physischen Körper, das verborgene Selbst durch den Energie- und den emotionalen Körper, das menschliche Selbst durch den mentalen Körper und das Höhere Selbst durch den Seelenkörper. Wenn Muster von der wesentlichen Intention des Höheren Selbst abweichen oder zwischen dem menschlichen und verborgenen Selbst Konflikte bestehen, dann führt das zu einem Ungleichgewicht. Und wenn diese Disharmonie in die langsameren Schwingungen der physischen Existenz einsickert, dann kann sich das als Fehlfunktion im physischen Körper, als Krankheit oder physisches Leiden manifestieren. Da der physische Körper vor allem die Domäne des Körper-Selbst ist, reagiert es auf diese Bedrohung seines eigenen Überlebens, indem es die entsprechenden Körperabwehrmechanismen mobilisiert und dirigiert. Ich möchte hier betonen, daß sich diese verschiedenen »Körper« überlappen und ineinander verwoben sind. Es gibt hier keine klaren Grenzen.

Ein sich im physischen Körper manifestierendes gesundheitliches Problem kann also seinen Ursprung in einem dieser anderen

»Körper« haben. Ein emotionales Trauma zum Beispiel kann ein Ungleichgewicht im emotionalen Körper ausgelöst und zu Asthma geführt haben. Streß kann im mentalen Körper einen kritischen psychischen Zustand erzeugt haben, was sich dann als Hypertonie manifestiert. Ein schamanischer Therapeut strebt nach der Wiederherstellung der Harmonie und geht holistisch an die Sache heran.

Auch der Seelenkörper kann Schaden erleiden, ja, wir können sogar einen Teil von ihm verlieren. Für diese Fälle gibt es eine fortgeschrittene schamanische Technik, um diesen Seelenteil wieder zurückholen und die Harmonie wieder herzustellen. Niemand kann ordentlich funktionieren (und vielleicht nicht einmal mit den normalen Anforderungen des Lebens zurechtkommen), wenn die Seele verletzt wurde. Und das Zurückholen eines »verlorengegangenen« Seelenteils gehört zu den größten Fähigkeiten moderner Schamanen und Schamaninnen.

Zum Verlust eines Seelenteils kann es durch das Erleiden einer traumatischen Situation kommen. Niederschmetternde Nachrichten und ein tiefer Schock zum Beispiel veranlassen unter Umständen die betroffene Person zum zeitweiligen Rückzug aus der bewußten Realität; sie hat das Gefühl, »mit der Welt fertig«, »völlig erloschen zu sein«, oder »neben sich zu stehen«. Nach einem Unfall kann sie sich tagelang wie »weggetreten« fühlen, und eine schwere Krankheit oder ein chirurgischer Eingriff lösen manchmal das Empfinden aus, vom physischen Körper abgetrennt zu sein, ein unangenehmes, verworrenes Gefühl. Ein schmerzlicher Verlust, Trennung oder Scheidung, der Verlust des Arbeitsplatzes, erzwungener Ruhestand, Vergewaltigung, Inzest, Kindesmißbrauch – all das kann ein lange anhaltendes Gefühl von Betäubung und Erstarrung verursachen und das seltsame Empfinden, daß ein Teil von uns »fehlt«. Und genau das ist auch passiert. Nur die Schamanen scheinen das alte Wissen bewahrt zu haben, wie man ihn finden und wieder zurückholen und die Ganzheit einer solchen Person wieder herstellen kann.

Aus schamanischer Sicht gibt es nur zwei Hauptursachen für Krankheit:

1. Im Inneren der Person ist etwas, das nicht da sein sollte – fehlgeleitete Energie, die dort nicht hingehört. In diesem Fall

spricht man von einem »Eindringling«, der über eine bestimmte Verfahrensweise »extrahiert« wird.
Zu solchen Fällen kommt es meist durch physische Verletzlichkeit in Folge von Furcht, Angst und Streß. Dies ist gewöhnlich einer Lebensweise zuzuschreiben, die das ganze Energiesystem schwächt und ins Ungleichgewicht bringt.

2. Etwas fehlt, das im Inneren vorhanden sein sollte. Etwas ist »verlorengegangen« oder »entwendet worden« und kann über eine bestimmte Verfahrensweise »zurückgeholt« werden. Solche Fälle sind oft die Folge einer Vergeudung von Energie oder eines Verlusts von Vitalkraft. Diese muß wieder ersetzt werden, wenn die betreffende Person ihr inneres Gleichgewicht wiedererlangen soll.

Manche Schamanen glauben allerdings, daß auch das Gefühl von Getrenntsein, Einsamkeit, Abgeschnittenheit zur Krankheit führen kann. In diesen Fällen wird versucht, das Zugehörigkeitsgefühl, das Gefühl, erwünscht zu sein, wiederzubeleben. In Stammesgesellschaften nahmen dann die Familie, die Freunde, zuweilen auch die ganze Gemeinschaft am Heilungsprozeß aktiv teil.
Schamanen benutzen nicht ihre persönliche Kraft, um die Harmonie wieder herzustellen. Das würde ihr eigenes Energiesystem rasch erschöpfen und könnte in bestimmten Fällen sogar dazu führen, daß sie demselben Zustand zum Opfer fallen, den sie zu beheben suchen. Vielmehr wenden sie sich an eine Quelle unerschöpflicher Energie auf spiritueller Ebene, die ihnen die nötige Kraft zur Verfügung stellt, und sie fürchten sich nicht, mit dieser Energie in Berührung zu kommen und von ihr berührt zu werden.
Wie entscheidet ein Schamane, welche Therapie angewendet werden soll? Durch *Counseling* mit dem Klienten, durch Diagnose mit Hilfe einer Rassel oder eines Pendels, durch Kommunikation mit dem Körper-Selbst des Klienten über die Armdrucktechnik oder durch Beratung mit den eigenen Geisthelfern in der nichtalltäglichen Wirklichkeit über ein spezifisches Problem.
Sehen wir uns diese Methoden nun genauer an.

Counseling: Dies kann verbal und analytisch oder empirisch oder zuweilen in einer Kombination von beidem erfolgen. Das analytische schamanische Counseling weist einige Ähnlichkeiten mit den herkömmlichen Techniken auf, wird aber sehr wahrscheinlich in irgendeiner Form auch divinatorische Führung beinhalten, um vom Unterbewußten Informationen zu erhalten, die die im verbalen Gespräch auf bewußter Ebene gegebenen Antworten und Informationen ergänzen.

Empirisches Counseling kann zum Beispiel bedeuten, daß der Klient im veränderten Bewußtsseinszustand und unter der Supervision des Schamanen Erkundungsarbeit leistet. In dieser Weise wird er mit offenbarenden Kräften tief in seinem eigenen Inneren in Berührung gebracht, so daß sowohl die Ursache wie auch die Lösung an die Oberfläche des Bewußtseins getragen werden.

Das schamanische Counseling unterscheidet sich sehr von den diesbezüglichen westlichen psychotherapeutischen Methoden, denn es basiert auf dem Prinzip, daß die einzig wahren Ratgeber in der nichtalltäglichen Wirklichkeit zu finden sind!

Diagnose mit Hilfe der Rassel: Der Klient liegt auf dem Rücken, während der Schamane dessen Körper mit der linken Hand, Handfläche nach unten, »abtastet«. Er bewegt sie langsam vom Kopf bis zu den Füßen und wieder zurück und schüttelt dabei mit der anderen Hand die Rassel direkt über seiner linken Hand. Er lauscht auf und erfühlt Veränderungen im Energiemuster des Klienten, wobei er sowohl seine inneren wie auch physischen Sinne einsetzt. Gerät er in einen Bereich, der sich anders anhört oder anfühlt, dann versucht er mit seinem inneren Blick zu erkennen, was dort los ist.

Diagnose mit dem Pendel: Sie wird manchmal eingesetzt, um den durch andere Diagnosemethoden erhaltenen Befund zu überprüfen, eine Bestätigung für Energieblockaden zu erhalten und über Heilmittel zu entscheiden.

Diagnose durch Armdruck: Der Klient steht mit waagrecht ausgestrecktem rechten Arm, die Handfläche nach unten. Der Schamane steht vor dem Klienten, stellt (geistig oder laut) eine Frage an das verborgene Selbst des Klienten und versucht, dessen Arm nach unten zu drücken, wobei der Klient, ohne sich anzustrengen, dem Druck Widerstand leisten soll. Die Fragen sind rein diagnostischer

Natur. Wird das Problem durch die Ernährung verursacht? Durch Streß? Ist es die Folge einer ungesunden Angewohnheit? Und so weiter. Lautet die Antwort »nein«, wird der Arm dem Druck widerstehen. Lautet die Antwort »ja«, wird er sich leicht nach unten drücken lassen, so als sei er geschwächt. Ist es auf diese Weise zu einer Ja-Antwort gekommen, wird durch weitere Fragen das spezifische Problem genauer ergründet. Zum Beispiel kann man es mit weiteren Fragen zu bestimmten Nahrungsmitteln probieren, wenn es sich um ein Problem der Ernährungsweise oder um eine Allergie handelt; es können mögliche Streßsituationen aufgezählt werden, wenn das Problem mit Streß zu tun hat, oder besondere Angewohnheiten, wenn es um ein Problem der Lebensweise geht. Schamanen, die mit dieser Methode arbeiten, haben mir erzählt, daß hier ganz einfach die den Körper regierende Intelligenz über das verborgene Selbst dem Schamanen die Probleme und Bedürfnisse des Körpers mitteilt.

Veränderter Bewußtseinszustand: Der Schamane mag in einen solchen Bewußtseinszustand eintreten, um direkt heilerisch tätig zu werden, etwa um schädliche Eindringlinge zu extrahieren oder jemandem die Kraft wieder zuzuführen. In beiden Fällen wird die Arbeit in der nichtalltäglichen Wirklichkeit ausgeführt. Nur die Auswirkungen erfährt der Klient in der alltäglichen Wirklichkeit, wenngleich sich der Schamane auch physischer Hilfsmittel bedienen mag, um den Harmonisierungsprozeß zu beschleunigen. Er kann homöopathische oder Heilmittel aus Kräutern oder Blumen vorschlagen oder physische Energie in der Form von Kristallenergie oder von Akupressur einsetzen. Bei der Arbeit mit Kristallenergie wird ein Kristallstab benutzt, der wenigstens 7 bis 8 Zentimeter lang und 2 bis 3 Zentimeter dick ist, obgleich die meisten Stäbe sehr viel länger sind. Der Stab ruht gewöhnlich bequem in der Hand, wobei seine Spitze über die Finger hinausragt. Er wird vor allem benutzt, um die Energie – ähnlich einem Laserstrahl – zu fokussieren und auf Energiezentren oder befallene Körperpartien zu lenken. Kristallstäbe werden in erster Linie bei der Arbeit mit dem Energiekörper und nicht dem physischen Körper eingesetzt. Sie helfen bei der Reinigung der Chakras, der Ausbalancierung der Chakraenergien, der Stimulierung der Kontrollzentren, der Reinigung des Energiekörpers von den Auswirkungen negativer Gedankenmuster, bei der Harmonisierung der Aura und Wiederaufladung des ganzen Energiesystems.

Bei den Urvölkern galt die Reinigung als wesentliche Bedingung für die Bewahrung einer guten Gesundheit. Die von den Indianern hauptsächlich benutzte Reinigungsmethode war die Schwitzhütte, in der nicht nur der physische Körper, sondern auch das Bewußtsein und *der Geist* gereinigt wurden. Am nächsten kommen ihr wohl heute die skandinavische Sauna oder das Dampfbad, obwohl sie eine etwas armselige Alternative darstellen.

In den letzten Jahren gab es eine Wiederbelebung des Schwitzhüttenrituals, das von Zeit zu Zeit von Mitgliedern medizinischer Gesellschaften oder Teilnehmern an Workshops praktiziert wird, wenn ein Schamane oder dessen Schüler anwesend ist.

Dieses Ritual wird in einem speziell dafür errichteten, bienenkorbähnlichen Bau durchgeführt, der groß genug ist, um eine kleine Gruppe von Teilnehmern zu beherbergen. Sein Gerüst besteht meist aus biegsamen Weidenzweigen, die in den Boden gesteckt, kuppelförmig gebogen und an der Spitze zusammengebunden werden. Das Gerüst wird dann mit Decken oder Planen bedeckt und eine kleine, ebenfalls zu bedeckende Öffnung, meist an der Ostseite, freigelassen, gerade groß genug, daß eine Person durchkriechen kann. Normalerweise wird die Schwitzhütte von den Personen gebaut, die auch am Ritual teilnehmen. Das »Schwitzen« und die Arbeit, auch das Schneiden der Zweige und ihr Einstecken an den Punkten der kardinalen und diagonalen Richtungen geschieht mit großer Ehrfurcht.

In der Mitte der Schwitzhütte wird dann eine kleine Grube im Boden ausgehoben, die später die heißen, weißglühenden Steine aufnimmt. Ein Feuer wird ein paar Schritte vom Eingang entfernt entzündet, in dem die in der Umgebung gesammelten und sorgfältig ausgesuchten, faustgroßen Steine erhitzt werden. Ein schmaler Erdwall bildet einen symbolischen Gang zwischen dem Feuer und dem Hütteneingang. Das Feuer symbolisiert die Sonne und den Großen Geist, die weißglühenden Steine symbolisieren den »Samen«, die Hütte steht symbolisch für den Schoß der Mutter Erde und der Eingang für die Vagina.

Der Boden wird gewöhnlich mit Kräutern und Stroh bestreut, und das Innere vor Beginn der Zeremonie mit Rauch gereinigt, so daß es zum heiligen Raum wird.

Die Teilnehmer kommen nackt in die Hütte, was symbolisch daran erinnert, daß wir als Kind von Vater Sonne und Mutter Erde nackt ins Leben traten. Am Eingang werden sie vom Schamanen mit Rauch gereinigt, und beim Eintritt sagen sie: »Für alle meine Verwandten.« Dies meint, daß alle Menschen, Tiere, Bäume, Pflanzen und Steine spirituell miteinander verbunden und Angehörige der einen großen kosmischen Familie sind.

Sie sitzen dann auf mitgebrachten Handtüchern im dunklen Inneren im Kreis um die Feuerstelle. Ein Helfer bringt mit einer Schaufel oder mit Stöcken die glühenden Steine herein und plaziert sie einen nach dem anderen in der Kuhle. Dies symbolisiert den Moment der Empfängnis, denn die Teilnehmer betrachten die Schwitzhütte als einen Ort ihrer »Wiedergeburt«.

Der Schamane entleert einen Wasserkrug über den heißen Steinen. Die Dampfexplosion in diesem engen Raum nimmt sich aus wie ein Miniaturtornado. Es werden mehr Steine hereingebracht, es wird mehr Wasser darüber gegossen, es wird heißer und feuchter, und der Schweiß rinnt über die Körper der Teilnehmer.

Eine Schwitzhüttenzeremonie geht in vier Phasen vor sich. Zwischen jeder Phase wird die Decke am Eingang gelüftet, damit sich die, die wollen, entfernen können. Die ganze Zeremonie kann einige Stunden dauern. In der ersten Phase ist jede Person dazu eingeladen, ihren Grund für dieses »Schwitzen« laut vorzutragen und auch zu sagen, was sie sich davon erhofft. Die zweite Phase ist manchmal dem Gebet gewidmet, wobei jede Person eine Bitte zugunsten eines anderen Menschen, der eventuell Hilfe braucht, ausspricht. Die dritte Phase ist die des »Loslassens« – des »Weggebens« – und in ihr findet die Transformation statt. Manchmal werden dann für die vierte und letzte Phase noch mehr heiße Steine hereingebracht, werden noch mehr Aufgüsse gemacht, wird es noch heißer. Diese Phase wird gewöhnlich in Schweigen verbracht.

Häufig geschehen während einer solchen Zeremonie Heilungen, in jedem Falle aber erfahren die Teilnehmer eine Reinigung und eine Transformation ihres Lebens und tauchen aus ihr mit einem neuen Gefühl von Orientierung und Sinn auf.

In den Stammesgesellschaften war die Schwitzhütte auch ein Weg, um sich von einer Krankheit zu befreien, indem man sie nämlich ganz bewußt und in voller Absicht »weggab«. Charaktermängel und Schwächen konnten durch dieses Ritual des »Weggebens« ebenfalls beseitigt werden. Wichtig war, daß man jegliches Problem so vertrieb, daß niemand anders davon betroffen wurde oder damit infiziert werden konnte, vor allem, wenn das Problem ein »Eindringling« war. Da alle Energie »irgendwohin« gehen muß und nichts »verloren« geht, es nur transferiert oder verwandelt wird, müssen auch negative Energien an einen Ort geschickt werden, wo sie keinen Schaden anrichten können. Das gehörte zur Fähigkeit der Schamanen und Schamaninnen.

Sehr befähigte Schamanen – karmische Heiler – führen eine spezielle Art schamanischen Heilens aus. Karma ist ein Wort aus dem Sanskrit und bedeutet »das Resultat von Ursache und Wirkung«. Schamanen sind sich eines heiligen Gesetzes bewußt, das besagt, daß alle Energie letztlich zu ihrer Quelle zurückkehrt. Auf den Menschen übertragen heißt das: Was gegeben wird kommt zurück. Mit anderen Worten, unsere Einstellung und unsere Handlungen haben Konsequenzen, wenn sie auch nicht unbedingt sofort eintreten. In Wahrheit können wir nicht mit irgend etwas »davonkommen«. Es kann Tage dauern, Wochen, Monate, Jahre oder sogar Leben, bis die Energie zurückkehrt, aber sie kehrt zurück. Schamanen wissen, daß manche Krankheiten, Fehlfunktionen oder Behinderungen karmischen Ursprungs sind und aus früheren Leben herrühren. In diesen Fällen wird die moderne Wissenschaft kaum eine Heilung herbeiführen können. Nur ein karmischer Heiler hat die Chance, das Problem, das in einem vergangenen Leben wurzelt und sich über die Gene fortentwickelt hat, zu lokalisieren und eine Heilungsmöglichkeit zu finden.

Der karmische Heiler kann, indem er sich über sein Höheres Selbst mit dem Höheren Selbst des Klienten verbindet, die in der Seele des Klienten verzeichnete Geschichte seiner vergangenen Leben »lesen«. Sie könnten das mit einem Arzt vergleichen, der Ihre Krankheitsgeschichte aus der Kindheit studiert. Der karmische Heiler wird ein klares geistiges Bild vom Trauma oder der Erfahrung erhalten, in der das gegenwärtige Problem seine Wurzeln hat.

Ich hatte das Glück, Zeuge einer solchen karmischen Heilung zu sein. Die Klientin war eine junge Frau in den Zwanzigern, die schon seit einigen Jahren an Unterleibsschmerzen litt. Sie war sehr besorgt, obwohl ärztliche Untersuchungen, klinische Tests und Überprüfungen mit elektronischen Geräten keinen physischen Befund ergeben hatten. Man ging davon aus, daß die Schmerzen psychosomatische Gründe hatten, und es wurden ihr Beruhigungsmittel verschrieben. Doch die Schmerzen blieben.

Während des Heilungsvorgangs durchlebte die Klientin eine Erfahrung aus einem vergangenen Leben, die ihr bislang »unbekannt« gewesen war. Einige Wochen später erhielt ich einen Brief von ihr, in dem sie mir mitteilte, daß sie seit dieser Heilungserfahrung keine Schmerzen mehr hatte. Auch könne sie mir nicht genug dafür danken, daß ich diese Begegnung mit dem Schamanen arrangiert hatte, obwohl sie damals etwas zynisch an das Treffen herangegangen war.

Das Geschick und die Fähigkeiten, die man braucht, um bei schamanischem Heilen Erfolg zu haben, können nicht aus Büchern erlernt werden, sondern nur auf direktem Weg von einer Person, die hier Erfahrung hat. Dieses Wissen wird nur jenen enthüllt, die dem schamanischen Lehrer gezeigt haben, daß sie über die nötigen Qualitäten verfügen, die sicherstellen, daß dieses Wissen in ethischer Weise zum Wohle des Ganzen genutzt wird, denn der Schamane sieht sich selbst als Diener des Großen Geistes. Bei solchen Schülern wird auf vier prinzipielle Qualitäten geachtet:

1. *Vergegenwärtigung* der Existenz des Großen Geistes sowohl in als auch außerhalb der Manifestation.

2. *Anerkennung* der Heiligkeit allen Lebens in all seinen Formen und der Tatsache, daß die einzige Sünde die ist, die zur Verletzung einer anderen oder der eigenen Person führt.

3. *Respekt* vor der Erde als Mutter, die uns die Inkarnierung ermöglicht und uns in unserer physischen Existenz nährt, schützt und aufrechterhält.

4. *Demonstrierung* der Treue zum eigenen Inneren Licht, indem in allen Handlungen liebende Teilnahme und Rücksicht bezeugt wird.

Liebe im schamanischen Sinn ist ein Teilhabenlassen und ein Mitteilen der Lebenserfahrung. Sie ermuntert die geliebten Wesen zur Fröhlichkeit, zur Freude, zum Gedeihen und zur Ausdauer und damit zur Erfüllung ihres Lebenssinns. Liebe ist nicht besitzergreifend und will auch nicht besessen werden. Sie wünscht Vereinigung, will aber gleichzeitig die eigene Individualität und den freien Willen bewahren und die Individualität und den freien Willen der geliebten Wesen respektieren.

Der schamanische Weg ist nicht der der Überwältigung durch Gewalt oder Unterdrückung, denn ein solches Vorgehen verursacht nur noch mehr Ungleichgewicht, was dann zu Hemmungen, Ängsten, Phobien und manchmal zu Krankheit führt. Schwächen werden als Gelegenheiten zu neuer Stärke betrachtet, und Stärken werden anerkannt, weiterentwickelt und als Möglichkeiten genutzt, um anderen zu dienen und zu helfen. Denn Schamanen wissen, daß man geben muß, um zu empfangen – und sie geben vor allem von sich selbst –, und daß man Liebe geben muß, um geliebt zu werden.

Krankheit wird nicht als »Feind« betrachtet, den man besiegen und unterdrücken muß, sondern vielmehr als ein »Verbündeter«, der die eigene spirituelle Entwicklung befördern kann, wenn die Botschaft verstanden und umgesetzt wird. Natürlich ist für uns in unserer intellektuellen modernen Gesellschaft die Vorstellung, daß Krankheit ein »Verbündeter« sein kann, der der leidenden Person Nutzen bringt, nur schwer verständlich, ganz zu schweigen davon, daß wir sie akzeptieren. Wir sind zum Glauben erzogen worden, daß Krankheit ein uns überwältigendes Unglück ist, für das wir keine persönliche Verantwortung tragen.

Die Hauptursache vieler Probleme ist in unserer gegenwärtigen Lebensweise zu suchen, und physische Symptome sind oft ein Warnsignal dafür, daß Körper, Seele und Geist nicht mehr im Gleichgewicht sind. Und das Gleichgewicht kann erst dann wiederhergestellt werden, wenn die Ursache für die Disharmonie festgestellt und behoben worden ist.

Eine Veränderung in unserer Lebensweise bedeutet »Schmerz«, ein Schmerz, den wir akzeptieren müssen. Und das verlangt auf seiten des Therapeuten sehr viel mehr an Fähigkeiten und Geschick als die Verabreichung einer Pille.

13.

Die heiligen Gesetze

Weit davon entfernt, aus Aberglaube und Unkenntnis heraus zu handeln, wie der moderne »zivilisierte« Mensch annimmt, agierten die Schamanen und Schamaninnen in Übereinstimmung mit spirituellen Gesetzen und Prinzipien. Diese Gesetze sind kosmischen Ursprungs (denn sie sind universell anwendbar) und als heilige Gesetze bekannt – das heißt, sie unterscheiden sich von allen anderen Gesetzen und geben Richtlinien, nach denen alles innerhalb der Grenzen von Zeit und Raum vonstatten geht. Obwohl diese Gesetze unveränderlich sind, gestatten sie doch allen – greifbaren und ungreifbaren – Dingen, sich in Harmonie und unzähligen Mustern zu entwickeln. Ein Zuwiderhandeln gegen irgendeines dieser heiligen Gesetze hat ein Ungleichgewicht zur Folge. Und die Harmonie kann nur wieder durch die neuerliche Übereinstimmung mit der Führungsordnung hergestellt werden. Die Kenntnis von den heiligen Gesetzen, die die Schlüssel zur schamanischen Harmonisierungsarbeit sind, half so den Schamanen beim Heilen. Sie waren in eine Sitte eingebettet, die ein wesentlicher Bestandteil indianischen Lebens war, nämlich in die Zeremonie des »Weggebens«, die ich unter einem Aspekt schon im vorangegangenen Kapitel ansprach.

Sie ist ein praktischer Ausdruck des heiligen Gesetzes der Liebe, das den Kern der heiligen Gesetze bildet. Im ganzen Kosmos gibt es ein Bestreben nach der Vereinigung von Yin und Yang, einen Drang zur Vereinigung der passiven und aktiven, der weiblichen und männlichen Prinzipien. Durch die Fusion von Yin und Yang gelangen neue Formen zur Existenz, geschieht Wachstum, Entwicklung, Fülle und Auffüllung. Die ganze Schöpfung in ihren Höhen und Tiefen baut sich so auf den Kräften der Liebe auf.

Liebe ist sowohl eine Kraft – eine Energie, die Arbeit leisten kann – wie auch eine »Substanz«. Substanz wird definiert als »Materie, Stoff, sowie das Wesenhafte, die Essenz, der Kern von etwas«. Der Kosmos ist also nicht nur durch die Kraft der Liebe entstanden, er setzt sich tatsächlich aus der Grundessenz der Liebe zusammen.

Und diese Erkenntnis stellt für sich genommen eine ganze fehlende Dimension im Verständnis der Menschheit von sowohl der materiellen wie der spirituellen Wirklichkeit dar.

Liebe ist die Kraft, die alles, was *ist*, zur Existenz brachte, und sie ist die Substanz, aus der alles, was *ist*, gemacht wurde. Und Liebe ist eine Identität. Sie hat einen »Namen«, der allerdings schon lange »vergessen« ist. Die heiligen Schriften, die so viele verehren, besagen, daß »Gott Liebe ist«, aber nur wenige machen sich klar, daß Liebe das ist, was »Gott« ist. Alle Dinge wurden von *dieser Liebe* und aus *dieser Liebe* geschaffen, und in *dieser Liebe* leben wir, bewegen wir uns, haben wir unser Sein, wie auch jede andere Lebensform, die aus diesem Grund unsere »Verwandte« ist.

Die Beziehung der Menschen zur Erde, zu anderen Lebensformen und untereinander ist aus Unkenntnis dieser Tatsache völlig aus dem Gleichgewicht geraten. Wir nehmen ohne zu bitten und bieten der Erde nichts dafür an. Wir leugnen, daß die Erde unsere Mutter ist, doch unser physischer Körper ist aus ihrem Stoff gemacht und geformt, und wird von ihr genährt und erhalten – so wie es auch bei unseren »Verwandten« der Fall ist. Wir existieren wegen *dieser Liebe*. Schamanen wissen das und verleugnen es nicht. Wenn wir in diese Erkenntnis einwilligen und der Erde zuerkennen können, daß wir, wie alle anderen lebendigen Dinge auch, ihre Kinder sind und ihr unsere Existenz verdanken, dann verändert sich unser Denken und unsere Wahrnehmung. Und es verändert sich auch unsere Einstellung zueinander. Denn was sind wir? Wir sind alle aus dem gleichen Stoff gemacht – aus *der Liebe*. Wen bekämpfen wir also? Wen betrügen wir? Wen beuten wir aus und wen bestehlen wir? Uns selbst!

Schamanen beobachten, wie das »Weggeben« in der Natur vonstatten geht. Jeder See hat seine Quelle, einen Zufluß, aus dem er sich speist, und einen Abfluß, entweder in Form eines Flusses oder Baches oder durch Verdampfung. Bäume und Pflanzen erhalten ihre Nahrung aus der Erde und Energie von der Sonne, und sie geben als Antwort darauf ihre Früchte. Schamanen sehen, wie die Fülle der Natur das Leben erhält und Schutz bietet. Die Gaben der Natur und die Wohltaten des spirituellen Reichs des *Nagual* werden frei und ohne Erwartungen geschenkt, denn sie werden in Liebe gegeben. Und Schamanen sehen auch, daß das spirituelle

Reich durch diese Praxis nicht an Kraft verliert, ganz im Gegenteil: Das Geben ist mit Vermehrung und Steigerung verbunden.

Das »Weggeben« erstreckt sich nicht nur auf materielle Erwägungen. Wenn Sie zum Beispiel von Ihrer Zeit geben, dann haben die Leute auch Zeit für Sie. Geben Sie Liebe, dann kehrt diese Liebe in irgendeiner Form zu Ihnen zurück. Das »Weggeben« als Prinzip hat somit Einfluß auf die Lebensqualität.

Schamanen verstehen, daß die ganze Schöpfung ein Geben von sich selbst und ein Wiederempfangen ist von dem, was so frei und großzügig gegeben wurde. Geben und Nehmen bilden einen Zyklus, weil der Große Geist nicht nur *die* Quelle ist von allem, was ist, sondern auch *das* Behältnis von allem, was existiert.

Der Große Geist kann auch als ein Großes Bewußtsein verstanden werden, und alles, was existiert, ist ein Gedanke in diesem Großen Bewußtsein. Durch die Schöpfung eines materiellen Universums erlegt sich der Große Geist selbst Grenzen auf. Und diese Grenzen sind die Grundgesetze seines eigenen Wesens und die Gesetze des Wesens der Menschheit. Diese Gesetze bilden einen heiligen »Ring«, ziehen einen »Kreis, der nicht übertreten werden soll«, um alles, was geschaffen und zu einem umfassenden und sich selbst versorgenden Ganzen geordnet wurde. Diese Gesetze trennen den Kosmos vom Chaos.

Meine Mentoren haben mir zwölf heilige Gesetze enthüllt. Ich habe sie zwar numeriert, aber das impliziert keine Rangordnung. Jedes Gesetz ist gleich wichtig und auf das engste mit den anderen Gesetzen verbunden.

Gesetz 1: Alles ist ein untrennbarer Teil des einen Ganzen.

Gesetz 2: Das Universum ist der heilige Ausdruck des *Willens* und *Bewußtseins* der Schöpferquelle und wurde mit *Liebe* erschaffen und mit *Leben* beseelt.

Gesetz 3: Alles ist charakteristische Merkmale aufweisende Energie und mit allem anderen austauschbar. Bewußtsein/Materie/Geist sind nur verschiedene Ebenen derselben Energie.

Gesetz 4: Alle sich in Bewegung befindliche Energie folgt dem Gesetz der Harmonie. Sie erreicht größte Wirksamkeit mit dem geringsten Aufwand und kehrt letztlich zu ihrer Quelle zurück.

Gesetz 5: Alle Dinge im Universum haben Leben, erfahren es aber in unterschiedlicher Weise. Nichts ist wirklich »tot«, denn es gibt keinen absoluten Stillstand.

Gesetz 6: Alles ist aus den gleichen primären Elementen geschaffen und erhält dieselben Energien, aber die einzelnen »individuellen« Wesen organisieren sich selbst unterschiedlich, denn sie streben danach, in spezieller Weise einer Idee im Bewußtsein des Großen Geistes Ausdruck zu verleihen.

Gesetz 7: Alles entwickelt und entfaltet sich, indem es nach Harmonie und Ausgewogenheit in Beziehung zu allem anderen strebt.

Gesetz 8: Die einzige Konstante im Universum ist Veränderung und Wandel.

Gesetz 9: Alles ist ganz und gar und auf das engste mit allem anderen verbunden, und alle sind den heiligen Gesetzen unterworfen.

Gesetz 10: Alles ist von der Frau geboren. Alles kommt durch das weibliche Prinzip zur Existenz.

Gesetz 11: Es darf nichts getan werden, was Kindern Schaden zufügt, denn das ewige Leben existiert durch die Kinder.

Gesetz 12: Alles untersteht dem Gesetz der Kreisbewegung. Die lineare Abfolge ist eine Illusion. Es existiert kein absoluter Anfang und kein absolutes Ende, denn es gibt keinen wahren Anfang.

Zwölf ist die Zahl der organisatorischen Stabilität auf der spirituellen Ebene. So haben wir meinem Verständnis nach hier eine ausreichende Anzahl von Gesetzen, die wir gegenwärtig kennen sollten. Weder handelt es sich um Dogmen, noch sind sie hier im dogmatischen Sinne vorgetragen. »Sei dir keiner Sache gewiß« war die Mahnung, die mir neben den heiligen Gesetzen mitgegeben wurde, »denn sobald du dir irgendeiner Sache gewiß bist, kannst du sicher sein, daß du irrst.« Und das ist vielleicht ein dreizehntes Gesetz, und die Zahl dreizehn hat mit der Energieverlagerung von einer Dimension zur andern zu tun. Mit anderen Worten, wenn wir all das verstehen, verändern sich unsere gesamte Existenzdimension und Lebenserfahrung!

All das ist Teil der großen »Entfaltung« schamanischen Wissens, die heutzutage stattfindet. Sie ereignet sich überall in der Welt unter Menschen der verschiedensten Rassen, Sprachen und Kulturen. Es öffnet sich wie die Blütenblätter einer Blume nach einer langen, langen Zeit des Dogmatismus, der Bigotterie, des Vorurteils und der Verfolgung, während der es sich wie eine Knospe fest verschloß und innerhalb der mündlichen Übermittlung schamanischer Traditionen schützte. Der Grund für diese Entfaltung ist der, daß dieses Wissen all jenen zugänglich gemacht werden soll, die offen genug sind, es zu empfangen. Denn wenn die Erde von der Krankheit geheilt werden soll, die die Dummheit der Menschen über sie gebracht hat, dann muß sich in unserer Wahrnehmung vom Leben und in der Verwirklichung seines wahren Sinns ein dramatischer Wechsel vollziehen.

Gedeihen und Fortdauern ist das Ziel aller Lebensformen. Alles entwickelt sich über seine Erfahrungen hin zu dem, was größer ist, als es selbst gegenwärtig ist. Alles durchlebt den Schmerz der Veränderung und entfaltet sich dadurch. Alles erbaut aus seiner Sterblichkeit seine Unsterblichkeit. Das ist Ihr Ziel, Ihr Schicksal, Ihr Grund für Ihr Sein. Der Schamanismus ist so ein persönlicher innerer und äußerer Weg der Suche, der Sie in direkten Kontakt mit den Lebens-Kräften des Planeten und den wohlwollenden Kräften und Mächten des Universums bringen kann, damit Sie zu einem Wissen gelangen, das den bloßen Glauben transzendiert. Der Schamanismus kann Sie befähigen, andere Lebensformen als Ihre »Verwandten« zu erkennen, so daß Bäume und Felsen und auch der Wind und der Regen und die Erde selbst mit Ihnen kommunizieren. Denn Schamanismus ist eine Aktivität *des Geistes*, der mit dem Wesens-Geist von allem anderen wechselseitige Beziehung aufnehmen und pflegen möchte, zu deren Nutzen und zum Nutzen aller anderen.

Der Schamanismus hat keine Führer, keine Dogmen und keine Organisationen, die Ihnen sagen, was Sie denken sollen. Und er hat keine Anhänger, es gibt nur Personen, die ihn praktizieren. Denn beim Schamanismus brauchen Sie nichts zu glauben. Sie müssen nur bereit sein, es auszuprobieren. Zu *tun*, um zu *wissen*. Und dann »den Weg Ihrer Rede gehen«.

Glossar

ALPHAWELLEN: Ein bestimmtes Hirnwellenmuster, das entsteht, wenn sich Körper und Geist im Zustand entspannter Gewahrsamkeit befinden.

ARCHETYP: Ein universelles Symbol eines Energiemusters, das darauf verweist, wie bestimmte Kräfte oder Einflüsse operieren. Ein Archetyp zeigt sich gewöhnlich in menschlicher Gestalt oder in der Gestalt eines Tieres.

ÄTHER: Eine unsichtbare kosmische Substanz, aus der das physische Universum und alles, was in ihm existiert, geschaffen ist. Er hat eine bindende Eigenschaft und birgt in sich das Muster dessen, was zur Existenz gelangen soll.

AUFSPÜREN: Den Zeichen still nachgehen, die dorthin führen, wo die schamanische Kraft gefunden werden kann.

AURA: Ein kokonartiges Energiefeld, das den Körper jeder Lebensform umhüllt.

AUSGANGSORT: Im Kontext der Erd-Medizin Ihr Geburtsort auf dem Medizinrad oder die Richtung, aus der Sie Realität wahrnehmen.

BALANCE: Ein Zustand der Stetigkeit und des Gleichgewichts. Eine gleichberechtigte und harmonische Beziehung.

BAUM: Eine Lebensform, die einen Gedanken im Bewußtsein des Großen Geistes an einem festen Ort zum Ausdruck bringt. Allgemein gesprochen sind Bäume Hüter der Umwelt und des Eingangs zu anderen Dimensionen der Existenz.

BEWUSSTSEIN: Primär eine Funktion, die Informationen innerhalb einer Existenzebene oder von einer Dimension des Seins zu einer anderen weiterträgt.

(DAS) BÖSE: Ein im Gegensatz zur Kraft der Liebe und in Opposition zur Evolution stehender Gebrauch von fehlgeleiteten, falsch oder böswillig eingesetzten Energien.

BÜFFEL: Für die nordamerikanischen Indianer das Symbol des Universums, weil der Büffel für die Gesamtheit der Existenz stand – er war die Quelle von Nahrung und von Materialien für Kleidung, Obdach, Gebrauchsgegenstände, Handwerkszeug und Waffen.

CHAKRA: Ein Wort aus dem Sanskrit, das »Rad« oder »Scheibe« bedeutet. Ein Chakra ist ein innerhalb des menschlichen Aurakokons angesiedeltes, sich spiralförmig drehendes Kraftzentrum. Es fungiert als Tor zu verschiedenen Ebenen oder Sphären und empfängt, assimiliert und verteilt die von ihm angezogenen feinstofflichen Energien.

CHAOS: Ein ungeordneter Zustand, in dem die Existenz von willkürlichen Gesetzen bestimmt wird. Ein Zustand untransformierter Kraft, in dem sich die Energie frei und planlos bewegt.

DIVINATION: Eine Technik, durch die man über ein Hilfsmittel das Unterbewußte anzapfen und Energiemuster wahrnehmen kann. In manchen Fällen können mentale Bilder von Energiemustern aufgefangen werden, die dabei sind, eine physische Erscheinungsform anzunehmen. Die so geschaute Zukunft kann durch eine Veränderung im Denken und Handeln der betreffenden Person verändert oder modifiziert werden.

EGO: Der Teil der menschlichen Wesenheit, der sich des »Ich«-Seins bewußt ist.

ELEMENTE: Zum Ausdruck gelangende Komponenten des manifestierten Großen Geistes. Jedes Element verfügt über abstrakte Ausdrucksqualitäten, die wir am besten in menschlichen Begriffen verstehen können, wenn wir sie mit den in den faßbareren Erscheinungen von Erde, Feuer, Wasser und Luft zu findenden gleichartigen Eigenschaften in Beziehung setzen.

EMOTION: Ein den unterbewußten Ebenen entspringender, fühlbarer Energiestrom, der duch das Denken stimuliert wird.

ENTSPANNUNG: Ein Loslassen von physischen Spannungen und mentalem und emotionalem Streß und eine Verlangsamung der Aktivitäten des Energiesystems, um sich auf die Aktivitäten des Unterbewußten einzustellen. Die Entspannung ist eine wesentliche Vorbedingung für die schamanische Arbeit und jegliche Art von Wahrnehmungserweiterung.

ENERGIE: Das von einer Schwingungskraft projizierte Vermögen, Arbeit zu leisten.

ERDEN: Eine Methode, um sicherzustellen, daß wir nach der schamanischen Arbeit oder einer meditativen Übung wieder völlig in der alltäglichen Wirklichkeit zu Hause sind. Durch das Erden schalten wir uns aus der nichtalltäglichen Wirklichkeit »aus« und stellen uns wieder fest auf den Boden der Welt der praktischen Angelegenheiten und Dinge.

ERD-MEDIZIN: Ein System der Persönlichkeitscharakterisierung, der Selbstentdeckung und persönlichen Entwicklung, das sich auf die Prinzipien des Medizinrads gründet und als Ausgangspunkt die Jahreszeit hat, in der eine Person geboren ist. Es weist Ähnlichkeiten mit der Astrologie auf, befaßt sich aber mit den Erdkräften und nicht den »Einflüssen« der Sterne. Man kann die Erd-Medizin auch als »Natur-Horoskop« bezeichnen.

ERHELLTES BEWUSSTSEIN: Die Fähigkeit, »im Dunkeln zu sehen« – das heißt, wahrzunehmen, was anderen verborgen ist.

FEDER: Die Feder ist ein Symbol für die menschliche Aura, weil sie Energieimpulse von einer hohen Frequenz abgibt und eine ähnliche Struktur aufweist wie die Energiefäden, aus denen sich die Aura zusammensetzt. Schamanen benutzen sie, um die Aurafäden oder -härchen »auszukämmen«, wieder in Ordnung zu bringen, und setzen sie zur Heilung der Aura ein.

FIXIERUNG: Eine, gewöhnlich von Schuld- und Schamgefühl begleitete, feste Überzeugung oder ein Glaubenssatz, den das Unterbewußte als Resultat einer Konditionierung in früheren Jahren akzeptiert hat. Das Bewußtsein des menschlichen Selbst mag noch soviel Willenskraft im Bereich dieser Fixierung aufwenden, das unterbewußte, verborgene Selbst wird so lange den Gehorsam verweigern, bis die Fixierung aufgehoben ist.

FREIER WILLE: Die Freiheit, durch Erfahrung zu lernen und zu entscheiden, was wir tun oder nicht tun wollen.

FREQUENZ: Die Schwingungszahl (pro Sekunde) eines Energiefeldes oder einer Wesenheit.

GEIST (SPIRIT): Die individualisierte Essenz der Lebens-Kraft – ob nun in menschlicher, tierischer, pflanzlicher, mineralischer oder himmlischer Gestalt. Der Geist kann als die Antriebskraft einer jeden Wesenheit betrachtet werden. Alles hat Geist.

GEWAHRSEIN: Wachsam sein für das, was außerhalb der eigenen Person vor sich geht. Gewahrsein ist nicht mit Bewußtsein zu verwechseln; Sie sind sich Ihrer selbst bewußt, aber anderer Personen gewahr. Gewahrsamkeit ist eine Funktion *des Geistes* und kann sich in aktiver und selbstreflektierender oder in passiver, völlig unbeeinträchtigter Form äußern.

GLAUBENSSYSTEM: Eine Religion oder Philosophie des Nichtwissens, die auf dem Glauben an das Wort oder die Autorität eines anderen basiert.

GÖTTER/GÖTTINNEN: Höhere Intelligenzen, die prinzipiell über das Vehikel des Geistes (*mind*) operieren. Sie sind sehr mächtige Kräfte, die von den Menschen personifiziert werden.

GROSSER GEIST: Die unmanifestierte Quelle, in der alles, was ist, seinen Ursprung und seine Existenz hat.

HELLSICHTIGKEIT: Die Fähigkeit, Energiefelder zu sehen, die außerhalb des Frequenzbereichs des normalen Sehvermögens liegen.

HÖHERES SELBST: Das »vervollkommnete« Selbst oder das »wahre« Selbst – der höchste Aspekt unseres Wesens. In manchen philosophischen Traditionen wird es als das »göttliche« Selbst oder »Gott im Innern« beschrieben. Es ist der unzerstörbare, unsterbliche Wesensaspekt der Persönlichkeit: das »Aumakuha« oder »Hokkshideh«.

IMAGINATION: Die Fähigkeit, im Geist Bilder Gestalt annehmen zu lassen, die die Sinne stimulieren.

INNERER RAUM: Eine Dimension nichtphysischer Existenz und nichtalltäglicher Wirklichkeit, in der die Zeit nicht konstant ist.

INNERES LICHT: Die vom Zentrum der Seele ausstrahlende Göttlichkeit im Inneren und eine Individualisierung des Großen Geistes.

INTUITION: Ein plötzliches, den analytischen Verstand übersteigendes Wissen. Unterrichtung aus dem Innern.

KAHUNA: Ein hawaiianisches Wort, das Priester, Lehrer oder Experte bedeutet. Doch wenn man es »entschlüsselt«, deutet es auf einen hoch befähigten Schamanen, der als Gefäß der Vitalkraft fungiert, die er erzeugen und lenken kann, um erwünschte Resultate zu erzielen.

KARMA: Die Lebenslektionen, die sich im Schicksal einer Person enthüllen. Karma ist ein Gesetz im Zusammenhang mit Handeln und Veränderung. Sich ständig wiederholende Bedingungen und Umstände verweisen auf nicht harmonisch funktionierende Lebensbereiche, in denen zur persönlichen spirituellen Evolution Veränderungen oder Anpassungen vorgenommen werden müssen.

KOSMOLOGIE: Ein System zum Verständnis der Geographie der nichtalltäglichen Wirklichkeit der Existenz.

KOSMOS: Die geordnete Intelligenz des Universums und des Gesamts der Schöpfung, die in Übereinstimmung mit natürlichen und heiligen Gesetzen operiert. Des Kosmos hält somit seine Gesetze ein.

KRAFTPLÄTZE: Orte, die mit wohltuender Wirkung auf die Menschen, die sich dort aufhalten, Energie ausstrahlen. Ein persönlicher Kraftplatz ist ein Ort in der Wohnung oder in der freien Natur mit einer harmonischen Atmosphäre, wo wir zu persönlicher Kraft und Befähigung kommen können.

LIEBE: Die bindende Kraft, die alles, was existiert, zusammenhält. Die spirituelle Essenz, aus der sich alles, was existiert, herleitet. Auch ein bedingungsloses Teilen der Lebenserfahrung mit einem anderen Wesen, das sich auf das harmonische Wachstum und die Entwicklung des geliebten Wesens richten. Liebe stimuliert bei der liebenden wie auch der geliebten Person Gefühle von Glück und Freude.

MAGIE: Eine Technik, um erwünschte Veränderungen zur physischen Manifestation zu bringen. Ein Vorgang zur Gestaltung und Ausformung es eigenen Lebens. Sie ist nicht mit der Magie oder Zauberei geschickter Illusionisten oder mit Aberglaube, und auch nicht mit den magischen Praktiken und Ritualen der Okkultisten zu verwechseln.

MANA: Vitalkraft, die die reine Energie der Schöpfung ist, Mana ist für das Funktionieren der feinstofflichen Körper nötig, aus denen sich die menschliche Wesenheit zusammensetzt.

MANDALA: Ein universelles, kreisförmigen Symbol, das sowohl ein Ausdruck für die Ganzheit innerhalb der Totalität des Lebens, wie auch ein Symbol für das Selbst und die Schöpferquelle ist.

MEDIZIN: Die Geist-Kraft einer Lebensform. Die Fähigkeit, ein harmonisches Ganzes zu schaffen. Inneres Wissen. Ein Medizinmann oder eine Medizinfrau sind Personen, die mit Wissen und Heilkraft ausgestattet sind.

MEDIZINRAD: Ein Hilfsmittel in symbolischer Form, um zu Wissen zu gelangen, vor allem über sich selbst, und um auf verschiedenen Realitätsebenen Verbindungen herzustellen.

MEDIZIN-WEG: Eine auf das moderne Leben zugeschnittene Adaption der Lehren und Prinzipien des Medizinrad.

MENSCHLICHES SELBST: Die bewußte Intelligenz eines menschlichen Wesens, die auf Grund der Informationen, die sie über die fünf physischen Sinne erhält, eine Wahl trifft, beschließt und befiehlt. Es wird manchmal das »mittlere« Selbst genannt, weil es vor allem in der Mittleren Welt der physische Realität agiert. Es ist das Selbst oder der »Geist« der individuellen menschlichen Persönlichkeit, der nur eine vergängliche Existenz beschieden ist. Die Kahuna nannten es »A-huane«.

MITTLERES SELBST: Ein anderer Name für das menschliche Selbst – die bewußte Intelligenz der lenkenden und urteilenden Vernunft, die neue Situationen und Erfahrungen schaffen kann.

MITTLERE WELT: Die alltäglich physische Wirklichkeit, die Alltagswelt unserer bewußten Existenz. Die Realität des geistigen Bewußtseins. Das Reich der Erfahrung des vergänglichen menschlichen Selbst.

NADI: Ein dem Sanskrit entstammenden Wort für die Kanäle, die im Energiekörper des Menschen vertikal, entlang der Bahn der Wirbelsäule verlaufen und Energieströme zu den Chakras leiten.

NAGUAL: Das Unbekannte. Das »verborgene« und unsichtbare Reich *des* *Geistes*. Im Nagual erfährt *der Geist* Ewigkeit, die ein Zustand der Zeitlosigkeit ist. Nagualprobleme sind spirituelle Probleme.

NATUR: Der essentielle Charakter der Erde oder von etwas auf oder in der Erde.

PFAD: Eine Route, die das Bewußtsein zwischen verschiedenen Seinsebenen nehmen kann, oder ein Kanal, über den Informationen zugänglich werden.

PERSÖNLICHE GESCHICHTE: Die starke Anbindung an ein Lebensmuster, das Ihnen von anderen Menschen eingeprägt wurde und Ihre Gedanken und

Handlungen konditioniert. Die persönliche Geschichte läßt Sie sich dazu verpflichtet fühlen, Ihre Handlungen zu erklären und zu rechtfertigen.

PERSÖNLICHKEIT: Eine Kombination von Charakterzügen und Verhaltensweisen, durch die sich eine Person von der anderen unterscheidet.

PFEIFE: Ein heiliger Gegenstand, der das Universum repräsentiert und all die darin vorhandenen Reiche der Menschen, Tiere, Pflanzen und Minerale miteinander vereint. Der Pfeifenkopf steht für den weiblichen Aspekt und der Stengel für den männlichen Aspekt des Göttlichen. Der Tabak und die Kräuter sind die heilige Opfergabe. Der inhalierte Rauch gilt als der Atem des Großen Geistes. Der ausgestoßene Rauch repräsentiert die Absichten und Gebete der Person, die die Pfeife raucht, sowie aller anderen Anwesenden.

PIRSCHEN: Die Art und Weise, in der man die schamanische Kraft, hat man sie erst einmal »lokalisiert«, verfolgt und sich ihr nähert, um ihrer habhaft zu werden und sie für praktische Unternehmungen zu nutzen.

RÄUCHERN: Der Einsatz von Rauch, um negative Schwingungen auszuräumen und wohltuende Energien auf sich und andere zu ziehen.

RELIGION: Ein systematisches Glaubenssystem, das seinen Anhängern durch verbale Instruktion oder das geschriebene Wort sagt, was sie glauben sollen. Die meisten Religionen behaupten, auf »Offenbarungen« gegründet zu sein, das heißt, ihre Dogmen und Glaubenssätze sind auf übernatürliche Weise enthüllt worden. Manche Religionen sind zudem dogmatisch und vertreten einen Ausschließlichkeitsanspruch.

RITUAL: Eine Methode zur Umwandlung von Gedanken in symbolische Handlungen, um so sehr stark auf das Unterbewußte und das verborgene Selbst einzuwirken, damit sie der verfolgten Absicht entsprechend handeln und sie zur Verwirklichung bringen.

RUNE: Ein Symbol, das einen Aspekt der kosmischen Kraft oder einer Urkraft in der Natur und auch eine Qualität der Seele repräsentiert. Runen stehen für die spirituelle »Sprache« des Kosmos. Sie wurden weder ersonnen noch erfunden, sondern schamanisch entdeckt.

SCHÄDEL: Ein altes Symbol für den Sitz des Bewußtseins und für die Existenz anderer Bereiche bewußten Gewahrseins jenseits der materiellen, sinnlichen Welt der Erscheinungen.

SCHAMANE/SCHAMANIN: Eine Person, die versteht, daß in allem Leben ist, die direkte persönliche Erfahrungen mit den Reichen der nichtalltäglichen Wirklichkeit gemacht hat und imstande ist, in ihnen nach ihrem Willen zu agieren. Vor allem eine Person, die »harmonisiert«, die auf allen Ebenen – der physischen, emotionalen, psychischen und spirituellen – »heilt«, und das auf eine besondere Weise.

SCHAMANISCHES BEWUSSTSEIN: Eine Gewahrseinsebene, in die man willentlich eintauchen kann, und auf der innere, spirituelle Wirklichkeiten wahrgenommen und erfahren werden können.

SCHAMANISMUS: Die Praxis der schamanischen Prinzipien und Techniken, was die Arbeit mit den Kräften der Natur, die sowohl im Innern wie auch außerhalb des individuellen Selbst, in manifestierter Form wie auch als unmanifestiertes Potential existieren, beinhaltet. Er ist ein Weg, um über direkte, persönliche Erfahrungen zu lernen. Seine Methoden übersteigen das Fassungsvermögen des Intellekts, da sie Teil einer uralten Wissenschaft *des Geistes* sind. Der Schamanismus ist im wesentlichen eine Aktivität *des Geistes*.

SEELE: Das Ausdruckssystem des Leben, das *dem* in einer Lebensform individualisierten *Geist* ermöglicht, sich auf bewußten, unterbewußten und überbewußten Ebenen auszudrücken. Sie kann auch als Datenbank beschrieben werden, in der die Lebenserfahrungen gespeichert sind. Die Seele bewahrt, was *der* individualisierte *Geist* mit der Lebens-Kraft unternommen hat. Die Seele kann auch als das Vehikel *des* individualisierten *Geistes* bezeichnet werden.

SPIRITUALITÄT: Geführte Kraft. Ein Zustand, in dem wir bei unseren Handlungen vom Geist im Innern geführt werden. Konditionierung durch Prinzipien, nicht Regeln oder Erwartungen. Die Spiritualität bewahrt die fundamentale Freiheit des freien Willens.

SYMBOLE: Ein Mittel zum Austausch von Energie zwischen verschiedenen Realitätsebenen. Symbole sind das Bindeglied zwischen dem Objektiven und Subjektiven, das Bindeglied zwischen den verschiedenen Bewußtseinsebenen.

TELEPATHIE: Gedankenübertragung durch mentale Tätigkeit.

THETAWELLEN: Ein Hirnwellenmuster, das in seiner Aktivität eine Stufe über dem Unbewußten angesiedelt ist.

TOD: Der Übergang von einem Seinszustand in einen anderen im kontinuierlichen Zyklus von Veränderung und Wandlung.

TONAL: Das Bekannte – das physische Reich irdischer, alltäglicher Aktivität. Die Dinge, derer Sie gewahr sind und die Ihnen möglicherweise Schwierigkeiten verursachen. Tonale Probleme sind Probleme des physischen Lebens. Im Tonal erfährt *der Geist* Sterblichkeit und ist den Bedingungen der Dimension der Zeit unterworfen.

TOTEM: Ein symbolischer Sensor, der als Bindeglied zwischen den unterschiedlichen Existenzebenen und als Hilfsmittel zum Verständnis der nichtphysischen Kräfte und formativen Energien dient. Da ein Totem die Eigenschaften einer lebendigen Wesenheit zum Ausdruck bringt, können wir leichter eine Beziehung dazu herstellen; so ist es eine effektivere Lernhilfe als etwa ein geometrisches Symbol.

TROMMELN: Eine akustische Methode zur Veränderung der Frequenz, auf der das Gehirn auf bewußter Ebene arbeitet, so daß sich unser Gewahrseinsvermögen auf die nichtalltäglichen, spirituellen Wirklichkeiten statt auf die alltäglichen, physischen Erscheinungen richtet.

UNSCHULD: Vollständige Unparteilichkeit und Objektivität. Das Gegenteil von Meinung und Beurteilung.

UNTERE WELT: Die nichtalltägliche Wirklichkeit der unterbewußten Existenz. Die Realität, die vom Unterbewußten und vom verborgenen Selbst auf unterbewußten Ebenen erfahren wird.

UNTERWELT: Die nicht alltägliche Wirklichkeit der unbewußten Existenz. Die Realität des Unbewußten. Das Erfahrungsreich des Körper-Selbst.

VORFAHREN: Die Vorfahren sind unsere Vorgänger und unsere eigenen vergangenen Leben, die in unseren Genen gegenwärtig sind. Deshalb bewahren die Zellen unseres Körpers »Echos« unserer persönlichen, familiären, nationalen und rassischen Vergangenheit in sich und haben Einfluß auf die Art und Weise, in der wir Realität wahrnehmen.

WAHRHEIT: Das, was wirksam ist, das, was funktioniert. Das, was oft dogmatisch als absolute Wahrheit ausgegeben wird, ist nur eine Information.

WAKAN-TANKA: Der Große Geist in sich entfaltender Manifestation. Das Große Alles. Das Alles-Was-Ist.

WEIHUNG: Ein Akt oder Ritual für einen besonderen Gebrauch. Er beinhaltet Reinigung, Läuterung, Widmung und das Aufladen mit Kraft.

YANG: Das männliche, aktive, positive, konzeptionelle Prinzip in allem, was sich manifestiert. In manchen alten Kulturen wurde es als die hinter der Natur stehende Gottkraft dargestellt.

YGGDRASIL: Der Baum Yggdrasil der nordischen Mythologie ist der Weltenbaum der Schamanen, der alle Existenzebenen miteinander verbindet. Er ist ein Symbol für den Kosmos und ein Hilfsmittel für die Schamanen, um ihren Weg im Kosmos zu finden.

YIN: Das weibliche, passive, empfängliche, nährende Prinzip in allem, was sich manifestiert. In manchen Kulturen wird es als die hinter der Natur stehende Göttinnenkraft dargestellt.

ZAUBERER: Einer, der, ohne liebende Anteilnahme walten zu lassen, gewisse schamanische Kenntnisse einsetzt und sie benutzt, um zu manipulieren und Kontrolle auszuüben.

ZEITLOSIGKEIT: Ein Zustand von Nichtbewegung. Ruhe. Das ewige Jetzt.

ZENTRIERTSEIN: Ein Zustand ruhiger Empfänglichkeit und des inneren Gleichgewichts, in dem Sie nicht mehr versuchen, den Erwartungen anderer Menschen zu entsprechen. Ein Zustand, in dem Sie Sie selbst sind.

Literaturhinweise

Achterberg, Jeanne: *Imagery in Healing: Shamanism and Modern Medicine*, Boston 1985.

dieselbe: *The Shaman: Master Healer in the Imagery Realm*, Wheaton/Illinois 1985.

Andrews, Lynn: *Der Flug des Siebten Mondes*, München 1990.

Beck, R.J.: *Some Proto-Psychotherapeutic Elements in the Practice of the Shaman, History of Religions* 1966.

Black Elk, Wallace u. Lyon: *Black Elk – the Sacred Ways of a Lakota*, Scranton 1990.

Bouteiller, Marcelle: *Chamanisme et guérison magique*, Paris 1950.

Brodzky, Anne Trueblood u. Rose Danesewich: *Stones, Bones and Skin – Ritual and Shamanic Art*, Toronto 1977.

Browman, D.L. und R.A. Schwart (Hrsg.): *Spirits, Shamans and Stars*, Den Haag 1979.

Brown, Vinson: *Voices of Earth and Sky*, Happy Camp 1974.

Castaneda, Carlos: *Reise nach Ixtlan – die Lehre des Don Juan*, Frankfurt 1993.

derselbe: *Eine andere Wirklichkeit – neue Gespräche mit Don Juan*, Frankfurt 1992.

derselbe: *Die Lehren des Don Juan – ein Yaqui-Weg des Wissens*, Frankfurt 1992.

Charles, L.H.: *Drama in Shaman Exorcism*, Journal of American Folklore 66 (1953).

Closs, Alois: *Die Ekstase des Schamanen*, Ethnos 34 (1969).

Doore, Gary: *The New Shamans. Healing Journeys to the Spirit World*, Yoga Journal 84 (1989)

derselbe (Hrsg.): *Shaman's Path*, Boston/London 1988.

Drury, Nevill: *Der Schamane und der Magier*, Basel 1989.

derselbe: *The Elements of Shamanism*, Longmead 1989.

Eaton, Evelyn: *The Shaman and the Medicine Wheel*, Wheaton/Illinois 1982.

Edsman, Carl-Martin (Hrsg.): *Studies in Shamanism*, Stockholm 1963.

Eliade, Mircea: *Schamanismus und archaische Ekstasetechnik*, Frankfurt 1987.

Emsheimer, E.: *Schamanentrommel und Trommelbaum*, Ethnos 6 (1945).

Enderwitz, Ulrich: *Schamanismus und Psychoanalyse*, Wiesbaden 1977.

Findeisen, Hans: *Das Schamanentum als spiritistische Religion*, Ethnos 25 (1969).

derselbe: *Okkulte Begebnisse im schamanistischen Raum*, Abhandlungen und Aufsätze aus dem Institut für Menschheitskunde (Augsburg) 1956.

derselbe: *Schamanentum*, Stuttgart 1957.

derselbe und H. Gehrts: *Die Schamanen. Jagdhelfer und Ratgeber, Seelenfahrer, Künder und Heiler,* Köln 1983.

Galde, Phyllis: *Crystal Healing,* St. Paul 1988.

Golowin, Sergius: *Das Reich des Schamanen,* Basel 1981.

Gruber, Elmar: *Tranceformation.* Schamanismus und die Auflösung der Ordnung, Basel 1982.

derselbe: *Traum, Trance und Tod.* Aus der geheimnisvollen Welt der Schamanen, Freiburg 1985.

Haas, Jochen U.: *Schamanentum und Psychiatrie,* Freiburg 1976.

Haase, Evelin: *Schamanismus – was ist das?* (Ausstellungskatalog des Museums für Völkerkunde Berlin), Berlin 1988.

Halifax, Joan: *Shamanic Voices: A Survey of Visionary Narratives,* New York 1979.

dieselbe: *Shaman – the Wounded Healer,* New York 1982.

Harford, Milewski: *The Crystal Sourcebook,* Santa Fe 1987.

Harner, Michael: *Der Weg des Schamanen,* Interlaken 1982.

Hoffman, Enid: *Huna – a Beginner's Guide,* West Chester 1976.

Johansen, Ulla: *Zur Methodik der Erforschung des Schamanismus,* Ural-Altaische Jahrbücher (Wiesbaden) 38 (1967).

Johansen, Ulrich: *Aspekte der Schamanismusforschung,* Anthropos 1977.

Kagarow, E.: *Der umgekehrte Schamanenbaum,* Archiv für Religionswissenschaft 1929.

Kihm, Walter: *Zur Symbolik im Schamanismus,* Freiburg 1976.

King, Serge: *Kahuna Healing,* Wheaton/Illinois 1983.

derselbe: *Begegnung mit dem verborgenen Ich. Ein Arbeitsbuch zur Huna-Magie,* Freiburg 1991.

Kirchner, Horst: *Ein archäologischer Beitrag zur Urgeschichte des Schamanismus,* Anthropos 47 (1952).

Krippner, Stanleys u. J. Hooper: *Shamanism and Dreams,* Dream Network Bulletin 1984.

Larsen, S.: *The Shaman's Doorway,* New York 1976.

Levis, Joan M.: *Ecstatic Religion. An anthropological Study of Spirit Possession and Shamanism,* Harmondsworth 1971.

Lommel, Andreas: *Schamanen und Medizinmänner. Magie und Mystik früher Kulturen,* München 1980.

Long, Max F.: *The Secret Science at Work,* Santa Monica 1953.

derselbe: *The Secret Scient behind Miracles,* Santa Monica 1948.

Mails, Thomas E.: *Geheime indianische Pfade. Ein Führer zum inneren Frieden,* München 1991.

Mason, Bernhard S.: *How to Make Drums, Tomtoms & Rattles,* Dover 1974.

Meadows, Kenneth: *Das Natur-Horoskop,* München 1990.

derselbe: *The Medicine Way,* New York 1989.

Mercier, Mario: *Chamanisme et Chamans,* Paris 1977.

Miyakawa, H. u. A. Kollautz: *Zur Ur- und Vorgeschichte des Schamanismus,* Zeitschrift für Ethnologie 91 (1966).

Motzki, H.: *Schamanismus als Problem religionswissenschaftlicher Terminologie*, Köln 1977.

Myerhoff, Barbara G.: *Shamanic Equilibrum: Balance and Meditation in Known and Unknown Worlds*, Berkeley 1976.

Nicholson, Shirley (Hrsg.): *Shamanism – An Expanded View of Reality*, Wheaton/Illinois 1987.

Ohlmarks, Ake: *Studien zum Problem des Schamanismus*, Lund 1939.

Prince, Raymond: *Shamans and Endorphins*, Ethos 10 (1982).

Reader's Digest Assn.: *A – Z of the Human Body*, New York 1987.

Ridington, Robin u. Tonia: *The Inner Eye of Shamanism and Totemism*, History of Religions 10 (1970).

Risse, G. B.: *Shamanism: The Dawn of a Healing Profession*, Wisconsin Medical Journal 1972.

Rogers, S. L.: *The Shamans: His Symbols and His Healing Power*, Springfield/Illinois 1982.

Rutherford, Ward: *Shamanism – the Foundation of Magic*, Stockbridge 1986.

Schröder, Dominik: *Zur Struktur des Schamanismus*, Anthropos 50 (1955).

Scott, Graham: *Shamanism for Everyone*, West Chester 1988.

Sibley, Uma: *The Complete Crystal Guidebook*, New York 1986.

Steiger, Brad: *American Indian Magic*, Petaluma 1986.

derselbe: *Kahuna Magic*, West Chester 1971.

Stiglmayr, Engelbert: *Schamanismus, eine spirituelische Religion?*, Ethnos 27 (1962).

Storm, Hyemeyohsts: *Sieben Pfeile*, München 1990.

derselbe: *Song of Heyoehkah*, New York 1984.

Tickhill, Alawn: *Tools for Power, Healing & Transformation*, Deal 1989.

Vajda, Laszló: *Zur phraseologischen Stellung des Schamanismus*, Ural-Altaische Jahrbücher 31 (1959).

Ywahoo, Dhyam: *Voices of Our Ancestors*, Boston 1987.

Zolla, E.: *The Writer and the Shaman*, New York 1973.

Zucker, Konrad: *Psychologie des Schamanisierens*, Zeitschrift für die gesamte Neurologie und Psychiatrie (Berlin) 150 (1934).

Adressenliste

(Diese Adressenliste wurde nur zur Information zusammengestellt. Die Aufnahme in diese Liste beinhaltet nicht unbedingt eine Empfehlung des Autors.)

SCHAMANISCHE GEGENSTÄNDE UND HILFSMITTEL

England

Coranieid Crafts, The Cottage, Mt Pleasant Lane, Swanage, Dorset.
Dusty Miller, 12–14 Weston Road, Strood, Kent ME2 3EZ.
John Male, 25 East Hill, Dartford, Kent DA1 1RX.
Alawn Tickhill, Galdraheim, 35 Wilson Avenue, Deal, Kent CT14 9NL.
Trine Crafts, 27 Filgrave, Newport Pagnell, Bucks M16 9ET.
Twinlight Trail, 2 Buckingham Lodge, Muswell Hill, Alexandra Palace, London N10 3TG.
Nick Wood, 28 Cowl Street, Evesham, Worcester WR11 4PL.

USA

Grey Owl Indian Craft Co Inc, 113–15 Springfield Blvd, Queens Village, NY 11429.
Hawaiian Art Museum, PO Box 665, Kilauea, HI 96754.
Jim Hickey, The Dancing Drum, 619 Western Avenue, 17 Seattle, WA 98104.
Moondance, PO Box 8592, Taos, NM 87571.
Pacific Western Traders, 305 Wool Street, Folsam, CA 95630.
Prairie Edge, PO Box 8303, Rapid City, SD 57709–8303.
Prairie Visions, PO Box 774, Spearfish, SD 57783.
Rodney Scott, Heartbeat Drums, 3555 Singing Pines Road, Darby, MT 59829.
Spirit Song Rattles, PO Box 2063, Taos, NM 87571.
Sweet Medicine, 19732 Potomac Lane, Huntingdon Beach, CA 92646.
Shamanic Medicine Supplies, 9610 Las Tunas Drive, Temple City, CA 91780.
Thunder Studio Drums, PO Box 1552–9, Cedar Ridge, CA 95924.
WaKeDa Trading Post, PO Box 19146, Sacramento, CA 95819.

ZEITSCHRIFTEN

Medicine Ways, 35 Wilson Avenue, Deal, Kent, CT14 9NL, England.
The Indian Trader, PO Box 1421, Gallup, NM 87305, USA.
The Shaman's Drum, PO Box 2636, Berkeley, CA 94702, USA.
Wildfire, PO Box 91677, Spokane, WA 99209, USA.

WORKSHOPS UND LEHRZENTREN

England

Kenneth Meadows, BM Box 8602, London WC1N 3XX, (zeitgenössischer Schamanismus, Medizin-Lehren und Runenwissen).
Eagle's Wing Centre for Shamanism, 58 Westbere Rd, London NW2 3RU.
Prana, Tangelynen, Cwn Cou, Newcastle Emlyn, Dyfed, Wales.
Dancing Wolf Initiative, Trallwyn Hall, Four Crosses, Pwllheli, Gwynedd, N. Wales.
Misha Rogg, Medicine Journeys, Rose Cottage, West Pennard, Glastonbury, Somerset, BA6 8NS.
Nick Twilley, Crow's Nest, Tree Dance Way, Edge, Strout, Gloucester.

Europa

European Institute of Transpersonal and Advanced Human Studies, 10 Avenue Berlaaimont, 1060 Brüssel, Belgien.
Jonathan Horwitz, Scandinavian Centre for Shamanic Studies, Artillerivej 63/140, 2300 Kopenhagen, Dänemark.
Juliane Kohler, Egghubelli, Farenberg, 3066 Stettlen, Schweiz.
Pia Skoglund und Staffan Lundaahl, Alysjohyttan, 5–68096, Lesjofors, Schweden.
Paul Uccusic, Foundation for Shamanic Studies Österreich, Neuwaldegger Straße 38/4/6, 1170 Wien, Österreich.

Kanada

Shamanic Foundation, PO Box 2506, Station P., Thunder Bay, Ontario, Canada P7B 5EG.

USA

Angeles Arrien, 3221 Pierse # 5, San Francisco, CA 94123.
Bobby Tyler, Four Directions Inc, PO Box 56–1685, Miami, FL 33256–1685.
Brant Secunda, Dance of the Deer Foundation, PO Box 699, Soqcuel, CA 95073.
Brooke Medicine Eagle, Sky Lodge, PO Box 121, Ovando, MT 59854.
Earth Path, PO Box 2141, Nevada City, CA 95959.
Four Winds Foundation, 64 Pierce Street, San Francisco, CA 94117.
Jose und Lena Stevens, Box 5314, Berkeley, CA 94705.
Michael Harner, Foundation for Shamanic Studies, Box 670, Belden Station, Norwald, CT 06852.
Lynn Andrews, 2934 1/2 Beverly Glen Circle, Box 378, Los Angeles, CA 90077.
Mountain Seminar Center, PO Box 1328, Reno, NV 89504.

Mt Shasta Center for Contemporary Shamanism, 5832 Dunsmuir Avenue, Dunsmuir, CA 96025.
Oh Shinnah, Four Directions Inc, PO Box 56–1685, Miami, FL 33256–1685.
Sedonhia Cahill und Bird Brother, The Great Round, PO Box 201, Bodega, CA 94922.
Serge Kahili King, Aloha International, PO Box 665, Kilauea, Hawaii 96754.
The Ojai Foundation, PO Box 1620, Ojai, CA 93023.
Tim Touches the Earth Toohey, 19732 Potomac Lane, Huntingdon Beach, CA 92646.
Transformational Arts Institute, PO Box 387, San Geronimo, NV 89504.

GRUPPEN UND STÄMME

Europa

Bear Tribe Medicine Society, Renate Wendl Berry, Flat 3, 11 Kingscroft Lane, London NW2 3QE, England.
Deer Tribe Metis Medicine Society, Sue Jamieson, 9 Memory Cross, Landscove, Ashburton, Devon, England.
Tim Willcocks, 89 New Street, Gloucester GL1 5AZ, England.
Birgit Mayer, Schorgelgasse 8, 8018 Graz, Österreich.
Walter Konig, Kurszentrum Winkel, 8563 Maerstetten, Schweiz.
Barbara Schweitzer, Grundstr. 10, 8621 Wetzikon, Schweiz.

USA

The Bear Tribe, PO Box 9167, Spokane, Washington 99209.
Deer Tribe Metis Medicine Society, PO Box 8204, La Cresenta, CA 91214.
Wolf Clan, Seneca Indian Historical Society, Brant Post Office, Box 136, Brant, New York 14027.

Australien

Wombat Dreaming Lodge, David Stone Owl, PO Box 117, Cobargo 2550, NSW.

TONBANDKASSETTEN IN ERGÄNZUNG ZU DIESEM BUCH

SHAMANIC EXPERIENCE ist eine 60minütige Tonbandkassette. Auf der einen Seite werden Anleitungen zur Erfahrung schamanischen Bewußtseins gegeben, auf der anderen Seite hören Sie Trommelrhythmen für eine »Reise«. Die Trommelsequenz besteht aus einer Klangmischung von einer Reihe von Trommeln und Rasseln und dem Herzschlag zur Geleitung in einen Gewahrseinszustand, in dem Sie schamanische Arbeit verrichten können.

Diese Kassette wurde in den EQ-Studios, Watford, England von Kenneth Meadows entwickelt und produziert.

POWERS OF LOVE (Schamanische Erfahrung – das Album) ist eine 50minütige Tonbandkassette von hoher Qualität, die eine musikalische Reise der Seele darstellt. Die Komponistin begibt sich hinaus in die Natur, um Heilung von einer physischen Krankheit zu suchen, die sie mit ihrem Tod konfrontiert. Dort in der Natur geht sie auf eine schamanische Reise und erfährt die Parallele, die zu diesem Zeitpunkt zwischen ihrem eigenen Schicksal und dem dieses Planeten besteht.

Dieses einzigartige Album beinhaltet Melodien, Lyrik, Lehren und Inspirationen, die Beryl Meadows während ihrer schamanischen Erfahrungen erhalten hat. Sie begreift diese Arbeit als eine Inspiration, die das Herz und den Geist all derer, die sie hören, berühren soll, damit die wahre Bedeutung von Liebe verstanden wird, denn nur so kann die Erde geheilt werden. Dieses Album beinhaltet auch eine sehr kraftvolle schamanische Heilsequenz.

Das Album wurde unter der musikalischen Leitung von John Hamilton in den EQ-Studios, Watford, England aufgenommen.

Beide Kassetten sind in einschlägigen Buchläden oder über Kenneth Meadows, BM Box 8602, London WC1N 3XX zu erhalten.

WORKSHOPS ZU SCHAMANISCHER ERFAHRUNG

Kenneth Meadows und seine Frau Beryl führen Workshops und Seminare durch, in denen die Teilnehmer und Teilnehmerinnen grundlegende schamanische Techniken erforschen und selbst unter sorgfältiger Überwachung und Anleitung eine Bewußtseinserweiterung erfahren können. Beide sind ausgebildete schamanische Berater und bieten auch persönliche Beratung an.

Zu weiteren Informationen schreiben Sie an:

Kenneth Meadows
BM Box 8602
London WC1N 3XX
England

Register

Ursula Markham

Universelle Kräfte der Edelsteine und Kristalle

Aus dem Amerikanischen von Ursula Fassbender

176 Seiten mit Abbildungen, Pappband

Dieses Arbeitsbuch zum Gebrauch von Edelsteinen und Kristallen stellt verschiedene Methoden vor, wie man die Heilkraft von Edelsteinen nutzen kann. In verständlicher Sprache werden Meditationstechniken erläutert, astrologische Zuordnungen der Edelsteine dargelegt und erstmals Weissagungsmethoden mit Hilfe von Kristallen präsentiert. Ursula Markham widmet sich darüber hinaus der individuellen Auswahl des persönlichen Steins, der Anwendung in der Heilkunst und bei Chakraübungen und dem Pendeln. Das Buch wird so zum profunden Ratgeber über die universelle Kraft der Edelsteine und Kristalle.

Sig Lonegren
Verborgene Kräfte der Wünschelrute
Einführung und praktische Anwendung der Radiästhesie
Aus dem Amerikanischen von Karl-Friedrich Hörner
160 Seiten mit Abbildungen, Pappband

In diesem Werk des bekannten amerikanischen Radiästheten
Lonegren wird zum ersten Mal die Verbindung zwischen der
uralten Kunst des Mutens und dem inneren, spirituellen Wachstum des einzelnen aufgezeigt. Das überaus instruktive Buch mit
zahlreichen Illustrationen bietet dem Anfänger ebenso wie dem
Fortgeschrittenen wertvolle Informationen für die Praxis, aber
auch tiefe Einblicke in die damit verbundenen spirituell-philosophischen Dimensionen. Lonegren zeigt dem Leser dessen persönliche Verantwortung für sein Handeln beim Muten der Erdenergien und in der therapeutischen Radiästhesie.

IRISIANA

—